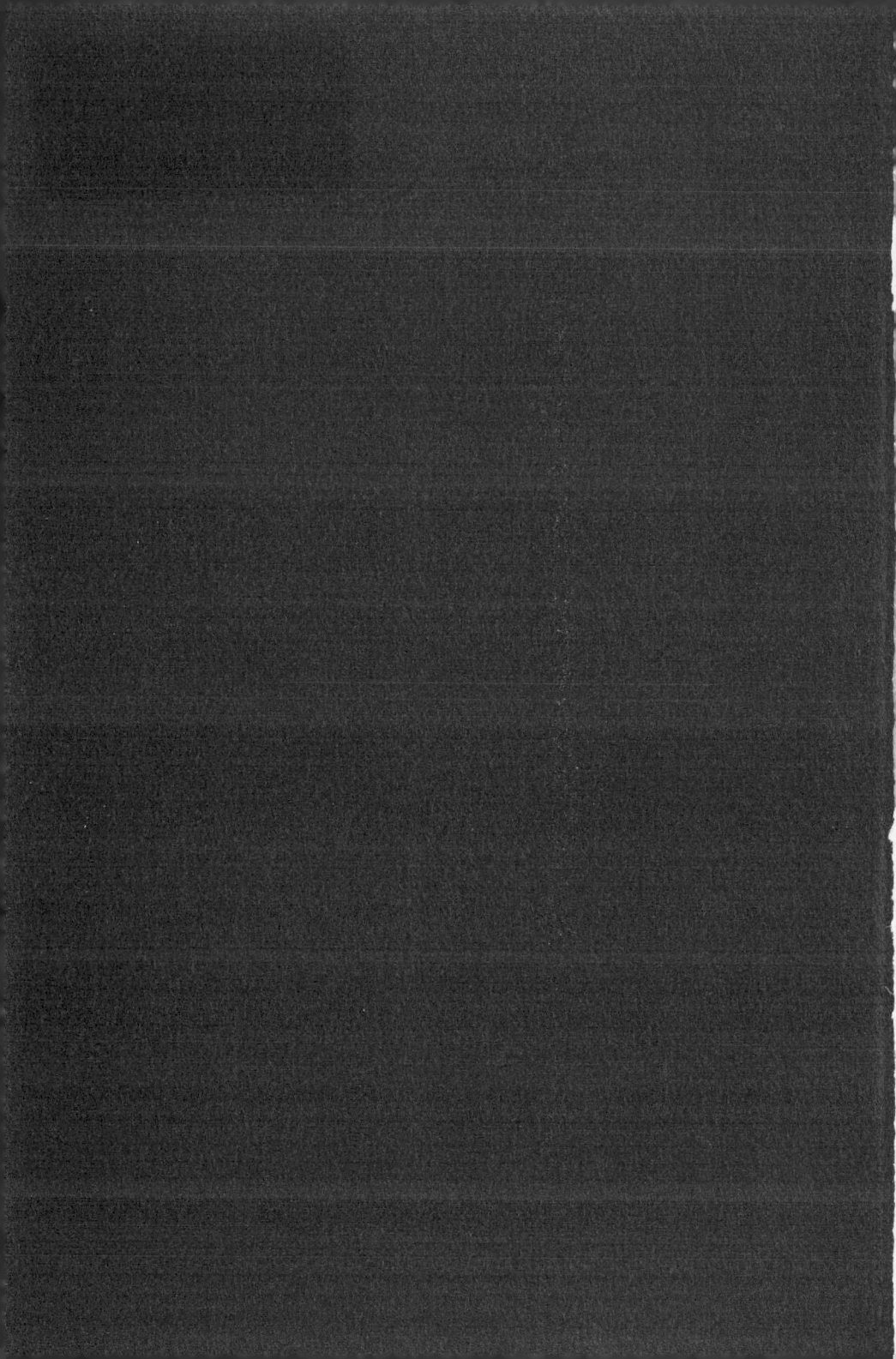

CHINA,
SAY
NO
TO POVERTY

中国，
对贫困说不

黄承伟　刘　杰　等著

北京师范大学出版集团
BEIJING NORMAL UNIVERSITY PUBLISHING GROUP
北京师范大学出版社

目 录 Content

导　言

　　消除贫困,自古以来就是人类梦寐以求的理想。作为世界上最大的发展中国家,中国一直是世界减贫事业的积极倡导者和有力推动者。改革开放 40 多年特别是党的十八大以来,中国开启了人类历史上最为波澜壮阔的减贫进程,谱写了人类反贫困历史的崭新篇章。党的十八大以来,在以习近平同志为核心的党中央坚强领导下,全党全国坚持以人民为中心的发展思想,按照党中央确定的到 2020 年我国现行标准下农村贫困人口实现脱贫、贫困县全部摘帽、解决区域性整体贫困的目标任务,集中力量攻坚克难,全面打响脱贫攻坚战。脱贫攻坚力度之大、规模之广、影响之深前所未有,成就举世瞩目。中国成功走出了一条中国特色扶贫开发道路,形成了中国特色脱贫攻坚制度体系，书写了人类历史上"最成功的脱贫故事"。中国在扶贫脱贫领域取得的成就和经验，为全球减贫事业贡献了中国智慧和中国方案，赢得了国际社会高度评价，很多国家和国际组织表示希望分享中国减贫经验。基于向国际社会分享中国减贫经验的目的，我们编写了《中国，对贫困说不》一书。全书分十章、从不同层面和视角，全面总结阐述中国向贫困宣战的做法、成效和经验。

第一章，主要介绍中国的减贫成就与世界意义，重点介绍党的十八大以来，习近平的扶贫论述引领脱贫攻坚顶层设计，指引各地各部门全面实施精准扶贫精准脱贫方略，脱贫攻坚取得的历史性成就，呈现出的重大世界意义。

第二章，主要介绍以人民为中心的发展理念，重点介绍以人民为中心发展理念的内涵，中国减贫如何体现和坚持以人民为中心的发展理念。

第三章，主要介绍中国国家减贫体系的总体设计，集中探讨在全面建成小康社会背景下，中国推进国家减贫治理体系现代化和治理能力提升的各项改革，简要概述了中国国家贫困治理体系的制度设计。

第四章，主要介绍精准扶贫方略，重点阐述中国脱贫攻坚坚持的精准扶贫精准脱贫方略，全面总结了以做到"六个精准"为根本要求，实施"五个一批"为实现路径，解决好"四个问题"为根本目的的精准扶贫精准脱贫实践。

第五章，主要介绍大扶贫格局，重点介绍中国减贫经验中以精准扶贫理念为引领，构建政府、社会、市场协同推进的大扶贫格局，建立跨地区、跨部门、跨单位和全社会共同参与的社会扶贫体系。

第六章，主要介绍扶贫脱贫模式。中国各地积极探索出一大批行之有效的扶贫脱贫模式，成为我国脱贫攻坚体系的重要组成部分。其中，产业扶贫模式、教育扶贫模式、生态扶贫模式、健康扶贫模式四种扶贫模式在中国脱贫攻坚体系中占据着重要的位置，同时又各具特色。

第七章，主要介绍扶贫同扶志扶智结合，重点介绍中国减贫过程中如何发挥群众的首创精神和主体意识、增强贫困人口内生动力是脱贫攻坚中必须面对和解决的难题。

第八章，主要介绍综合保障扶贫。重点介绍"保障性扶贫"理念与政策，强调"兜底保障"是精准扶贫精准脱贫的重要内容。

第九章，主要介绍国际减贫与合作。主要介绍国际减贫合作的主要经验，以及中国政府长期以来站在"构建人类命运共同体"的高度，积极开展的国际减贫合作行动和主要经验。

第十章，主要介绍2020年中国完成脱贫攻坚目标任务后减贫战略如何转型。重点介绍后2020时代中国建立解决相对贫困长效机制的指导思想、总体原则和主要构想。

01 第一章

中国减贫成就及其
世界意义

习近平总书记在庆祝中华人民共和国成立 70 周年招待会上的讲话中指出："70 年来，中国人民发愤图强、艰苦创业，创造了'当惊世界殊'的发展成就，千百年来困扰中华民族的绝对贫困问题即将历史性地划上句号，书写了人类发展史上的伟大传奇！"①新中国成立 70 年来，中国一直致力于消除自身贫困、支持和帮助其他贫困国家摆脱贫困。特别是改革开放以来，在实现经济高速、持续、稳定增长的同时，通过组织和实施大规模的扶贫开发工作，贫困地区和贫

---

① 《习近平总书记在出席庆祝中华人民共和国成立 70 周年系列活动时的讲话》，6 页，北京，人民出版社，2019。

困人口大幅度下降，中国作为发展中国家，在全球最早实现了联合国千年发展目标中的减贫目标。党的十八大以来，在中国新时代脱贫攻坚波澜壮阔的实践中，习近平的扶贫论述引领脱贫攻坚顶层设计，指引各地各部门全面实施精准扶贫精准脱贫方略，脱贫攻坚取得历史性成就，具有重大的世界意义。

01
中国减贫创造了人类发展奇迹

新中国成立时，国家一穷二白，人民生活处于极端贫困状态。社会主义基本制度的确立，以及农村基础设施的建设、农业技术的推广、农村合作医疗体系的建立等为减缓贫困奠定了基础。改革开放以后，农村率先进行了经济体制改革，实行了家庭联产承包责任制，生产力得到极大解放，农民收入大幅提高，农民温饱问题逐步得以解决。

一、改革开放四十年扶贫开发成就举世瞩目

以当时的农村贫困标准衡量，我国农村贫困人口从 1978 年末的 2.5 亿人减少到 1985 年末的 1.25 亿人；农村贫困发生率从 1978 年末的 30.7% 下降到 1985 年末的 14.8%。若以现行农村贫困标准衡

量，农村贫困人口从 1978 年末的 7.7 亿人减少到 1985 年末的 6.6 亿人，农村贫困发生率从 1978 年末的 97.5% 下降到 1985 年末的 78.3%。

1982 年，国家启动"三西"（甘肃定西、河西，宁夏西海固）专项扶贫计划，开始了有组织有计划的大规模扶贫行动。1986 年，国家制定扶贫标准，成立扶贫工作机构，设立专项扶贫资金，划定重点扶持区域，确立开发式扶贫方针。1994 年以来，国家先后颁布实施《八七扶贫攻坚计划（1994—2000 年）》和 2001—2010 年、2011—2020 年两个十年农村扶贫开发纲要，不断提高国家扶贫标准，持续推进扶贫开发工作，农村贫困程度进一步减轻，贫困人口继续大幅减少。以现行农村贫困标准衡量，2012 年末我国农村贫困人口 9899 万人，比 1985 年末减少 5.6 亿多人，下降了 85.0%；农村贫困发生率下降到 10.2%，比 1985 年末下降了 68.1 个百分点。

二、中国脱贫攻坚取得决定性成就

党的十八大以来，以习近平总书记提出精准扶贫为起点，以党的十八届五中全会和中央扶贫开发工作会议为标志，我国扶贫开发进入脱贫攻坚新阶段。中央明确，到 2020 年现行标准下农村贫困人口实现脱贫、贫困县全部摘帽、解决区域性整体贫困。全面部署和实施精准扶贫精准脱贫方略，出台财政、金融、土地、交通、水利、电力、健康、教育等一系列超常规政策举措，建立脱贫攻坚责任体系、政策体系、投入体系、动员体系、监督体系、考核体系，提供全方位制度保障，全面打响了脱贫攻坚战，扶贫工作取得历史性成就。按现行农村贫困标准，2013—2019 年我国农村减贫人数分别为1650 万人、1232 万人、1442 万人、1240 万人、1289 万人、1386 万人、1109 万人，七年来，农村已累计减贫 9348 万人，年均减贫 1335万人，七年累计减贫幅度达到 94.4%，农村贫困发生率也从 2012 年末的 10.2% 下降到 2019 年末的 0.6%。中华民族千百年来的绝对贫困问题有望得到历史性解决。

（1）脱贫攻坚创造了历史上最好的减贫成绩。贫困人口从 2012年底的 9899 万人减到 2019 年底的 551 万人，贫困发生率由 10.2% 降至 0.6%，连续 7 年每年减贫 1000 万人以上。到 2020 年 2 月底，全国 832 个贫困县中已有 601 个宣布摘帽，179 个正在进行退出检查，未摘帽县还有 52 个，区域性整体贫困基本得到解决。

（2）脱贫攻坚大幅度提高了贫困群众收入水平。中国始终坚持开发式扶贫方针，引导和支持所有有劳动能力的贫困人口依靠自己的劳动摆脱贫困。2013 年至 2019 年，832 个贫困县农民人均可支配收入由 6079 元增加到 11567 元，年均增长 9.7%，比同期全国农民人均可支配收入增幅高 2.2 个百分点。全国建档立卡贫困户人均纯收入由 2015 年的 3416 元增加到 2019 年的 9808 元，年均增幅 30.2%。贫困群众"两不愁"质量水平明显提升，"三保障"突出问题总体解决。

（3）脱贫攻坚明显改善了贫困地区基本生产生活条件。具备条件的建制村全部通硬化路，村村都有卫生室和村医，10.8万所义务教育薄弱学校的办学条件得到改善，农网供电可靠率达到99%，深度贫困地区贫困村通宽带比例达到98%，960多万贫困人口通过易地扶贫搬迁摆脱了"一方水土养活不了一方人"的困境。贫困地区群众出行难、用电难、上学难、看病难、通信难等长期没有解决的老大难问题普遍解决，义务教育、基本医疗、住房安全有了保障。

（4）脱贫攻坚明显加快了贫困地区经济社会发展进程。中国坚持以脱贫攻坚统揽贫困地区经济社会发展全局，贫困地区呈现出新的发展局面。特色产业不断壮大，产业扶贫、电商扶贫、光伏扶贫、旅游扶贫等较快发展，贫困地区经济活力和发展后劲明显增强。通过生态扶贫、易地扶贫搬迁、退耕还林还草等，贫困地区生态环境明显改善，贫困户就业增收渠道明显增多，基本公共服务日益完善。

（5）脱贫攻坚明显提升了贫困治理能力。中国共产党推进抓党建促脱贫攻坚，通过组织开展贫困识别、精准帮扶、贫困退出，基层组织建设得到加强，基层党组织的战斗堡垒作用和共产党员的先锋模范作用得到充分发挥，农村基层党组织凝聚力和战斗力明显增强，农村基层治理能力和管理水平明显提高，党群干群关系更加密切，巩固了党在农村的执政基础。截至2020年2月底，全国共派出25.5万个驻村工作队、累计选派290多万名县级以上党政机关和国有企事业单位干部到贫困村和软弱涣散村担任第一书记或驻村干部，目前在岗 91.8 万，特别是青年干部了解了基层，学会了做群众工作，在实践锻炼中快速成长。在 2020 年初突发的新冠肺炎疫情防控中，贫困地区基层干部展现出较强的战斗力，许多驻村工作队拉起来就是防"疫"队、战"疫"队，呈现了干部经受脱贫工作历练的成果。

（6）脱贫攻坚促进了全社会合力攻坚良好局面的形成。东西部扶贫协作，产生了助力西部地区脱贫攻坚和区域协调发展的效果。定点扶贫畅通了党政军机关特别是中央国家机关了解农村与贫困地区的渠道，推进了干部作风转变，成为锻炼培养干部的重要平台。贫困人口积极参与脱贫攻坚过程，在扶贫脱贫中提高了自我发展能力。"三位一体"大扶贫格局的形成，既有利于弘扬中华民族扶贫济困优良传统，也有助于在全社会培育向上向善的社会氛围，充分彰显社会主义核心价值观的凝心聚力作用。

（7）脱贫攻坚有力促进了国家贫困治理体系和治理能力现代化。突出表现在构建了中国特色脱贫攻坚制度体系和创新完善了精准扶贫的工作机制。中国特色脱贫攻坚制度体系就是：与"中央统筹、省负总责、市县抓落实"体制机制相适应，在各负其责基础上的合力脱贫攻坚责任体系；针对多维致贫因素、形成政策"组合拳"的政策体系；确保扶贫投入力度与打赢脱贫攻坚战要求相适应的投入体系；发挥社会主义制度集中力量办大事优势的社会动员体系；确保中央决策部署落地落实的督查体系；体现最严格的考核评估要求，确保真扶贫、扶真贫、真脱贫的考核体系。脱贫攻坚制度体系的形成和不断完善，为打赢脱贫攻坚战提供了坚实的制度支撑和保障。中国精准扶贫的工作机制就是：为解决好"扶持谁"的问题，通过精准识别贫困村和贫困户，进行建档立卡，在此基础上进一步通过"回头看"机制甄别和调整建档立卡的贫困户，不断提高贫困识别的准确率。为解决好"谁来扶"的问题，在全国范围内累计有300多万驻村干部和第一书记是从国有企事业单位和县级以上党政机关选派，进行驻村帮扶，解决了精准扶贫"最后一公里"的问题。为解决好"怎么扶"的问题，坚持因人因地制宜的原则，针对贫困地区全面实施"五个一批"工程，保证精准扶贫扶到点上、扶到根上。为解决好"如何退"的问题，中央对贫困县、贫困村以及贫困人口的退出标准和程序做了明确的规定，各个地区进一步科学合理地制订了脱贫年度计划和滚动规划，通过第三方评估，对拟退出的贫困县进行全面考察，同时，保持相关扶贫政策的稳定性，保证摘帽不摘政策，促进贫困地区脱贫的稳定性和可持续性。

中国扶贫开发的伟大成就，为实现经济较快增长与大规模减贫同步、有效避免掉入"中等收入陷阱"做出了重要贡献，贫困人口共享改革发展成果，彰显了中国共产党领导和社会主义制度的政治优势，增强了我们的道路自信、理论自信、制度自信和文化自信。

02
国际社会高度评价中国减贫成就

在全球仍有 7 亿极端贫困人口的情况下，国际社会对中国的减贫经验尤为关注。《人民日报》对部分国外专家学者进行了采访，接受访问的专家学者均表示，中国在解决贫困问题上取得的显著成效，在世界上首屈一指，从全球背景来看，中国减贫的努力对寻求摆脱贫困的新兴市场国家和发展中国家具有巨大价值。[①]

一、中国脱贫攻坚"将是对人类减贫事业了不起的贡献"

比利时赛百思中欧商务咨询公司首席执行官弗雷德里克·巴尔丹近年来多次前往中国，并到访过湖南等省份的偏远山区，他说："中国近年来脱贫攻坚取得了巨大成就，今年如期实现脱贫攻坚目标，将是对人类减贫事业了不起的贡献。"

柬埔寨民间社会组织联盟论坛项目计划部主任谢莫尼勒表示，当前新冠肺炎疫情在中国和世界各地肆虐，但是中国共产党并未放

[①]　《推动人类共同的发展事业不断进步——国际人士坚信中国将如期完成脱贫攻坚目标任务》，载《人民日报》，2020 年 3 月 8 日第 3 版。

弃 2020 年现行标准下农村贫困人口全部脱贫等目标任务，这是中国
共产党和中国政府决心的体现，也是中国人民对自身发展道路信心
的体现。谢莫尼勒曾多次到中国考察减贫，他认为，中国共产党的
基层干部对党中央的决策部署落实积极、具体，这得益于中国共产
党内部的凝聚力、执行力，也得益于中国高效的政治体制，"从 2012
年到 2019 年底，短短 7 年多的时间，中国有 9000 多万贫困人口实现
脱贫，世界上没有另外一个国家能做到这一点。许多国家特别是发
展中国家都在研究学习中国的减贫经验，柬埔寨也是一样"。

巴西瓦加斯基金会巴中研究中心负责人埃万德罗·卡瓦略认为，
从中国对脱贫攻坚的重视可以看出，中国追求的发展不仅仅是国内
生产总值的快速增长，而是将发展与减贫紧密联系，着力增进民生
福祉。在这一点上，中国是世界各国特别是广大发展中国家的榜样。
近年来，中国的脱贫攻坚取得决定性进展，目标任务接近完成，证
明中国制度和治理模式具有优越性。

二、中国脱贫攻坚"成功源于中国所具有的制度优势"

美国库恩基金会主席罗伯特·劳伦斯·库恩表示，对于中国来
说，减少贫困一直是实现发展和现代化的一个优先事项。习近平主
席提出的精准扶贫理念，已经成为当前中国脱贫攻坚的一项关键战
略。习近平主席在扶贫工作上展现的领导力，为中国实现脱贫攻坚
目标增添了动力。未来的历史学家会把中国史无前例的扶贫行动记

录为世界历史上对改善人类生存条件的最大贡献。

库恩认为，2020 年初发生的新冠肺炎疫情会对中国的脱贫攻坚产生一些影响，但这种影响是短期的。在面对疫情挑战的情况下，中国继续推进脱贫攻坚，尤其是对农村地区面临的产业困难加大扶持力度。库恩曾在中国最贫困的县里生活了数周，这让他真正了解了中国精准扶贫是如何运作的。令他深感惊讶的是，中国每一个贫困家庭都有相应档案，且定期更新。大量年轻的党员干部专门从事对贫困家庭的帮扶工作，在贫困农村长期生活。在政策的具体实施过程中，中国扶贫成功的关键是中国共产党能够充分调动组织力量，大量基层党员贴近贫困人口开展工作。

巴基斯坦执政党正义运动党中央新闻书记艾哈迈德·贾瓦德表示："过去几十年来，中国所取得的脱贫成就令世界瞩目，也为巴基斯坦提供了有益的减贫经验。这几年，我曾多次到中国考察减贫工作。我认为，中国脱贫攻坚的成功源于中国所具有的制度优势——能够将全社会中不同领域、不同阶层的人广泛动员和团结起来，为国家发展的正确方向而共同努力。在中国与世界的互动过程中，包括巴基斯坦在内的广大发展中国家将从中国的扶贫和发展经验中受益匪浅。这将推动人类共同的发展事业不断进步。"

三、"中国减贫经验为世界带来福祉"

"正是中国的成功经验启迪了埃塞俄比亚的快速发展。"埃塞俄比亚总理首席经济顾问尼瓦伊·吉布里阿布表示，中国减贫的成功经验在于持续快速的经济增长、创造大量就业、经济增长成果为人民所共享。目前，埃塞俄比亚正在进行"农业导向的工业化发展计划"的第二阶段，着重发展工业，建立了十多座工业园区，大量青年人有了工作，帮助他们的家庭走出贫困。

墨西哥专栏作家、中国问题专家阿尔伯特·罗德里格斯指出，中国承诺将实现新的减贫目标，并做出了具体的规划。"每个国家都有其特有的国情和发展道路，中国显然找到了一条适合自己的发展道路，这让中国人民享受到发展成果，也给其他发展中国家带来信心和启示。"

毛里塔尼亚农村发展部秘书长布赫·阿海麦都2019年9月赴宁夏考察，对中国的减贫实践有亲身体会。他表示，非洲大陆是发展中国家最多的地区之一，很多非洲国家正在探索经济发展和产业转型的路径，为贫困人口寻找出路。"中国切实有效的举措让数亿人摆脱贫困，中国的减贫经验为世界带来福祉，更是非洲国家所需要的"，作为最大的发展中国家，中国曾经有着和非洲国家相似的过去，如今成为世界第二大经济体，非洲国家可以从中国发展的故事里找到适合自身国情的经验。

日本国际贸易投资研究所首席经济学家江原规由表示，中国特色社会主义制度让人们有充分的理由相信中国一定能在2020年打赢脱贫攻坚战。作为最大的发展中国家，中国如期实现全面脱贫，对广大发展中国家来说是一个巨大的鼓舞。中国与广大发展中国家分享自己的精准扶贫等经验，有助于发展中国家更快更好地摆脱贫困，有力推动实现联合国 2030 年可持续发展议程目标。

03
中国减贫成就的世界意义

中国的脱贫攻坚工作深刻影响了世界的减贫进程，为全球的减贫事业作出了巨大贡献，表现在以下方面：

一、中国减贫巨大成就坚定了全球减贫的信心

"从减贫速度看，中国明显快于全球。世界银行发布的数据显示，按照每人每天 1.9 美元的国际贫困标准，从 1981 年末到 2015 年末，我国贫困发生率累计下降了 87.6 个百分点，年均下降 2.6 个百分点，同期全球贫困发生率累计下降 32.2 个百分点，年均下降 0.9 个百分点。"特别是 2013 年实施精准扶贫以来，每年减少贫困人口1300 多万，七年减少 9300 多万，有力加快了全球减贫进程，为其他发展中国家树立了标杆，提供了榜样，坚定了全世界消除贫困的信心。

2018 年世界银行发布了《中国系统性国别诊断》报告，其中称"中国在快速经济增长和减少贫困方面取得了'史无前例的成就'"。

在"2017 减贫与发展高层论坛"举办时，联合国秘书长古特雷斯发贺信称赞中国的减贫方略，指出"精准减贫方略是帮助最贫困人口、实现 2030 年可持续发展议程宏伟目标的唯一途径。中国已实现数亿人脱贫，中国的经验可以为其他发展中国家提供有益借鉴"。比尔及梅琳达·盖茨基金会联席主席比尔·盖茨先生在《人民日报》发文指出："即使在世界其他地区发展都有所改善的情况下，最贫穷地区的最贫穷人民仍然发展缓慢。为改变这一现状，全世界都需要加大投入。中国已经证明，通过集中精力改善最贫困地区人民的生存和生活条件，这种变化就会成为可能。借鉴中国的成功经验，将为解决全球发展不平等问题带来曙光。"

二、中国脱贫攻坚制度体系回应了发展中国家贫困问题的艰巨性和复杂性

从全球视野来看，受国别、地域、自然条件，以及经济、政治、文化、社会等方面的综合因素的影响，贫困问题具有多样性和复杂性，致贫的原因也呈现出差异化和多元化，单一的减贫力量和措施在应对普遍存在的复杂性贫困问题时往往难以奏效。中国脱贫攻坚的实践充分证明了，以扶贫对象的需求为导向，综合性的扶贫思路与精准性的扶贫方法有机结合，扶贫资源的有效供给与扶贫对象的实际需求有机衔接，是治理贫困的有效手段，也是解决贫困问题的根本出路。

三、中国政府发挥减贫主导作用为全球经济增长带动减贫普遍弱化趋势的形成树立了"典范"

中国发挥政府在脱贫攻坚工作过程和减贫工作成效中的主导性力量，在中国精准扶贫的实践中，政府是贫困识别、贫困干预、贫困退出以及脱贫成效评估等减贫全过程的主导性主体。脱贫攻坚工作中除了加大政府投入，还通过"中央统筹、省负总责、市（地）县抓落实"多层级政府间合力协作的制度安排，提升政府扶贫整体效能，激发并形成扶贫合力，不断完善政府、市场、社会互动和专项扶贫、行业扶贫、社会扶贫联动的大扶贫格局，这是从根本上摆脱贫困的动力来源。

四、中国精准扶贫工作机制为解决贫困治理一系列世界难题提供了中国方案

以贫困识别及瞄准为例，国际上的贫困识别方法主要有两种：一是自上而下的贫困识别方法，主要采用个体需求评估法；二是自下而上的贫困识别方法，以社区为基础的瞄准方法即是典型案例。但是这两种方法的独立运用，在实际减贫工作中都存在一定的局限性。中国政府结合具体的减贫国情将两种方法有机结合，一方面，通过统计部门抽样测算贫困规模，对贫困指标自上而下进行逐级分解，保证贫困识别的科学性；另一方面，通过贫困户自愿申请、民

主评议等自下而上的贫困识别机制，提高贫困群众的参与度和监督效果，保证贫困识别的真实性。在此基础上，逐步形成了自上而下（指标规模控制、分级负责、逐级分解）与自下而上（村民民主评议）有机结合的精准识别机制，为国际减贫工作中的贫困瞄准提供了有效的参考和借鉴。

五、以精准扶贫思想为核心的习近平扶贫论述有力推动了国际反贫困理论的丰富发展

西方主流的反贫困理论以"涓滴理论"为代表，认为贫困问题的解决主要依赖于社会经济发展水平的持续提高，即使没有社会政策的干预，经济发展的滴漏效应也会影响到社会的贫困阶层，从而使得社会贫困问题随着经济发展而自然得到解决。但这一理论使全球反贫困进入"停滞不前"的困境。中国精准扶贫思想不仅强调中国共产党领导的政治优势和社会主义制度集中力量办大事的制度优势，也强调要发挥脱贫主体的能动性，"智""志"双扶，从而激发脱贫的内生动力。这实际上显示出习近平的扶贫论述对西方扶贫理论的超越。精准扶贫思想中的内源式扶贫、合力扶贫、制度扶贫等从多种层面认识和构建了中国农村反贫困理论，不仅对于中国减贫具有很强的针对性、政策性和实践性，而且对于国际贫困治理理论的创新、推动广大发展中国家加快摆脱贫困的进程，都有重要的参考借鉴作用。

02 第二章

以人民为中心的
发展理念

　　以人民为中心的发展理念体现了发展为了谁、发展依靠谁、发展成果由谁享有等治国理政的核心问题。以人民为中心要求始终坚持发展为了人民、发展依靠人民、发展成果由人民共享的理念，将人民是否真正得到实惠、人民生活是否真正得到改善、人民权益是否真正得到保障等作为检验发展成效的根本标准。

01

发展要坚持以人民为中心的价值理念

　　践行以人民为中心的发展理念就是要坚持人民主体地位，全心

全意为人民服务的根本宗旨，把党的群众路线贯彻到治国理政全部
活动之中，把人民对美好生活的向往作为奋斗目标。

一、发展观中以人为本的思想

人类社会的发展经历了漫长的历史时期，逐步形成了不同的发
展观念，其中，有代表性的发展观包括经济增长观、综合发展观、
可持续发展观等。所谓经济增长观，就是把社会的发展看成是经济
的增长、物质财富的增多和物质生活的丰富。[①] 只有经济发展了，社
会才会进步，经济的持续快速增长可以解决社会矛盾和社会问题。
经济增长观在人类社会的发展历程中长期占据主导地位，大多数国
家的发展都经历过"先增长后分配"的历程。经济增长观强调了经济
增长在发展中的重要地位，把经济发展看成是社会发展的主线，但
忽视了人与社会的关系以及人在发展过程中的主体性。

20 世纪 70 年代以来，单纯经济增长出现了各种弊端，经济增长
之后的社会矛盾突出，出现了"市场失灵"和"政府失灵"的现象，市
场和政府不能满足人们对公共利益的需求，人们开始对传统的经济
增长观发出质疑，对什么是发展、发展是为了谁、为什么要发展等
问题做出了反思，开始寻求新的发展理念。综合发展观在这种背景
之下应运而生，认为发展不单是经济的增长，还应该包括社会、文

[①] 　武晟：《人类社会发展观的演变》，载《理论与改革》，1997(12)。

化等方面的发展，发展不仅是数量的增长，还强调发展的质量。综合发展观将发展定义为包含经济、社会、文化等方面共同进步的多维过程。在综合发展观中，人的主体性开始进入人们的视野。

20 世纪 90 年代，随着经济和社会的不断发展，以及生态、资源、环境等问题的不断出现，人们逐渐认识到了经济、社会、生态等共同发展的必要性，可持续发展观逐步成为世界各国的共识。1992 年 6 月，在巴西里约热内卢举行的联合国环境与发展大会提出并通过了全球的可持续发展战略。可持续发展观强调增长和发展的同步性；强调"持续"和"长久"的增长和发展；强调发展的整体性、全面性和协调性。可持续发展观回应了人在发展中的主体性问题，认为发展要以人为本，通过社会的进步实现人的全面发展。以人为本是可持续发展观的灵魂，是其最根本的特征。① 可持续发展是发展观、发展方式和发展实践的有机统一体。

从经济增长到可持续发展观的演变可以看出，发展经历了从物本主义发展观到人本主义发展观的转变②，从以发展的"客体"为中心到以发展的"主体"为中心的转变。这种转变是人们对发展本质认识的深化，回应了发展究竟是为了谁的问题，发展的最终目标是服务于人类，发展过程中必须坚持人的主体性。

马克思认为，以人为本的社会发展是一种全面、协调和可持续

---

① 邱耕田：《发展观的变革》，载《江海学刊》，1999(5)。
② 林德宏：《科学发展观：发展观的深刻变革》，载《江海学刊》，2004(2)。

的发展。唯有这样的发展才能避免劳动异化、自然异化、技术异化和人的异化等非人性的、非人道的、片面的、紊乱的和断裂式的发展，才能给人的自由而全面的发展和社会的全面进步带来福祉。① 马克思的社会发展理论认为人民群众是历史演进的"剧中人"，又是历史过程的"剧作者"。人是政治、经济、文化和社会发展的主体，离开人和人的实践活动就没有社会和社会的内容。同时人的发展是评价社会发展的重要价值尺度。社会发展要以是否促进人的全面发展作为其价值判断标准。② 从中国语境来看，以人为本的发展就是要坚持以人民为中心的理念，发展的最终目标是为了满足人民对美好生活的愿望。

二、什么是以人民为中心的发展理念

中国的发展理论与实践大致经历了与西方社会同步的历史过程。进入 21 世纪以来，党中央依据马克思主义基本理论，总结了国内外在发展问题上的经验教训，吸收人类文明进步的新成果，提出了科学发展观。"以人为本"是科学发展观的核心理念，坚持以人为本，就是要以实现人的全面发展为目标，从人民群众的根本利益出发谋发展、促发展，不断满足人民群众日益增长的物质文化需要，切实

---

① 方世南：《马克思社会发展理论的深刻意蕴与当代价值——试论全面、协调、可持续的发展观》，载《马克思主义研究》，2004(3)。
② 张太原：《坚持"以人民为中心"的思想精髓》，载《红旗文稿》，2018(7)。

保障人民群众的经济、政治和文化权益，让发展的成果惠及全体人民。① 党的十八届五中全会坚持"以人民为中心"的发展思想，提出了"创新""协调""绿色""开放"和"共享"的新发展理念，从发展的动力、发展的不平衡、人与自然的和谐、发展的内外联动和发展成果由人民共享等方面深刻阐释了以人民为中心的发展内涵。党的十九大报告再次提出，必须坚持以人民为中心的发展思想，不断促进人的全面发展、全体人民共同富裕。"以人民为中心"的价值理念是从马克思主义基本原理出发，对中国现代化实践成功经验的理论总结。②

第一，发展是为了人民。从人类历史上发展观的演变可以看出，发展最终的落脚点是为了人类自身生活得更美好。发展的最终目的是为了人民，是要实现人的全面发展。我国传统的发展观中就比较强调发展为了人民的理念，"为政之道，以顺民心为本，以厚民生为本"，"治国有常，而利民为本"，"民惟邦本，本固邦宁"，都体现了发展为了人民的深刻内涵。习近平总书记在十九大报告中指出，新时代坚持和发展中国特色社会主义，就必须坚持人民主体地位，坚持立党为公、执政为民，践行全心全意为人民服务的根本宗旨。可见，发展就是为了更好满足人民在经济、政治、文化、社会、生

---

① 袁贵仁：《以人为本是科学发展观的核心》，载《求是》，2005(21)。
② 施成杰、侯永志：《深入认识以人民为中心的发展思想》，载《人民日报》，2017 年 6 月 22 日第 7 版。

态等方面日益增长的需要。党把实现好、维护好、发展好最广大人民根本利益作为发展的根本目的，把人民对美好生活的向往作为奋斗目标。发展的终极目标定位于人，不仅要满足人的全面需求，也要促进人的全面发展。

第二，发展要依靠人民。人类历史的进步建立在人作为社会实践活动主体的基础之上。人民主体思想是马克思哲学的重要内容。马克思通过对以往哲学和资本主义私有制生产关系的多重批判，恢复了人民的历史主体地位，揭示出人民在社会历史发展进程中的重要作用。[1] 马克思指出："全部人类历史的第一个前提无疑是有生命的个人的存在"[2]，充分肯定了历史的人民性和人民在推动历史发展过程中的主体性地位和作用。"以人民为中心"的发展思想继承了马克思唯物史观"人民群众是历史的创造者"这一基本原理，确立了人民的历史主体性地位，"人民，只有人民，才是创造世界历史的动力"[3]。习近平总书记认为，党的执政根基、国家发展的源泉和支柱都是人民群众，党和国家的发展和未来都由人民群众决定。"人民群众是我们力量的源泉。人民对美好生活的向往，就是我们的奋斗目标。将人民的意愿和创造精神作为最主要的精神财富，在工作中将

---

① 熊治东：《马克思人民主体思想及其当代价值——兼论习近平新时代"以人民为中心"思想的马克思主义之源》，载《河南大学学报（社会科学版）》，2019（1）。
② 《马克思恩格斯选集》第 1 卷，67 页，北京，人民出版社，1995。
③ 《毛泽东选集》第 3 卷，1031 页，北京，人民出版社，1991。

人民群众的无限智慧发挥出来。"①"在前进道路上，我们要始终坚持人民主体地位，充分调动工人阶级和广大劳动群众的积极性、主动性、创造性。"②可见，发展的根本动力源于社会中的人，发展要依靠人民，人民是社会发展和社会进步的主要推动力量。

第三，发展成果由人民共享。发展成果由谁享有？西方主流发展观追求总量和效率，追求生产达到其可能性边界，却忽视了分配和公平，甚至认为平等的分配会抑制效率、损害发展。以人民为中心的发展思想则是要让每一个个体都能分享到发展的成果，并不断提高成果分享的公平性，最终实现共同富裕。③ 马克思、恩格斯在《共产党宣言》中明确指出，"过去的一切运动都是少数人的或者为少数人谋利益的运动。无产阶级的运动是绝大多数人的、为绝大多数人谋利益的独立的运动"④。可见，发展是为了维护绝大多数人的利益，公平分享发展成果是发展的必然要求。党的十八大以来，习近平总书记把改善和保障民生的工作紧紧抓在手上，发展各项社会事业，在统筹推进教育、收入分配、就业、社会保障、医疗卫生等各方面都做出深刻论述和全面部署，带领人民创造幸福生活。坚持以

① 郑文宝：《论习近平以人民为中心发展思想的理论体系》，载《理论视野》，2019(3)。
② 《习近平关于协调推进"四个全面"战略布局论述摘编》，163 页，北京，中央文献出版社，2015。
③ 施成杰、侯永志：《深入认识以人民为中心的发展思想》，载《人民日报》，2017 年 6 月 22 日第 7 版。
④ 《马克思恩格斯选集》第 1 卷，283 页，北京，人民出版社，1995。

人民为中心就是要让发展成果更多更公平惠及全体人民，使全体人民在共建共享发展中有更多获得感。

三、如何坚持以人民为中心的发展理念

习近平总书记指出，以人民为中心的发展思想，不是一个抽象的、玄奥的概念，不能只停留在口头上、止步于思想环节，而要体现在经济社会发展各个环节。要坚持人民主体地位，顺应人民群众对美好生活的向往，不断实现好、维护好、发展好最广大人民根本利益，做到发展为了人民、发展依靠人民、发展成果由人民共享。[①]

第一，坚持人民的主体地位。马克思认为，人是全部人类活动和全部人类关系的本质和基础。以人民为中心强调了人民的主体地位及人民是历史的创造者这一马克思主义唯物史观基本原理。[②] 习近平总书记强调，人的问题是检验一个政党、一个政权性质的试金石。坚持人民的主体地位意味着必须始终把人民利益摆在至高无上的地位，让改革发展成果更多更公平地惠及全体人民，朝着实现全体人民共同富裕不断迈进。同时要坚定对人民群众创造历史的认识，将之视为"决定党和国家前途命运的根本力量"，要突出人民群众的主体地位，把人民群众作为改革、发展、创新的主体，高度肯定人民

---

① 《习近平谈治国理政》第 2 卷，214 页，北京，外文出版社，2017。
② 郭广银：《全面把握以人民为中心的发展思想》，载《光明日报》，2018 年 4 月 2 日第
　　11 版。

群众的智慧，高度重视调动最广大人民的积极性、主动性、创造性。

第二，坚持全心全意为人民服务。《中国共产党章程》总纲中指出："坚持全心全意为人民服务。党除了工人阶级和最广大人民群众的利益，没有自己特殊的利益。党在任何时候都把群众利益放在第一位。"①全心全意为人民服务是我们党的根本宗旨，中国共产党是代表工人阶级和最广大人民利益的政党，是为劳苦大众发声的政党，是以实现中华民族伟大复兴和人民美好生活为己任的政党。习近平总书记指出，"全心全意为人民服务，是我们党一切行动的根本出发点和落脚点，是我们党区别于其他一切政党的根本标志"②。只有坚持全心全意为人民服务，中国共产党才会得到人民的拥护和爱戴，才能战胜一个又一个威胁与挑战，取得一个又一个伟大胜利。新时期的党员干部必须始终牢记并忠实践行全心全意为人民服务的根本宗旨，把党的群众路线贯彻到治国理政全部活动之中，正确行使人民赋予的权力，自觉把权力行使的过程转化为为人民服务的过程。

第三，坚持贯彻党的群众路线。党的群众路线理论是马克思主义政党理论的重要组成部分。以毛泽东为代表的中国共产党人在长期斗争中形成了一切为了群众、一切依靠群众和从群众中来、到群众中去的群众路线。毛泽东指出，从群众中来，到群众中去，想问

---

① 《改革开放三十年重要文献选编》下，1748 页，北京，人民出版社，2008。
② 《习近平谈治国理政》，28 页，北京，外文出版社，2014。

题从群众出发就好办，凡属正确的领导，必须是从群众中来，到群众中去。习近平总书记多次强调要坚持群众路线，"我们党来自人民、植根人民、服务人民，党的根基在人民、血脉在人民、力量在人民"。"把为民务实清廉的价值追求深深植根于全党同志的思想和行动中"，"时刻把人民群众的安危冷暖放在心上"。"群众路线是我们党的生命线和根本工作路线，是我们党永葆青春活力和战斗力的重要传家宝。"①坚持群众路线就是要坚持一切为了群众，一切依靠群众，从群众中来，到群众中去，把党的正确主张变为群众的自觉行动，把群众路线贯彻到治国理政全部活动之中。要从群众中汲取智慧和经验，虚心向群众学习，遇事同群众商量，尊重群众意愿。党员干部要自觉转变工作作风，努力树立群众观点，一切为了群众，切实做到一切对人民负责，防止党员干部脱离群众，教育广大党员干部始终保持与广大人民群众的血肉联系。

　　第四，坚持实现人民对美好生活的向往。习近平总书记指出，中国特色社会主义进入新时代，我国社会主要矛盾已经转化为人民日益增长的美好生活需要和不平衡不充分的发展之间的矛盾。坚持以人民为中心不仅要体现在治国理政理念上，而且要转化为施政的具体举措，推出更多民生工程、实施更多惠民举措，更好满足人民在经济、政治、文化、社会、生态等方面日益增长的需要。把以人

---

① 《习近平谈治国理政》，367、368、102、27页，北京，外文出版社，2014。

民为中心的思想贯穿于创新发展、协调发展、绿色发展、开放发展、共享发展的全过程、全领域。要在继续推动经济社会发展的基础上，着力解决好发展不平衡不充分问题，大力提升社会产品的质量和效益，更好满足人民在经济、政治、文化、社会、生态等方面日益增长的需要。在发展的目标追求上，要坚持共享发展、共同富裕，使人人享有、各得其所，既要把社会财富和公共产品做优做大，又要充分保证社会分配的公平正义，使改革发展的成果更多更公平惠及全体人民，切实体现我国全体人民共同富裕的社会发展目标。①

02

中国反贫困体现了以人民为中心的发展理念

贫困与反贫困是长久以来人类面临的世界性难题。20 世纪 80 年代以来，我国开始了有组织、有计划的大规模反贫困活动，取得了举世瞩目的成就，并形成了具有中国特色的反贫困道路。回顾中国的反贫困历程，可以发现，中国的反贫困生动阐释了以人民为中心的发展理念。从目标来看，反贫困是为了让人民过上幸福美好的生活；从动力来看，反贫困必须动员全党全国全社会力量，特别是需

---

① 邹广文：《以人民为中心是共产党人最大的"初心"》，载《光明日报》，2017 年 12 月 28 日第 7 版。

要贫困人群自身的积极参与；从出发点来看，反贫困是为了进一步
消除发展的不平衡，维护最广大人民的根本利益，让贫困人群共同
享有发展的成果。

一、反贫困是为了让人民过上幸福美好的生活

新中国成立之初，国家一穷二白、百废待兴，全国范围内呈现
出普遍式的贫困状态，老百姓的温饱问题尚未完全解决。为了尽快
改变贫穷现状，新生的人民政权致力于恢复国民经济，通过一系列
措施，新中国的经济状况得到了根本好转。但是农村的贫困状态并
没有从根本上得到改变，农村贫困人口的数量依然庞大。改革开放
以来，中国针对农村的贫困状态开始了有组织的扶贫开发，取得伟
大成绩。习近平总书记指出，全面建成小康社会，最艰巨最繁重的
任务在农村、特别是在贫困地区。没有农村的小康，特别是没有贫
困地区的小康，就没有全面小康。

从新中国成立以来的反贫困历程可以发现，反贫困经历了最初
解决温饱问题到实现贫困人群全面进入小康社会，始终围绕着让人
民过上幸福美好生活的根本目标，深刻体现了以人民为中心的价值
理念。反贫困就是要解决发展过程中的不平衡，让发展成果更多更
公平地惠及贫困人群，让贫困人群一同进入小康社会，过上更加美
好幸福的生活。习近平总书记指出："我们的人民热爱生活，期盼有
更好的教育、更稳定的工作、更满意的收入、更可靠的社会保障、

更高水平的医疗卫生服务、更舒适的居住条件、更优美的环境，期盼孩子们能成长得更好、工作得更好、生活得更好。人民对美好生活的向往，就是我们的奋斗目标。"①因而必须坚持以人民为中心的发展理念，通过反贫困让发展成果更多更公平惠及全体人民，最终实现全体人民共同富裕。

二、反贫困要求充分发挥人的主体性

贫困问题是世界性的难题，世界各国都在探索反贫困的实践道路。中国改革开放以来四十多年的反贫困努力，走出了一条具有中国特色的扶贫开发道路，使七亿多农村贫困人口成功脱贫，为全面建成小康社会打下了坚实基础，也为全球反贫困做出了重要的贡献。贫困问题并非单纯的收入问题，而是涉及政治、经济、文化、教育等多方面的复杂问题，解决贫困问题是人类社会发展的本质要求，关系到发展为了谁、发展依靠谁、发展成果由谁共享等深层次的哲学思考。破解贫困难题需要坚持以人民为中心的发展理念，充分发挥人的主体性，这也是中国几十年反贫困历程中的重要经验。特别是在全面建成小康社会脱贫攻坚的阶段，人的主体性能否充分发挥，直接关乎贫困人群能否顺利脱贫，关系着我国全面小康社会的目标能否实现，也关系着我国在全球反贫困进程中的历史

---

① 《习近平谈治国理政》，4 页，北京，外文出版社，2014。

承诺能否兑现。

第一，反贫困要求坚持人民主体地位。马克思主义认为，人的主体性地位是改造世界的根本动力。人能够意识到自己的主体性存在，而自觉主动地挖掘和发挥自己的内在本质力量和创造力去面对和解决自己的存在和发展的问题。只有充分发挥人的主观能动性，才能够更好地解决发展过程中所面临的各种难题。坚持人民主体地位是反贫困的重要原则和价值取向。它强调人民在扶贫工作这个系统工程中的中心地位，任何工作的开展都要以人民利益的实现程度和人民的积极参与为核心。在反贫困过程中发挥人民主体性，既要充分动员全社会力量参与反贫困，依靠广大人民群众共同推动脱贫攻坚，又要充分调动贫困人群积极主动参与扶贫，努力改变自身的贫困状态。

第二，动员全社会力量参与脱贫攻坚。政府主导、全社会参与的综合性开发式扶贫是中国减贫道路的重要特点。扶贫开发不仅仅是政府的职责，更是需要全社会共同关注和承担的责任。动员和组织社会各方面力量参与扶贫开发、做好社会扶贫工作是中国特色扶贫开发道路的重要组成部分，也是社会主义制度优越性的充分体现。习近平总书记指出："要大力弘扬中华民族扶贫济困的优良传统，凝聚全党全社会力量，形成扶贫开发工作强大合力。"[1]在中国的扶贫

---

[1]　习近平：《做焦裕禄式的县委书记》，19 页，北京，中央文献出版社，2015。

开发历程中，社会力量在各个领域广泛参与，包括各级党政机关、人民军队、企事业单位的定点扶贫，东部15个省市与西部10个省市区开展的东西扶贫协作，以及民营企业、社会组织、个人参与扶贫开发等，都取得了显著的成绩。社会力量参与扶贫已经越来越成为扶贫开发工作中最有潜力、最具活力的组成部分。

社会力量参与扶贫不仅体现了社会主义制度的优越性，更是人的主体性的充分体现。全社会力量参与脱贫攻坚体现了人民群众推动发展、创造历史的实践特点。人是全部社会生活和社会关系的中心，只有将人的主体性充分发挥，社会才能够进步。在中国的脱贫攻坚过程中，动员全党全国全社会力量，充分发挥了扶贫的合力。所谓"人心齐、泰山移"，全社会力量参与扶贫体现了人类改造世界的强大力量，贫困地区的发展要依靠人民群众的力量，减贫事业才能取得重大成效。

第三，引导贫困群众积极参与脱贫攻坚。贫困人群的积极参与是其摆脱贫困的关键。在扶贫开发的过程中，部分群众仍然存在着"等、靠、要"的思想，认为脱贫是政府的事情，自身缺少脱贫的动力和信心。为了激发贫困人群脱贫的积极性，我国采取了参与式扶贫的策略。参与式扶贫是"参与式发展"理论被用于农村扶贫工作而形成的一种扶贫模式。所谓参与式扶贫就是将参与式理念和工作方法贯穿扶贫开发的始终，通过采用自下而上的决策方式，激发贫困群众的积极性、主动性和参与性。参与式扶贫是贫困群众积极参与脱贫攻坚的重要体现，是中国扶贫开发取得重要成效的主要经验之一。

在中国的扶贫开发进程中，为了激发贫困人群的内生动力和自我发展能力，特别强调贫困人群的积极参与。传统扶贫是一种输血式的扶贫方式，主要强调外部资源的输入，是一种救济式的扶贫。在扶贫开发中，贫困人群的主体性并未得到充分的体现，养成了贫困人群"等、靠、要"的思想，导致扶贫的绩效不高，资源的投入与产出之间不成比例。贫困人群在发展意识和发展能力方面并未得到大的提升。20世纪80年代以来，政府开始重视贫困人群自身在扶贫开发中的参与。

以工代赈的实施是贫困人群参与发展的初级实践。以工代赈是指受赈济者参加政府投资的基础设施建设，获得劳务报酬，以此取代直接救济。在以工代赈的过程中，贫困人群的广泛参与打破了扶贫局限于救济的传统思维，贫困人口的主体性得以体现，明晰了发展依靠人民的思路。

在扶贫开发的帮扶方式上，还广泛采取了生产奖补、劳务补助等方式，改变传统包办代替和简单发钱发物的形式。在扶贫项目的实施过程中，要求贫困人群参与项目的决策、管理、实施和评价等，充分体现贫困人群的主体地位，发挥贫困人群的积极性。此外，政府鼓励贫困人群开展就业、创业等，通过自身努力摆脱贫困。

习近平总书记强调，贫困群众是扶贫攻坚的对象，更是脱贫致富的主体。党和政府有责任帮助贫困群众致富，但不能大包大揽。[①]脱贫攻坚必须依靠人民群众，组织和支持贫困群众自力更生，发挥人民群众主动性。贫困人群的积极参与，尊重了贫困人群的主体地位，激发了贫困人群的内生动力，提升了贫困人群发展的能力，对于破解脱贫攻坚难题也起到了至关重要的作用。

三、如何在反贫困中激发人的动力与信心

发挥人的主体性需要在反贫困过程中不断激发贫困人群的动力和信心。特别是在扶贫开发进入到脱贫攻坚的关键期、减贫难度越来越大、任务越来越艰巨的背景下，要求转变扶贫方式，变传统输入式扶贫为造血式扶贫，增强扶贫的内生力，变外援式扶贫向内源性发展转变，确保扶贫的可持续性。习近平总书记提出，贫困地区的发展要靠内生动力，不能单凭救济，只有内外结合才能最终推动发展。"只要有信心，黄土变成金"，"脱贫致富贵在立志，只要有志气，有信心，就没有过不去的坎"[②]。

第一，促进个人观念的转变。扶贫攻坚是一个复杂而又持久的过程，政府的支持和政策的帮扶必不可少，贫困群体的主动参与和

---

① 中共中央党史和文献研究院：《习近平扶贫论述摘编》，134 页，北京，中央文献出版社，2018。
② 同上书，132—135 页。

自立自强也是至关重要的，促进个人思想观念的转变是摆脱贫困、全面建成小康社会的关键。如今，在脱贫攻坚过程中仍然存在有些贫困人群缺少积极性、主动性和创造性的问题。一是贫困人群存在"等、靠、要"的思想，缺乏摆脱贫困的勇气和信心。"靠着墙根晒太阳，等着别人送小康。"有的贫困户躺着吃低保，有的贫困户发展产业不积极，坐等政府的救济。二是存在"以贫为荣"的落后意识，争当贫困户、争当低保户现象时有发生，一些贫困人群缺少通过自力更生、艰苦奋斗脱贫致富的意识，只想不劳而获，依赖外界的帮扶。三是存在"得过且过"的意识，认为有了政府政策的救济，就不用自己去奋斗争取，存在"干部干，群众看""干部着急，群众不急"等现象。

因而，在脱贫攻坚的过程中，必须促进个人观念的改变，引导贫困群众树立主体意识，发扬自力更生精神，激发改变贫困面貌的干劲和决心，靠自己的努力改变命运。脱贫致富终究要靠贫困群众用自己的辛勤劳动来实现，通过自力更生、艰苦奋斗，靠辛勤劳动改变贫困落后面貌。要树立起"艰苦奋斗、自强不息"的观念，幸福生活需要自己的努力和付出，提高自我发展的能力；要树立起"积极主动"的观念，主动去学习周围的脱贫榜样，增强自身的奋斗精神和脱贫决心，调动自身的主观能动性和创新创造意识；要树立起积极向上的思想观念，展现出自强不息的精神风貌。

第二，提升人的发展能力。贫困人群发展能力的不足是制约其脱贫的重要因素。受制于贫困人群发展能力较弱的现实，反贫困投入与产出的反差巨大，边际效益递减，单纯依靠外部"输血式"的扶贫开发难以收到良好的效果。增强贫困人群的自我发展能力是摆脱贫困的根本出路，提升贫困人群的自我发展能力是贫困地区可持续发展的关键。提升贫困人群的自我发展能力不仅是扶贫开发和经济社会发展的需要，也是人类社会发展的方向。社会的发展最终是人的发展，一方面，人的发展是一切发展的目标，社会的其他发展目标都是为人的发展提供条件或手段，都是为了满足人的各种需要，促使人的素质得到全面提高。另一方面，人是发展的主体和动力，人是一切发展的规划者、决策者、参与者和实践者，人在改造世界的同时，又使其自身不断得到完善和发展。从这个角度来看，扶贫开发的最终目标不仅仅是促进贫困人群脱离贫困，更是促进贫困人群自身的发展。脱贫攻坚应着力提高和培育贫困人口的脱贫能力，彻底解决能力贫困、意识贫困问题。

提升贫困人群的发展能力需要扶志和扶智相结合。一是对贫困人群进行扶志。习近平总书记指出，要把扶贫同扶志结合起来，着力激发贫困群众发展生产、脱贫致富的主动性，着力培育贫困群众自力更生的意识和观念，引导广大群众依靠勤劳双手和顽强意志实现脱贫致富。[1] 扶志可以为贫困群体营造发展的氛围，最终将精神动

---

[1]　中共中央党史和文献研究院：《习近平扶贫论述摘编》，140 页，北京，中央文献出版社，2018。

力转化为具体的行动能力。二是对贫困人群进行扶智。通过全面提高贫困人口的基本素质，增强贫困人群的发展能力。要大力推进基础教育均衡发展，促进教育公平，提高农村贫困家庭子女受教育的程度，减少贫困代际传递。要大力开展职业教育发展，促进劳动力转移。要继续加强农村实用技能培训，提高贫困人群科学种植养殖的水平。

第三，促进个人的全面发展。全面建成小康社会离不开个人的全面发展，离不开个人整体素质的完善和提升。个人的全面发展指作为社会主体的每一个人在个性、道德、能力等方面的和谐、自由、全面地发展和完善。马克思主义揭示了个人全面发展的内涵：人的能力充分发挥，人的社会关系全面丰富，人的个性、主体性充分发展，即人的全面、自由、和谐的发展。促进个人的全面发展，一是促进人的能力的充分发展，包括个人的体力、智力、社会能力等，扶志激励个人拥有直视贫困的勇气，进而主动去提高自身的能力；二是促进人的个性的充分发展，人的个性包括个人的兴趣、爱好、行为等，扶志可以使人更加关注自己的内心世界，发挥自身的创新精神和创造能力；三是促进个人的主体性的全面发展，扶志可以激发贫困群体主动脱贫的志气和奔向小康的底气，可以使贫困群体充分发挥自己的主观能动性；四是促进个人社会关系的全面发展，扶志可以使贫困群体扩大与外部世界的联系和交往，丰富自己与他人、与社会、与自然的关系。促进个人的全面发展是以人民为中心发展理念的终极目标，增强了贫困人群发展的动力、信心和能力，既是脱贫攻坚的手段，也关系到脱贫攻坚目标的体现。

03
人民是否得到实惠是检验脱贫成效的标准

改革开放以来，我国经济建设取得了巨大成就，但发展的不平衡不充分现象仍然突出。贫困问题严重影响低收入群众的生活质量和获得感，也是阻碍社会主义现代化进程的最大绊脚石。脱贫攻坚是当下的头等大事和第一民生工程，事关全面建成小康社会的如期实现，在脱贫攻坚进程中要求坚持以人民为中心的发展理念，要体现全心全意为人民服务的根本宗旨，通过发挥人民主体性突破发展中的难题，坚持以人民是否得到实惠作为检验脱贫攻坚成效的标准。"让贫困人口和贫困地区同全国一道进入全面小康社会"的庄严承诺，彰显实现共同富裕的社会主义本质要求。[1] 贫困群众是否真正得到实惠是检验脱贫成效的标准。

---

[1]　陈安娜：《精准扶贫是以人民为中心的发展思想的生动实践》，载《光明日报》，2018 年 4 月 20 日第 2 版。

一、贫困人群是否真正得到实惠

人民是否得到实惠的内涵在于发展的过程中人们的利益是否得到保护，人们是否分享了发展的成果。

第一，贫困人群的利益是否得到保护。习近平总书记指出，党的一切工作必须以最广大人民根本利益为最高标准。这就决定了扶贫开发过程中必须"要始终把解决好人民群众最关心、最直接、最现实的利益问题摆在突出位置"。改革开放以来，我国经济社会快速发展，实现了从温饱不足到总体小康的历史性跨越，经济总量跃居世界第二位，中国人民的面貌、社会主义中国的面貌、中国共产党的面貌发生了历史性变化。但是也还存在着许多突出矛盾和问题：收入分配差距拉大，经济社会之间、城乡之间、地区之间发展不平衡，教育、就业、社会保障、医疗、住房、生态环境、食品药品安全、安全生产、社会治安、执法司法等关系群众切身利益的领域问题较多，人民群众的利益还没有得到切实的满足。特别是贫困人群还在贫困线上挣扎，还在为基本的生计问题发愁。脱贫成效的体现首先要看贫困人群的利益是否得到保护。

第二，贫困人群是否分享了发展的成果。脱贫攻坚从某种意义上来讲就是为了让贫困人群能够真正分享发展的成果。社会主义社会作为迄今为止最为先进的社会制度，不仅要创造出比以往任何社会形态都更为丰富的物质、精神财富，而且要在更广范围、更高层

次上促进发展成果惠及人民。实践反复证明，越是让人民共享发展
成果，就越能激励人民以饱满的热情投入到社会生产实践中，从而
创造出更多的可以共享的物质财富和精神财富。习近平总书记指出，
"国家建设是全体人民共同的事业，国家发展过程也是全体人民共享
成果的过程"，"保证人民平等参与、平等发展权利，维护社会公平
正义，使发展成果更多更公平惠及全体人民，朝着共同富裕方向稳
步前进"①，"让人民群众实实在在分享到经济社会发展的成果"，
"保证全体人民在共建共享发展中有更多获得感"②。

　　"做好扶贫开发工作，支持困难群众脱贫致富，帮助他们排忧解
难，使发展成果更多更公平惠及人民，是我们党坚持全心全意为人
民服务根本宗旨的重要体现，也是党和政府的重大职责。"③让贫困
群众共享发展成果是扶贫开发的重要目标，阐明了发展"为了谁"的
问题，就是要切实维护最广大人民的根本利益，就是要让全体人民
共享发展成果。贫困群众是否真正得到实惠是检验脱贫成效的重要
标准。

---

① 《习近平关于全面建成小康社会论述摘编》，149、131 页，北京，中央文献出版社，
　　2016。
② 习近平：《决胜全面建成小康社会　夺取新时代中国特色社会主义伟大胜利——在中国
　　共产党第十九次全国代表大会上的报告》，23 页，北京，人民出版社，2017。
③ 习近平：《做焦裕禄式的县委书记》，19 页，北京，中央文献出版社，2015。

二、贫困人群的生活是否得到改善

"中国执政者的首要使命就是集中力量提高人民生活水平，逐步实现共同富裕。"①社会主义制度的优越性正在于发挥政府的调控作用，扶弱济贫，实现社会的共同富裕。习近平总书记指出："贫穷不是社会主义，如果贫困地区长期贫困，面貌长期得不到明显提高，那就没有体现我国社会主义的优越性，那也不是社会主义。"②贫困人群的生活是否得到改善是衡量脱贫成效的重要标准之一。

第一，贫困人口的收入水平是否得到明显提高。收入是衡量是否贫困的重要标准，是衡量脱贫成效的一个重要指标，到 2020 年现行标准下的贫困人口年人均收入要超过 4000 元。在脱贫攻坚过程中要努力创造贫困人口稳定的收入来源，实现贫困人群增收渠道的多元化。一是通过发展产业增收，政策层面应加大对贫困农户发展产业的支持，在项目、资金、技术、市场等方面为贫困农户提供服务，贫困农户可以通过种植养殖项目实现增收；二是通过就业增收，应进一步拓展贫困人口就业机会，提升贫困人口的就业技能，贫困人口通过外出务工取得劳动性收入；三是增加财产性收入，应进一步增强贫困农户的财产性收入，贫困农户通过土地流转、入股分红等

---

① 《习近平谈治国理政》第 2 卷，30 页，北京，外文出版社，2017。

② 中共中央党史和文献研究院：《习近平扶贫论述摘编》，5 页，北京，中央文献出版社，2018。

方式获得收益；四是增加转移性收入，包括各类政府补贴等收益。收入是否明显提高包括两层含义：一是贫困人口是否有增加收入的多元化渠道，应该根据精准扶贫的要求，制定精准的帮扶措施，因户施策，增加收入；二是贫困人口的增收是否稳定，应该重点培育贫困人口的增收能力，使贫困人口的脱贫具有可持续性。

第二，贫困人口的社会保障水平是否提高。到 2020 年要稳定实现扶贫对象不愁吃，不愁穿，保障其义务教育、基本医疗、住房权利。教育方面，国家政策在教育方面向贫困地区倾斜，全面实现贫困家庭学生的义务教育保障，改善贫困地区的办学条件，全面落实教育扶贫资助政策，确保贫困家庭学生有学上、上得起学、不辍学。医疗方面，全面落实基本医疗制度，基本医疗保险、大病保险、医疗救助、商业健康保险有效衔接，实现先诊疗后付费和"一站式"结算等，确保贫困人群看得起病，防范因病致贫。住房方面，针对贫困人群实施危房改造和易地扶贫搬迁，一方面对影响贫困人群安全的住房进行改造，确保贫困人群住房安全，另一方面对于生存条件恶劣、自然灾害频发、通水通路通电等成本很高，一方水土养不活一方人的贫困人口实现易地搬迁扶贫，改善贫困人群的居住条件。

第三，贫困地区的基本生产生活条件是否得到改善。改善贫困地区生产生活条件，更有利于向贫困地区导入资金、技术、人才等各种要素，增强造血功能。《中共中央国务院关于打赢脱贫攻坚战的决定》指出，要加强贫困地区基础设施建设，加快破除发展瓶颈制约。要加快交通、水利、电力建设，加大"互联网＋"扶贫力度，加快农村危房改造和人居环境整治等。贫困人群的生活条件是否得到明显改善是脱贫成效的重要指标，"两不愁三保障"①是否实现决定了贫困人口能否真正脱贫。

三、贫困人群的权利是否得到保障

宪法规定公民在政治、经济、文化等方面享有一系列的基本权利。脱贫攻坚既要关注贫困人群是否得到实惠、生活是否得到显著改善，也要关注贫困人群基本权利是否得到保障。

第一，贫困人口是否公平享有扶贫资源。马克思和恩格斯主张全体社会成员在政治、社会、经济等领域的平等。每个社会成员都有追求自身利益、自我发展和自我完善的机会和条件。习近平总书记指出，要让每个人获得发展自我和奉献社会的机会，共同享有人生出彩的机会，共同享有梦想成真的机会，保证人民平等参与、平等发展的权利，维护社会的公平正义，使发展成果更多更公平地惠及全体人民。在脱贫攻坚方面，平等意味着贫困人口能否公平地获取扶贫资源。现阶段扶贫资源的分配仍然有倾向于乡村精英的趋势，一方面，贫困人群受制于自身的能力和资源，在扶贫资源的分配过程中处于相对弱势的地位，底层的贫困群体与乡村精英的差距越来

---

① "两不愁"即不愁吃、不愁穿，"三保障"即义务教育、基本医疗、住房安全有保障。

越大。另一方面，在扶贫资源的分配中仍然存在着优亲厚友、权力寻租等现象，结果拉大了贫困地区内部的差距，直接影响了扶贫的效果，底层贫困群体迫切需要共享公平发展机会。因而，在反贫困过程中，要充分保障贫困人口的发展资源，让贫困人口能够公平分享扶贫资源。

第二，贫困人口是否具有参与机会。贫困人口公平参与扶贫过程，不仅能够极大提升其脱贫致富的信心，也能够提升其发展的能力。贫困人口参与发展是以人民为中心思想的重要体现。传统扶贫开发过程中，机会不公平严重制约着贫困人口的发展，贫困人口常常被排斥于现有的扶贫资源系统之外。缺少机会和缺少参与是传统扶贫开发不能很好瞄准穷人、扶贫成效不高的重要原因。贫困人口的参与不仅需要其自身具备参与发展的意识，而且也需要外部资源的投入和合理制度的保障。公平的发展机会能够极大地增强贫困人口的发展动力和发展能力。在扶贫开发的过程中，必须尊重贫困人口在社区发展、村民自治、项目建设等方面的知情权、参与权和监督权。要完善参与机制，充分满足贫困人口的参与诉求。一方面，在扶贫资源的分配和扶贫项目的设计上应该充分征求贫困人口的意见，给予贫困人口表达诉求的机会，在充分考虑多方利益的前提下出台相应的扶贫政策。另一方面，要完善贫困人口的参与机制，减少基层政府在扶贫资源分配上的过度干预和权力寻租，理顺中央、地方基层政府与普通贫困人口的关系，增加贫困人口的基本发展机会。

第三，贫困人口基本权益是否得到保障。扶贫的出发点是为了维护最广大人民的根本利益，是为了让全体人民共享改革发展成果。以人民为中心，最根本的就是要通过发展保障人民在教育、健康、就业、住房、养老等方面的权利。[①] 党的十八大以来，一大批惠民举措落地实施，人民获得感显著增强。以人民为中心的发展思想，提升了关于社会主义共同富裕的思想认识，是马克思主义中国化的又一重要成果，是中国特色社会主义道路的又一重大实践。在反贫困的进程中，应该切实尊重和保障贫困人口的基本权益，让贫困家庭子女享有受教育的权利，提升贫困人口素质，阻断贫困的代际传递；保障贫困人口的健康权利，让贫困人口看得起病，提升贫困人口的身体素质；保障贫困人口的就业权利，为贫困人口提供通过就业改善贫困状态的机会；保障贫困人口的居住权利，让贫困人口享有安全住房，满足其安全需求；保障贫困家庭的财产权利，促进贫困人口的资产建设，使其家庭财产普遍增加，过上更加富足的生活。此外，还应该在养老保障、最低生活保障、特殊人群保护等方面做出一系列要求和部署，始终贯穿"以解决人民群众最关心、最直接、最现实的利益问题"这条主线。

以人民为中心的发展理念回应了发展的根本问题，坚持以人民

---

① 赵剑英：《论党的十九大报告蕴含的马克思主义哲学思想》，载《哲学研究》，2018（4）。

为中心的发展理念，就是要坚持在发展中保障和改善民生，增进民生福祉，保证全体人民有更多获得感，不断促进全体人民共同富裕。以人民为中心的发展理念也是我国反贫困的核心价值理念。反贫困的出发点是为了维护最广大人民的根本利益，是为了让全体人民共享改革发展成果，中国的反贫困实践是以人民为中心的发展理念的集中体现和深刻阐释。

03 第三章

国家减贫治理体系的
总体设计

党的十八大以来，中国扶贫开发事业步入了一个全新阶段。可以从两个层面来理解新阶段的特点：一方面，经历了改革开放四十多年的发展，中国已经实现了总体小康的标准，并将于 2020 年全面建成小康社会。对照全面建成小康社会的目标，解决好贫困地区、贫困人口的脱贫问题，是补齐突出短板的必然要求，构成了全面建成小康社会的底线目标和标志性指标。同时，消除贫困、改善民生，是社会主义的本质要求，是中国共产党执政的初心和使命，到 2020 年消除绝对贫困现象，是执政党对全国人民的庄严承诺。就此而言，打赢全面建成小康社会背景下的脱贫攻坚战，是必须完成的任务，是重大的发展战略，也是重大的政治战略。另一方面，经过四十多年的不懈努力，中国扶贫开发事业取得了举世瞩目的成就，但彻底消除绝对贫困人口的任务依然非常艰巨，存量贫困人口主要分布在十四个"连片特困地区"。所谓"连片特困地区"，不仅是指这些地区贫困的范围广、程度深、扶贫开发工作难度巨大，更为重要的是，随着我国经济发展的阶段性特征转换，既往的减贫模式已经很难适应此类地区的贫困治理事业，迫切需要完成理论视角的转换。同时，"连片特困地区"多具有自然地理条件的复杂性和经济社会文化多元性并存的特征，"同质化"贫困治理方案，不仅难以实现减贫的目标，反而会面临巨大的生态风险、社会风险和文化风险。进行更深一层的考察，不难发现不仅是贫困片区之间、贫困地区之间，不同的贫困村和贫困户在致贫因素组合和潜在的资源禀赋诸方面，也存在着显著的差异，因此，如何增进国家减贫治理体系对多元化差异化减贫需求的回应能力，切实做到"精准扶贫精准脱贫"，就成为新时期国家减贫战略选择和政策体系与治理体系设计的核心问题。在本章中，我们将集中探讨新时期中国农村减贫形势的变化，以及在全面建成小康社会背景下，推进国家减贫治理体系现代化和治理能力提升的各项改革①，并简要概述中国国家贫困治理体系的制度设计。

---

① 相关内容亦参见吕方：《精准扶贫与中国国家贫困治理体系的现代化》，载《中国农业大学学报（社会科学版）》，2017(5)。

01
新时代中国农村减贫形势的变化

全面建成小康社会时期，打赢脱贫攻坚战具有重大的战略意义。同时，随着新时期中国农村减贫形势的变化，既往的减贫治理体系难以有效适应新阶段的减贫需求，迫切需要整个国家减贫治理体系的调整与完善。可以说，推进国家减贫治理体系的现代化建设，提升治理能力，恰恰是在回应打赢全面建成小康社会背景下脱贫攻坚战这一时代命题的呼唤。

一、打赢脱贫攻坚战具有重大的战略意义

脱贫攻坚不单是一个补短板的问题，更是一个全局性的战略问题。改革开放走过了 40 多年的历程，中国站在了全面建成小康社会、实现"第一个百年目标"的时间节点，从总量来看，中国经济总量已经达到全球第二位，具备了全面建成小康社会的基础，但贫困地区的短板因素依然十分凸显。[1] 近年来，中国进入了经济运行的新

---

[1] 刘永富：《确保在既定时间节点打赢脱贫攻坚战——学习贯彻习近平总书记关于扶贫开发的重要论述》，载《社会治理》，2016(1)。

常态，随着利益格局的分化，各种社会矛盾也到了积聚期，这是对党的执政能力的巨大考验。脱贫攻坚不仅能够补齐全面小康的突出短板，同时是重大的民生战略和民心战略，体现着中国共产党执政为民的初心，是巩固党的执政基础的关键之举。此外，实施脱贫攻坚，有利于促进区域协调发展、城乡统筹发展，为中国扩大对内开放、培育经济增长新动能、促进发展模式转型具有重要的发展战略意义。还应看到，打赢脱贫攻坚战，需要通过深化改革，完善基层治理体系，提升基层治理能力，应当认识到脱贫攻坚与基层治理体系完善和治理能力提升之间的辩证关系，看到实施脱贫攻坚的基础战略意义。

二、中国农村减贫形势发生了重要的变化

进入新时期，中国农村贫困人口的分布特征发生了显著的变化，主要分布在以武陵山区、乌蒙山区、秦巴山区、滇黔桂石漠化地区等为代表的十四个连片特困地区，深入考察便会发现，这些地区多具有自然地理条件的复杂性和经济社会文化的多元性并存的特点，贫困片区之间、片区内部，乃至同一县域的不同地点、不同社区，致贫因素的组合皆具有差异性。[①] 从减贫治理的角度来看，新时期中

---

① 　吕方：《发展的想象力：迈向连片特困地区的贫困治理》，载《四川省委机关党校学报》，2012(3)。

国农村贫困问题受到多重因素共同影响，既体现了中国农村改革与发展的一般性问题，又具有自身的特殊性。从致贫因素来看，农村贫困地区的减贫与发展面临着基础设施支撑不足、公共服务水平不高、产业基础薄弱、基层组织战斗堡垒作用弱化等多重短板因素制约。因而，有效的贫困治理必然是建立在认识到贫困成因具有系统性、综合性的基础上，统筹各类资源，协调各种力量，形成合力，系统性地改善贫困地区的发展面貌。[①] 换言之，随着中国农村减贫形势的变迁，有效的贫困治理，意味着不断增进国家减贫干预，增强对贫困地区、贫困社区和贫困农户多元化、差异化需求的综合性回应能力。国家减贫治理体系的现代化建设，一方面应着眼于各项政策之间的配合与衔接，形成完备的政策体系，另一方面应着力提升政策供给对于政策需求的匹配程度，实现减贫治理的"滴灌式"作业。

三、既往的减贫治理模式难以适应新时期的减贫需求

毫无疑问，过去三十余年间，在中国共产党领导下中国国家减贫治理体系的建设取得了突出成就，但既有的减贫治理模式和手段，已经难以适应新时期的减贫需求。国际经验表明，贫困人口总量下降到总人口比重10%以下的时候，一般性的经济增长对减贫的涓滴

---

① 吕方、梅琳：《精准扶贫：农村贫困治理的关键》，载《中国社会科学文摘》，2017（6）。

效应将逐渐消失。① 以 2010 年不变价格人均 2300 元的贫困线计算，
2012 年全国贫困人口总体规模为 9899 万人，占总人口比例为
10.2%。如何形成更为有效的综合性政策工具组合，有效回应贫困
人口的减贫与发展需求，是新时期国家减贫治理体系建设的根本问
题。复杂性在于不同的贫困地区和贫困社区，致贫因素组合和潜在
的资源禀赋均存在差异，因此在实践层面保持国家减贫干预对具体
情境的适用性，是避免政策资源错配、提升干预成效的关键所在。②
换言之，如何更为准确地掌握贫困社区和贫困农户层面的基础信息，
在科学研判致贫因素的基础上，综合运用多元化的支持手段，滴灌
式回应贫困人口的需求，是脱贫攻坚过程中国家减贫治理体系建设
所必须解决的问题。此外，应当看到，存量贫困人口都是"贫中之
贫、困中之困"，属于"难啃的硬骨头"，特别是"两高、一低、一
差、三重"③的深度贫困地区，国家贫困治理体系建设需要能够聚合
更为广泛的合力，以过硬办法和过硬举措确保打赢脱贫攻坚战。

---

① Banerjee, Abhijit V., and E. Duflo, "Inequality and Growth: What Can the Data Say?",
  Journal of Economic Growth, 8.3(2003): 267-299.
② 吕方、梅琳：《"复杂政策"与国家治理——基于国家连片开发式扶贫项目的讨论》，载
  《社会学研究》，2017(2)。
③ 习近平总书记在深度贫困地区脱贫攻坚座谈会上的讲话，提出深度贫困地区的贫困问
  题体现为"两高、一低、一差、三重"，即贫困人口占比高、贫困发生率高；人均可支
  配收入低；基础设施和住房差；低保五保贫困人口脱贫任务重、因病致贫返贫人口脱
  贫任务重、贫困老人脱贫任务重。参见习近平：《在深度贫困地区脱贫攻坚座谈会上的
  讲话》，载《求是》，2017(17)。

四、国家减贫治理体系现代化有丰富的经验和国力基础

四十多年的扶贫经验积累和国家发展取得的成就，为国家减贫治理体系现代化提供了经验和国力基础。改革开放以来的四十多年间，中国国家减贫治理取得了举世瞩目的成就，形成了独具特色的中国减贫道路，为构架新时期国家减贫治理体系现代化和治理能力提升提供了经验基础。四十多年间，中国扶贫开发在专项扶贫、行业扶贫和社会扶贫领域都形成了一些行之有效的减贫经验，大扶贫的工作格局基本形成。同时，改革开放以来中国经济总量、政府财政实力都有了快速成长，为一揽子解决绝对贫困问题提供了财力保障。

02

推进国家减贫治理体系现代化

党的十八大以来，以习近平同志为核心的党中央高度重视扶贫开发，将打赢脱贫攻坚战作为全面建成小康社会的底线目标和标志性指标，纳入"五位一体"总体布局和"四个全面"战略布局，摆到治国理政的重要位置，以前所未有的力度推进。《中共中央国务院关于打赢脱贫攻坚战的决定》《"十三五"脱贫攻坚规划》等纲领性、统揽性重要文件出台，对脱贫攻坚总体思路、目标任务、实现路径进行

了决策部署，各部门、各领域结合工作实际密集出台了一揽子政策
文件，共同构筑起"精准扶贫、精准脱贫"国家减贫治理体系的"四梁
八柱"，为各地结合实际推进脱贫攻坚提供了有效支撑。

一、坚持以习近平总书记关于扶贫工作重要论述为根本遵循

全面建成小康社会背景下的脱贫攻坚战，开启了中国减贫治理
的一个新时代，作为对时代呼唤的回应，党的十八大以来，习近平
总书记围绕着打赢脱贫攻坚战的重大战略意义，如何认识新时期中
国农村贫困问题，以及如何构架新时期的国家减贫治理体系发表了
一系列重要的论述，做出了一系列重要指示和批示，形成了逻辑严
密、体系完整、内涵丰富的扶贫开发战略思想体系，为国家减贫治
理体系现代化和治理能力提升提供了科学的指引。[①] 习近平总书记指
出，新时期国家减贫治理体系的现代化，要坚持发挥好中国特色扶
贫开发道路的政治优势和制度优势，"脱贫攻坚任务重的地区党委和
政府要把脱贫攻坚作为'十三五'期间头等大事和第一民生工程来抓，
坚持以脱贫攻坚统揽经济社会发展全局，要层层签订脱贫攻坚责任
书、立下军令状，形成五级书记抓扶贫、全党动员促攻坚的局

---

① 黄承伟：《打赢脱贫攻坚战的行动指南——学习领会习近平总书记关于扶贫工作重要论述》，载《红旗文稿》，2017(16)。

面"①。"要强化领导责任、强化资金投入、强化部门协同、强化东西协作、强化社会合力、强化基层活力、强化任务落实，集中力量攻坚克难，更好推进精准扶贫、精准脱贫，确保如期实现脱贫攻坚目标。"②习近平总书记在部分省区市扶贫攻坚与"十三五"时期经济社会发展座谈会、中央扶贫开发工作会议等场合发表重要讲话，全面部署脱贫攻坚工作，系统阐释了"精准扶贫、精准脱贫"的基本方略。这些战略思想，全面论述了国家减贫治理体系现代化的关键在于发挥好中国特色扶贫开发道路的"两个优势"，坚持"精准扶贫、精准脱贫"的基本方略，以改革创新的办法，破除各种体制机制障碍，形成最广泛的合力，从而有效提升国家减贫治理能力。

二、党的十八大以来国家减贫治理体系现代化的主要内容

从学理层面来看，国家减贫治理体系的新一轮调整，意在增强国家减贫行动对于贫困地区、贫困社区和贫困人口多元化、差异化需求的回应能力。这一过程的突出特点在于以准确掌握农村减贫与发展需求为基础，将政治优势和制度优势的发挥与全面深化改革相结合，形成更加完备的政策体系，综合运用政府、市场、社会三种机制、三种资源，因地制宜、分类施策，系统性地改善贫困地区、

---

① 习近平：《在中央扶贫开发工作会议上的讲话》，载《人民日报》，2015 年 11 月 29 日第 1 版。

② 习近平：《在中央政治局第 39 次集体学习会议上的讲话》，2017 年 2 月 21 日。

贫困社区和贫困人口的内生发展动能。本节将借鉴并发展哈佛学派关于国家能力讨论①的框架，从信息汲取能力、政治保障和制度保障能力、系统回应能力、资源动员能力、政策执行能力五个方面讨论十八大以来国家减贫治理体系现代化的主要内容。

第一，通过"减贫大数据"建设，掌握新时期中国农村贫困的"底数"，为相关政策安排提供坚实的信息基础，提升国家减贫治理体系的信息汲取能力。② 长期以来，底数不清、情况不明，是制约国家减贫干预取得实效的主要原因之一。2014 年，被誉为精准扶贫"一号工程"的建档立卡工作在全国范围铺开，各省密集推进，在当年 10 月实现了数据全国并网，经历了多轮"精准扶贫回头看"以后，建档立卡数据的精准度大幅提升。建档立卡的"减贫大数据"不仅找准了贫困人口，解决了"扶持谁"的问题，也为回答"怎么扶"的问题提供了坚实的基础信息。过去五年的实践中，"五个一批""深度贫困地区"脱贫攻坚等重大战略决策都是建立在对建档立卡大数据的动态管理和科学分析基础之上的。毫无疑问，"减贫大数据"有效提升了减贫政策安排的科学化程度，是中国国家减贫治理体系理性化程度的重大跃升。

第二，发挥好政治优势和制度优势，是国家减贫治理体系有效

---

① ［美］彼得·埃文斯、迪特里希·鲁施迈耶、西达·斯考克波编著：《找回国家》，方力维等译，北京，生活·读书·新知三联书店，2009。
② 王雨磊：《数字下乡：农村精准扶贫中的技术治理》，载《社会学研究》，2016(6)。

运转的政治保障和制度支撑。脱贫攻坚进入攻坚拔寨的阶段，任务十分艰巨，打赢脱贫攻坚战需要凝聚全党全社会的合力，2016年11月，《中共中央国务院关于打赢脱贫攻坚战的决定》颁布，打赢脱贫攻坚战上升为执政党和中国政府的重大战略决定，为全党统一认识、协调行动提供了思想基础。按照习近平总书记的要求，脱贫攻坚任务重的省份要将扶贫开发作为统揽经济社会发展全局的"第一民生工程"，全国范围自上而下形成了省市县乡村"五级书记一起抓扶贫"的局面，对地方工作主要考核减贫成效、精准识别、精准帮扶、扶贫资金使用管理等方面，涉及建档立卡贫困人口减少和贫困县退出计划完成、贫困地区农村居民收入增长、贫困人口识别和退出准确率、群众帮扶满意度、扶贫资金绩效等指标，树立脱贫实效导向，确保脱贫攻坚质量经得起实践和历史检验。此外，注重抓基层党建促进脱贫攻坚，有效提升贫困村基层党组织战斗堡垒作用。同时，发挥好"集中力量办大事"的制度优势，中央明确扶贫投入力度要与打赢脱贫攻坚战的要求相匹配，财政投入大幅度增长，各类金融机构加大对扶贫的支持力度，保险业扶贫、证券业扶贫的工作力度也明显加强。这些顶层设计，为新时期国家减贫治理体系的有效运转，提供了有力的政治保障和制度支撑。

　　第三，形成完备政策体系，推进国家减贫治理系统化程度，提升综合性回应减贫需求能力。围绕着贯彻落实习近平总书记扶贫开发重要论述，确保打赢脱贫攻坚战，中央层面科学谋划精准扶贫精准脱贫的政策体系。党的十八大以来,《中共中央国务院关于打赢脱贫攻坚战的决定》颁布,并出台了系列配套文件,据不完全统计,中央和国家机关各部门累计出台超过 120 多项政策文件或实施方案。内容涉及贫困户建档立卡、驻村干部选派与管理、扶贫开发体制机制创新、财政扶贫资金管理办法改革、扶贫开发成效考核、精准退出,以及产业扶贫、易地扶贫搬迁、劳务输出扶贫、交通扶贫、水利扶贫、教育扶贫、健康扶贫、金融扶贫、农村危房改造等多个领域和方面,系统落实了总书记提出的通过实现"六个精准"、做好"五个一批",解决好"四个问题"的精准扶贫、精准脱贫基本方略,很多"老大难"问题都有了针对性的措施,打出了政策组合拳。这些政策体系,为各行业、各部门、各领域合力推进脱贫攻坚工作,设定了行动指南,为有效回应贫困地区、贫困社区和贫困农户多层次、多元性、差异化需求提供了政策保障。

第四,运用好政府、市场与社会三种机制、三种资源,为脱贫攻坚凝聚巨大的合力,提升国家减贫治理体系的资源动员能力。中国农村贫困问题的成因具有复杂性、多元性的特点,因而有效的贫困治理需要同时解决两个方面的问题,即一方面要着力补齐贫困地区、贫困社区在基础设施、公共服务、基层组织、基本产业等领域的短板因素,综合性地改善其发展环境;另一方面要坚持因地制宜、分类扶持的原则,让政策资源"精准"响应贫困社区和贫困人口差异化的需求。换言之,赢得脱贫攻坚战的胜利,需要更好发挥政府的主导作用，在加大专项扶贫的政策投入、优化专项扶贫政策模式的同时，强化各行业部门、社会力量的有序参与，形成系统性回应各类减贫需求的政策方案。此外，从建档立卡的数据分析来看，近半数的贫困人口可以通过发展生产、扶持就业的方式实现脱贫，通过优化政策环境，让市场有效运转起来，从而带动贫困人口脱贫增收，是重要的减贫策略。

第五，发挥好中央和地方两个积极性，提升国家减贫治理体系的适应性和执行力。不同于一般性的公共治理项目，国家主导的减贫与发展需要同时发挥好中央和地方"两个积极性"①。一方面，信息经济学的理论成果表明，大量对于有效治理至关重要的关键信息，分散在地方，相对于中央政府而言，基层政府组织更易于掌握这些信息，因而将政策"操作文本"形成的事权下沉到地方，有利于政策供给对于政策需求的"精准"匹配。另一方面，减贫治理涉及统筹协调各方主体，需要强有力的顶层设计整体谋划，有序推进。十八大以来，中国减贫治理领域形成了"中央统筹、省负总责、市县抓落实"的扶贫开发管理体制，党中央、国务院主要负责统筹制定扶贫开发大政方针，出台重大政策举措，规划重大工程项目。省（自治区、直辖市）党委和政府对扶贫开发工作负总责，需要结合省情，抓好目标确定、项目下达、资金投放、组织动员、监督考核等工作。市

① 吕方、梅琳：《"复杂政策"与国家治理——基于国家连片开发式扶贫项目的讨论》，载《社会学研究》，2017（2）。

（地）党委和政府主要职责在于做好上下衔接、域内协调、督促检查工作，把精力集中在贫困县如期摘帽上。县级党委和政府承担主体责任，书记和县长是第一责任人，需要结合县域实际，做好进度安排、项目落地、资金使用、人力调配、推进实施等工作。通过明晰党政分工的治理格局、借助政府间权责关系的调整，国家减贫治理在实现精准施策、有力执行上有了制度保障。

03
国家减贫治理体系的结构安排

概括起来讲，新时期国家减贫治理体系的结构，主要是由责任体系、组织体系、投入体系、社会动员和宣传体系、政策体系、监督体系六个大的板块组成。其设计原则深刻体现了精准扶贫精准脱贫的基本方略和打好精准脱贫攻坚战的各项要求，并且在脱贫攻坚推进的过程中不断地丰富和完善。

党的十八大以来，以习近平总书记关于扶贫工作重要论述为指引，中央层面高位推动，统筹谋划，坚持问题导向，坚持全面深化改革，出台了一揽子文件体系，逐步构筑完成脱贫攻坚制度体系的顶层设计，建立了责任、政策、投入、动员、监督、考核六大体系，为打赢脱贫攻坚战提供了有力的制度保障。

一、脱贫攻坚的责任体系

打赢脱贫攻坚战，时间紧、任务重，涉及多个领域、多个政府层级、多元主体的协同行动，因此建立并完善脱贫攻坚的责任体系，形成全党全社会高度动员、协同推进的局面，是新时期脱贫攻坚顶层设计的首要问题。具体来说，脱贫攻坚的责任体系体现在"中央统筹、省负总责、市县抓落实"的扶贫开发管理体制、"五级书记一起抓扶贫"的主体责任体制，以及各参与主体合力攻坚的帮扶责任体制三个方面。

（一）"中央统筹、省负总责、市县抓落实"的扶贫开发管理体制

中国农村贫困的一个突出特点是贫困人口分布广，致贫因素复杂，贫困地区和贫困社区的自然地理条件、经济社会文化特征，以及资源禀赋概况差异显著。因而有效的贫困治理，需要坚持精准扶贫、精准脱贫的基本方略，做到因地制宜、分类施策。一方面，如何让政策供给能够更加准确地匹配贫困地区、贫困社区和贫困人口的减贫与发展需求，是脱贫攻坚制度体系设计首先需要解决的问题。另一方面，从整体上看，中国农村贫困问题的有效治理，需要置于中国农村改革与发展的历史语境中认识，现实地看，贫困地区基础设施、基本公共服务、基础产业和基层组织普遍存在短板，新时期各类政策力量、生产要素进入贫困农村地区的渠道还不够畅通，因

而补齐农村贫困地区的各类短板，破解制约贫困地区发展的体制机制因素，又需要立足全局，高位谋划、统筹推进各项改革。鉴于此，新时期中国脱贫攻坚制度体系的顶层设计，突出强调各级政府都要承担起责任，发挥好中央和地方"两个积极性"，形成上下联通、高效协同的管理体制。

党的十八大以来，按照"中央统筹、省负总责、市县抓落实"的扶贫开发工作管理机制，中央一级负责制定脱贫攻坚的大政方针，出台重大政策举措，完善体制机制，规划重大工程项目，协调全局性重大问题、全国性共性问题，指导各地制定脱贫滚动规划和年度计划。有关中央和国家机关按照工作职责，落实脱贫攻坚责任。省负总责，省级党委和政府对本地区脱贫攻坚工作负总责，抓好目标确定、项目下达、资金投放、组织动员、监督考核等工作，确保责任制层层落实。中西部22个省份党政主要负责同志向中央签署脱贫攻坚责任书，立下军令状，每年定期向中央报告脱贫攻坚工作进展情况。市级党委和政府主要负责上下衔接、域内协调、督促检查工作，把精力集中在贫困县如期摘帽上。县级党委和政府承担主体责任，书记和县长是第一责任人，做好进度安排、项目落地、资金使用、人力调配、推进实施等工作。

通过合理安排各级政府在脱贫攻坚中的权责，形成了合理分工、各司其职、有序推进的工作局面。一方面，资源配置的重心下沉到脱贫攻坚的"一线战场"，让贫困社区和贫困农户发挥主体性，合理谋划发展道路；另一方面，通过高位推动、深化改革，以前制约基层扶贫开发工作有效开展的众多体制机制障碍得以有效破除。

(二) 五级书记一起抓扶贫的领导责任体制

党的领导，是中国特色社会主义减贫道路最突出的政治优势，党的领导有利于在脱贫攻坚过程中统筹全局、协调各方，有利于资源和人力的调度与合理使用，通过加强党对扶贫开发事业的领导，脱贫攻坚有了强有力的领导体制和组织保障，特别是通过加强党对扶贫开发工作的领导，各级党委对脱贫攻坚的认识水平和政治站位有了极大提升，自觉用习近平总书记关于扶贫工作重要论述武装全党，聚精会神地按照精准扶贫精准脱贫的基本方略有序推进各项工作开展。

按照习近平总书记的要求，各省自上而下地形成了"五级书记一起抓扶贫"的领导责任体制，脱贫攻坚任务重的省份，将打赢脱贫攻坚战作为"第一民生工程"和"头等大事"来抓，以脱贫攻坚统揽经济社会发展全局，各级党委作为脱贫攻坚的第一责任主体，为赢得脱贫攻坚战的胜利奠定了政治基础和组织基础。

(三) 全党全社会广泛参与的帮扶责任体制

全党全社会的广泛参与是中国扶贫开发道路的突出特点。新时期，东西部协作扶贫、定点扶贫，以及社会各界合力攻坚，汇聚起了磅礴的攻坚合力。为了让这些资源能够更好地发挥效能，建立相应的责任体系是关键。以东西部协作扶贫为例，按照新时期脱贫攻坚的整体设计，东部9省（直辖市）、13个城市对口帮扶西部10个省（区、市），以及吉林延边、湖北恩施、湖南湘西和河北张家口、承德、保定。为了使帮扶具有实效，中共中央办公厅、国务院办公厅联合印发了《关于进一步加强东西部扶贫协作工作的指导意见》，意见中明确了东西部协作中产业合作、劳务协作、人才支援、资金支持、社会参与"五项重点工作"，并围绕每一项工作，明确了帮扶方和被帮扶方各自的责任，确保各项政策部署能够落到实处。可以说，合力攻坚的帮扶责任体制，有力拓展了脱贫攻坚的资源总量，促使社会扶贫力量有序参与脱贫攻坚，迸发出巨大力量。

二、脱贫攻坚的政策体系

2013年，习近平总书记在湘西花垣县十八洞村考察的时候，第一次明确提出了"精准扶贫"的治贫理念，此后总书记多次在重要场合发表长篇讲话，多次做出重要指示批示，对精准扶贫精准脱贫的内涵与方法进行阐释。特别是2015年6月18日，习近平总书记在贵州召开的部分省区市领导干部十三五规划座谈会上发表重要讲话，系统阐述了精准扶贫精准脱贫的基本方略，强调要坚持做到"六个精准""五个一批"。此后，习近平总书记先后在中央扶贫开发工作会议、中央政治局第39次集体学习、两会期间参加四川代表团审议等重要场合多次强调精准扶贫精准脱贫的理论与方法，提出了解决好"四个问题""下一番绣花功夫"的要求。

实践证明，精准扶贫、精准脱贫的基本方略，是打赢新时期脱贫攻坚战的理念基础和总的方法。围绕着贯彻落实习近平总书记关于扶贫工作重要论述，贯彻落实精准扶贫精准脱贫基本方略，党中央、国务院、中央和国家机关各部门密集谋划了一揽子政策，共同构筑起脱贫攻坚的政策体系。大致而言，脱贫攻坚的政策体系包含两大板块，一是聚焦"六个精准、五个一批"，直接作用于脱贫攻坚各领域的政策部署；二是顺应新时期农村减贫与发展形势变动和破解制约贫困地区农村脱贫增收各项体制机制障碍的配套改革政策。

（一）六个精准、五个一批

新时期中国农村减贫形势发生了重要的变化，除具有制约发展的共性短板因素之外，贫困地区、贫困社区和贫困人口之间致贫因素的组合以及潜在的资源禀赋等特征，存在着显著的差异，因此"扶到点上、扶到根上"就要坚持"因地制宜、分类施策"的精准思维。而在扶贫开发过程中做到"六个精准"，以"五个一批"为方法，解决好"四个问题"，是精准扶贫精准脱贫基本方略的要旨所在。具体来说，要坚持做到"扶持对象精准、项目安排精准、资金使用精准、措施到户精准、因村派人精准、脱贫成效精准"的要求，使建档立卡贫困人口中有5000万人左右通过产业扶持、转移就业、易地搬迁、教育支持、医疗救助等措施实现脱贫，其余完全或部分丧失劳动能力的贫困人口实行社保政策兜底脱贫。

"六个精准"和"五个一批"的要求，是精准扶贫政策体系设计的重要依据。2015 年,《中共中央国务院关于打赢脱贫攻坚战的决定》颁布,进一步明确了实施精准扶贫方略、加快贫困人口精准脱贫的政策举措,包括健全精准扶贫工作机制、发展特色产业脱贫、引导劳务输出脱贫、实施异地搬迁脱贫、结合生态保护脱贫、加强教育脱贫、开展医疗保险和医疗救助脱贫、实行农村最低生活保障制度兜底脱贫、探索资产收益扶贫、健全特殊人群关爱服务体系等,成为指导当前和今后一个时期脱贫攻坚的纲要性文件。伴随精准扶贫精准脱贫方略的提出和完善,国家逐步提出"六个精准""五个一批""六项行动""十项扶贫工程"等,作为精准扶贫和精准脱贫的基本要求与主要途径。2016 年,国务院印发"十三五"脱贫攻坚规划,继续提出有关产业发展脱贫、转移就业脱贫、异地搬迁脱贫、教育扶贫、健康扶贫、生态保护扶贫、兜底保障等方面的政策规划。同时,为进一步细化落实中央决策部署,中共中央、国务院出台扶贫文件5个,中共中央办公厅、国务院办公厅出台扶贫文件20 个,中央和国家机关各部门出台政策文件或实施方案256 个,形成广泛的政策合力。内容涉及产业扶贫、易地搬迁扶贫、劳务输出扶贫、交通扶贫、水利扶贫、教育扶贫、健康扶贫、金融扶贫、农村危房改造、土地增减挂钩、资产收益扶贫等,瞄准贫困人口,因地制宜,分类施策。

(二)配套改革政策

为了保障脱贫攻坚各项决策部署落到实处,十八大以来各领域启动了多项重大配套改革举措,以全面深化改革的思维为脱贫攻坚保驾护航。这些改革举措，直面基层推进扶贫开发工作深入开展中遇到的问题，为充分释放活力，促进精准扶贫精准脱贫基本方略落地提供了有力支撑。以财政扶贫资金审批权改革为例，为了让项目安排和资金使用更加精准，2013 年开始，财政扶贫资金项目审批权限下放到县，经过几年的努力，到县比例从 2014 年的 70% 提高到 2016 年的 95%。同时，为了解决基层反映强烈的资金整合使用难问题，启动了贫困县统筹整合使用财政涉农资金试点，2016 年整合各级财政安排用于农业生产发展和农村基础设施建设等方面资金 2340 亿元，集中用于脱贫攻坚。相关配套改革涉及国土、金融、保险、投融资等多个领域，对脱贫攻坚战的有效开展提供了良好的政策环境，各项改革红利直接惠及民生，体现为老百姓实实在在的收益。

三、脱贫攻坚的投入体系

毫无疑问，我国的扶贫开发事业已经进入啃硬骨头、攻坚拔寨的关键时期，脱贫攻坚越往后，难度越大，任务越艰巨。如何建立与脱贫任务相适应的投入体系，解决好资金、资源的问题，是保障脱贫攻坚各项目标如期实现的基础。

2014 年，《关于创新机制扎实推进农村扶贫开发工作的意见》提出，以扶贫攻坚规划和重大扶贫项目为平台，整合扶贫和相关涉农资金，集中解决突出贫困问题，以及充分发挥政策性金融的导向作用，支持贫困地区基础设施建设和主导产业发展。随后在《中共中央国务院关于打赢脱贫攻坚战的决定》中，国家也提出积极开辟扶贫开发新的资金渠道，确保政府扶贫投入力度与脱贫攻坚任务相适应。同时，倡导在扶贫开发中推广政府与社会资本合作、政府购买服务等模式，鼓励和引导商业性、政策性、开发性、合作性等各类金融机构加大对扶贫开发的金融支持。在"十三五"脱贫攻坚规划中，中央继续提出广泛动员社会资源，充分发挥竞争机制对提高扶贫资金使用效率的作用。

在顶层设计支撑下，中国政府坚持政府投入的主体和主导作用，加大金融对脱贫攻坚的支持力度，逐步建立起运转有效、保障有力的脱贫攻坚投入体系。十八大以来，中央补助地方财政专项扶贫资金从 379 亿元增加到 861 亿元，年均增长 22.7%。省级和市县财政扶贫资金投入也大幅度增长。2016 年中央和省级财政专项扶贫资金首次突破 1000 亿元。2017 年，中央和省级财政专项扶贫资金突破 1400 亿元，其中中央财政资金较上年增长 30%，省级财政专项扶贫资金比上年增长 22%。贫困县整合财政涉农资金 2956 亿元，比上年增加 26%。金融支持方面，为贫困户提供"5 万元以下、3 年以内、免抵押免担保、基准利率放贷、财政扶贫资金贴息、县建风险补偿金"的扶贫小额信贷，累计发放 3381 亿元，共支持 855 万建档立卡贫困户。扶贫再贷款实行比支农再贷款更优惠的利率，重点支持带动贫困人口脱贫的企业和农民合作组织等。

四、脱贫攻坚的社会动员和宣传体系

扶危济困是中华民族的传统美德，共同富裕是中国共产党领导社会主义事业的本质要求，广泛动员社会力量参与脱贫攻坚，大力宣传脱贫攻坚典型案例、典型经验、典型人物，有助于凝聚最广泛的人心和力量，营造全社会关心扶贫、关心国家发展的良好氛围。十八大以来，脱贫攻坚的顶层设计强化了社会动员和宣传体系建设，取得了突出的成绩。

（一）社会动员体系

中国特色社会主义减贫道路的基本经验之一是坚持不断巩固和完善"大扶贫"的工作格局。其中社会扶贫力量无疑是最具有中国特色、中国气派的。十八大以来，社会扶贫领域聚焦精准，优化工作机制和模式，经历着密集的创新。中央先后出台《关于进一步加强东西部扶贫协作工作的指导意见》《中央单位定点扶贫工作的指导意见》等指导性文件，细化实化帮扶任务和工作要求，东西部协作和定点扶贫等领域工作以精准扶贫精准脱贫的理念为指引不断深入。十八大以来，发达地区和中央单位向贫困地区选派干部12.2万人，支持项目资金超过1万亿元。经过调整完善东西部扶贫协作结对关系，实现了对30个民族自治州结对帮扶的全覆盖。明确京津冀协同发展中京津两市与河北省张家口、承德和保定三市的扶贫协作任务。确定东部267个经济较发达县市区与西部地区434个贫困县开展"携手奔小康"行动。对口支援新疆、西藏和四省藏区工作在现有机制下更加聚焦精准扶贫精准脱贫，瞄准建档立卡贫困人口精准发力，提高对口支援实效。进一步加强中央单位定点扶贫工作，推动定点扶贫工作重心下沉，提高精准度和有效性。310家中央单位定点帮扶592个扶贫开发工作重点县。军队和武警部队定点帮扶3500个贫困村，实施了1万多个扶贫项目。中央企业设立贫困地区产业投资基金、开展"百县万村"扶贫行动。民营企业实施"万企帮万村"精准扶贫行动。同时，健全社会力量参与机制，通过开展扶贫志愿活动、打造扶贫公益品牌、构建信息服务平台、推进政府购买服务等创新扶贫参与方式，构建社会扶贫"人人皆愿为、人人皆可为、人人皆能为"的参与机制。

（二）宣传培训体系

2014年，国务院将10月17日确定为全国扶贫日，每年组织开展扶贫日系列活动。同时建立扶贫荣誉制度，设立全国脱贫攻坚奖，表彰脱贫攻坚模范，激发全社会参与脱贫攻坚的积极性。通过系统研究习近平总书记关于扶贫工作重要论述和新时期脱贫攻坚的基本方略与政策部署，组织形式多样的宣讲和培训活动，增进了党政干部和社会各界对于脱贫攻坚重大战略意义、理论方法的认识；通过总结和宣传典型案例、典型经验，推进了各地的经验交流和创新模式扩散；通过形式多样的评比和宣传活动，营造全社会共同参与扶贫开发的社会氛围。

五、脱贫攻坚的监督体系

良好的政策设计，需要结合有力的落实举措才能真正体现出预期的成效。脱贫攻坚涉及面广，如何狠抓落实，解决实际工作中面临的突出问题，对于政策效能的充分显现可谓至关重要。为此新时期脱贫攻坚的顶层设计着力建设完备的监督体系，包括由国务院扶贫开发领导小组组织的督查和巡查、民主党派监督和社会监督三个方面。

党的十八大以来，围绕着脱贫攻坚目标的落实，2016 年，中共中央办公厅、国务院办公厅联合印发《脱贫攻坚督查巡查工作办法》，明确对中西部 22 个省（自治区、直辖市）党委和政府、中央和国家机关有关单位脱贫攻坚工作的督查和巡查。由国务院扶贫开发领导小组根据当年脱贫攻坚目标任务，制订年度督查计划，督查内容涉及脱贫攻坚责任落实情况，专项规划和重大政策措施落实情况，减贫任务完成情况以及特困群体脱贫情况，精准识别、精准退出情况，行业扶贫、专项扶贫、东西部扶贫协作、定点扶贫、重点扶贫项目实施、财政涉农资金整合等情况，督查结果向党中央、国务院反馈。督查坚持目标导向，着力推动工作落实。同时，国务院扶贫开发领导小组根据掌握的情况报经党中央、国务院批准，组建巡查组，不定期开展巡查工作。巡查坚持问题导向，着力解决突出问题，巡查的重点问题包括：干部在落实脱贫攻坚目标任务方面存在失职渎职，不作为、假作为、慢作为，贪占挪用扶贫资金，违规安排扶贫项目，贫困识别、退出严重失实，弄虚作假搞"数字脱贫"，以及违反贫困县党政正职领导稳定纪律要求和贫困县约束机制等。目前，国务院扶贫开发领导小组连续两年组织开展督查巡查，为各项决策部署和工作目标的落实提供了保障，解决了一些实际工作中存在的问题，保证了脱贫攻坚体系的执行力。此外，发挥民主党派的监督作用，8个民主党派中央分别对应8个贫困人口多、贫困发生率高的省份开展脱贫攻坚民主监督，成为彰显我国多党合作制度优势的新实践。扶贫部门加强与审计、财政等部门和媒体、社会等监督力量的全方位合作，综合运用各方面监督结果，加强对各地工作指导。设立12317扶贫监督举报电话，畅通群众反映问题渠道，接受全社会监督。

六、脱贫攻坚的考核体系

到2020年我国现行标准下农村贫困人口实现脱贫，是中国政府的庄严承诺，一诺千金。精准扶贫精准脱贫，最终要落实到脱贫攻坚总体目标的实现状况和人民群众的获得感与满意度上面。只有脱贫成效精准，才能得到社会和群众认可，经得起历史和实践检验。为此，中共中央办公厅、国务院办公厅印发《省级党委和政府扶贫开发工作成效考核办法》，从2016年到2020年，国务院扶贫开发领导小组每年开展一次考核。主要涉及减贫成效、精准识别、精准帮扶、扶贫资金使用管理等方面内容。在 2016 年对上年度工作进行试考核基础上，2017 年组织实施正式考核。经党中央、国务院同意，对综合评价好的 8 省通报表扬；对综合评价一般或发现某些方面问题突出的 4 省，约谈省分管负责人；对综合评价较差且发现突出问题的 4 省，约谈省党政主要负责人。各地均开展了省级考核评估和整改督查巡查，对整改责任不到位、整改措施不精准、整改效果不明显的进行严肃问责，22 个市州和 150 个县党政主要负责同志被约谈。

经过持续地密集调整，脱贫攻坚时代的中国国家减贫治理体系不断完善，现代化水平显著提升，为地方有序推进扶贫开发工作，确立了基本的政策框架和体制机制安排。各地在习近平总书记关于扶贫工作重要论述的指引下，坚持精准扶贫精准脱贫的基本方略，坚持因地制宜抓好政策落实，在实践中勇于创新，形成了丰富的地方模式，取得了突出的减贫成就。党的十八大以来，全国农村贫困人口累计减少超过 9000 万人。截至 2019 年末，全国农村贫困人口从 2012 年末的 9899 万人减少至 551 万人，累计减少 9348 万人；贫困发生率从 2012 年的 10.2% 下降至 0.6%，累计下降 9.6 个百分点。党的十八大以来，贫困地区农村居民人均可支配收入年均实际增速比全国农村平均增速高 2.2 个百分点。2013—2019 年，贫困地区农村居民人均可支配收入年均名义增长 12.0%，扣除价格因素，年均实际增长 9.7%，实际增速比全国农村平均增速高 2.2 个百分点。2019 年贫困地区农村居民人均可支配收入是全国农村平均水平的

72.2%，比 2012 年提高 10.1 个百分点，与全国农村平均水平的差距进一步缩小。贫困地区基础设施、公共服务短板逐渐补齐，发展环境明显改善，贫困社区和贫困人口内生发展动力逐步形成。脱贫攻坚促进了各项改革发展成果更多更公平惠及全体人民，不断增强着贫困群众的获得感，为贫困群众的生存权、发展权提供了有力保障，为打赢全面建成小康社会背景下的脱贫攻坚战奠定了坚实基础，为应对经济新常态、打造经济增长新引擎创造了有利条件，为巩固党的执政根基凝聚了党心民心。一些县市相继整县脱贫摘帽，县域发展面貌为之一新，城乡协调发展稳步推进，贫困社区和贫困农户的内生发展动能逐渐形成。这些非凡成就证明了习近平总书记关于扶贫工作重要论述的思想性、战略性、前瞻性和指导性，证明了习近平总书记关于扶贫工作重要论述指引下的中国国家减贫治理体系具有有效性，证明了中国共产党领导和中国特色社会主义制度的优越性，增进了全党全社会对中国特色社会主义的道路自信、理论自信、制度自信和文化自信。

04 第四章

精准扶贫方略

　　2013 年 11 月，习近平总书记首次提出精准扶贫，随后在多个重要会议、重要场合深刻阐述精准扶贫的丰富内涵。党的十八届五中全会决定打响脱贫攻坚战，确定目标任务，明确精准扶贫作为脱贫攻坚的基本方略。由此，在全国范围内展开了以做到"六个精准"为根本要求，实施"五个一批"为实现路径，解决好"四个问题"为根本目的的精准扶贫、精准脱贫实践。

01
精准扶贫的形成与含义

一、精准扶贫的形成与发展

2013 年 11 月，习近平总书记在湖南湘西考察扶贫开发工作，首次提出精准扶贫概念。习近平总书记强调："扶贫要实事求是，因地制宜。要精准扶贫，切忌喊口号，也不要定好高骛远的目标。"①精准扶贫概念提出不久，中共中央办公厅、国务院办公厅印发了《关于创新机制扎实推进农村扶贫开发工作的意见》，部署了以建立精准扶贫工作机制为核心的六项扶贫改革创新机制和十项扶贫开发重点工作。② 之后，国务院扶贫办等七部门联合印发《关于印发〈建立精准扶贫工作机制实施方案〉的通知》，细化了精准扶贫的内容，明确了

---

① 《习近平：扶贫切忌喊口号》，2013 年 11 月 3 日，新华网，http://news. xinhuanet. com/politics/2013 – 11/03/c_117984312. htm。

② 六项扶贫机制创新分别是改进贫困县考核机制，建立精准扶贫工作机制，健全干部驻村帮扶机制，改革财政专项扶贫资金管理机制，完善金融服务机制，创新社会参与机制。十项扶贫重点工作分别是村级道路畅通工作，饮水安全工作，农村电力保障工作，危房改造工作，特色产业增收工作，乡村旅游扶贫工作，教育扶贫工作，卫生和计划生育工作，文化建设工作，贫困村信息化工作。

精准扶贫的目标任务，即通过精准识别、精准帮扶、精准管理和精准考核优化扶贫资源配置，扶贫到村到户，建立扶贫工作长效机制。

2015年全国吹响脱贫攻坚战的号角，精准扶贫步入深化发展时期。2015年6月，习近平总书记在贵州召开的部分省区市领导干部"十三五"规划座谈会上提出扶贫开发工作的"六个精准要求"，即"扶贫开发贵在精准，重在精准，成败之举在于精准。各地都要在扶持对象精准、项目安排精准、资金使用精准、措施到户精准、因村派人（第一书记）精准、脱贫成效精准上想办法、出实招、见真效。要坚持因人因地施策，因贫困原因施策，因贫困类型施策，区别不同情况，做到对症下药、精准滴灌、靶向治疗，不搞大水漫灌、走马观花、大而化之"①。

2015年11月，中央召开扶贫开发工作会议。习近平总书记在会上强调要坚持精准扶贫、精准脱贫，重在提高脱贫攻坚成效。关键是要找准路子、构建好的体制机制，在精准施策上出实招、在精准推进上下实功夫、在精准落地上见实效。要解决好"扶持谁"的问题，确保把真正的贫困人口弄清楚，把贫困人口、贫困程度、致贫原因等搞清楚，以便做到因户施策、因人施策。要解决好"谁来扶"的问题，加快形成中央统筹、省（自治区、直辖市）负总责、市（地）县抓落实的扶贫开发工作机制，做到分工明确、责

① 《习近平论扶贫工作——十八大以来重要论述摘编》，载《党建》，2015（12）。

任清晰、任务到人、考核到位。要解决"怎么扶"的问题，按照贫困地区和贫困人口的具体情况，实施"五个一批"工程。一是发展生产脱贫一批，引导和支持所有有劳动能力的人依靠自己的双手开创美好明天，立足当地资源，实现就地脱贫。二是易地搬迁脱贫一批，贫困人口很难实现就地脱贫的要实施易地扶贫搬迁，按规划、分年度、有计划组织实施，确保搬得出、稳得住、能致富。三是生态补偿脱贫一批，加大贫困地区生态保护修复力度，增加重点生态功能区转移支付，扩大政策实施范围，让有劳动能力的贫困人口就地转成护林员等生态保护人员。四是发展教育脱贫一批，治贫先治愚，扶贫先扶智，国家教育经费要继续向贫困地区倾斜、向基层教育倾斜、向职业教育倾斜，帮助贫困地区改善办学条件，对农村贫困家庭幼儿特别是留守儿童给予关爱。五是社会保障兜底一批，对贫困人口中完全或部分丧失劳动能力的人，由社会保障来兜底，统筹协调农村扶贫标准和农村低保标准，加大其他形式的社会救助力度。要加强医疗保险和医疗救助，新型农村合作医疗和大病保险政策要对贫困人口倾斜。要高度重视革命老区脱贫攻坚工作。[①] 这次讲话之后，精准扶贫从形成走向发展成熟。精准扶贫的核心内容——"六个精准""解决好'四个'问题"和

---

① 《扶持谁？谁来扶？怎么扶？习近平答中国扶贫关键三问》，2015 年 11 月 29 日，中国新闻网，http://www.chinanews.com/gn/2015/11-29/7646305.shtml。

推进实施"五个一批"脱贫路径，业已形成。精准扶贫方略向精准扶贫精准脱贫方略转变。

二、精准扶贫的含义

精准扶贫是我国进入决胜全面建成小康社会时期农村贫困治理的基本方略。精准扶贫在概念内涵上包括贫困治理的理念，以及贫困治理的具体要求，如扶贫资源如何瞄准贫困群体、对贫困主体如何进行贫困干预等。

（一）精准扶贫的贫困治理理念

20世纪80年代中期，我国政府开始实施有组织、有计划、大规模的开发式扶贫，致力于解决区域集中分布下的农村贫困问题。开发式扶贫理念强调贫困问题的解决要以区域发展作为导向，特别是要以贫困地区的经济发展作为导向，通过开发当地资源促进经济发展，帮助有意愿有能力的贫困人口参与到经济发展之中，并获得脱贫结果。坚决打赢脱贫攻坚战，到2020年现行标准下贫困人口全部脱贫，贫困县全部摘帽，解决区域性整体贫困，是全面建成小康社会的底线任务和标志性指标。作为脱贫攻坚的扶贫方略，精准扶贫在贫困治理理念上首先瞄准必须到户到人，进而确保现行标准下的建档立卡贫困人口得到帮扶并且能够实现脱贫。由于我国贫困人口众多，贫困地区和贫困人口的差异性大，致贫原因复杂，确保每一个建档立卡户实现脱贫，必然要求扶贫措施多样化和多维性。因而，精准扶贫的贫困治理理念强调在扶贫方式方法上的多维性和综合性，如坚持开发式扶贫和保障性扶贫相统筹，把开发式扶贫作为脱贫基本途径，同时加强完善保障性扶贫措施，造血和输血协同，形成综合脱贫效应。因为扶贫需求差异化，扶贫措施多维性，这就需要根据不同扶贫对象的需求从多样化的扶贫举措中选择契合具体扶贫对象的措施。因而，精准扶贫的贫困治理理念强调扶贫举措与扶贫对象需求有机衔接，因人因户因村施策。

（二）精准扶贫的贫困干预

对贫困问题进行扶贫干预活动是贫困治理最主要的内容，因而精准扶贫干预也是精准扶贫的核心工作。不同贫困农户在发展资源、谋生方式、发展需求等方面不可能完全一致。精准扶贫干预的要义在于扶贫措施与精准识别结果相衔接，针对具体贫困对象需求，采取分类施策干预方式。深入分析致贫原因，基于贫困精准识别的结果，对贫困问题采取针对性、精准性的干预举措，方能实现所有确定的建档立卡贫困人口"真脱贫"。因而分类施策、精准干预，是精准扶贫的贫困干预的重要特点。

02
精准扶贫的内容与实施体系

一、精准扶贫的主要内容

根据国务院扶贫办等七部委联合发布《关于印发〈建立精准扶贫工作机制实施方案〉的通知》，精准扶贫工作包括精准识别、精准帮扶、精准管理和精准考核四项基本内容。

精准识别包括指标分配和贫困人口识别两个部分。在指标分配上，由国家统计部门通过抽样测算出全国贫困总规模，再根据对各省（自治区、直辖市）的贫困发生率等因素将贫困人口指标分配到省，省（自治区、直辖市）依规分解到市县，乡村两级的贫困人口指标分解因缺乏统计部门数据支撑，采取贫困人口指标分解的指标数据依据包括下一级（乡、村）行政中心到上级地区行政中心距离、乡（村）地势类型、基础设施状况、公共服务水平、农民人均纯收入、上年度贫困发生率和农村居民年末户籍人口数等指标数据。贫困人口指标分解到村后，采取自下而上的贫困人口识别过程，实施"一公告、两公示"的识别程序。由农户自愿提出贫困户申请，行政村或村民小组召开村民代表大会进行民主评议，形成初选名单，并由村委会和驻村工作队核实后进行第一次公示，经公示无异议后报乡镇人民政府审核，乡镇人民政府对各村上报的初选名单审核确定全乡（镇）贫困户名单，在各行政村进行第二次公示，经公示无异议后报县扶贫办复审，复审结束后在各行政村公告，公告结束后通过录入全国扶贫信息系统，汇总形成贫困人口名单。

扶贫对象精准管理主要通过建档立卡工作来完成。贫困对象识别完成后，对贫困对象的基本情况、发展需求等进行摸底调查，收集信息。信息收集完毕后，将信息建档立卡，并录入全国扶贫开发信息管理系统，同时对建档立卡扶贫对象进行有进有出的动态管理。扶贫对象建档立卡工作包括了扶贫对象信息采集与录入、扶贫对象动态管理等。

精准帮扶是在精准识别的基础上，深入分析致贫原因，落实帮扶责任人，优化整合扶贫资源，逐村逐户制定帮扶计划，集中力量予以扶持。按照"中央统筹、省负总责、市县抓落实"工作推进机制，实行脱贫攻坚一把手负责制，省市县乡村五级书记一起抓扶贫。出台《脱贫攻坚政策责任制实施办法》，对中央、省级、市县、东西扶贫协作和对口支援单位、定点扶贫单位、军队和武警部队等脱贫攻坚责任进行了明确规定，构建各负其责、合力攻坚的精准帮扶责任体系。普遍建立干部驻村帮扶工作制度，按照因村派人的原则，选派政治素质好、工作能力强、工作作风实的干部开展驻村帮扶工作。

加强驻村工作队管理，由县级党委和政府承担驻村工作队日常管理
职责，建立驻村工作领导小组，负责统筹协调、督查考核。

二、精准扶贫的实施体系

（一）精准扶贫的行动落实

精准扶贫精准脱贫涉及贫困人口管理、扶贫资金整合、扶贫项
目管理等多项工作。在推进落实精准扶贫精准脱贫工作中，中央提
出建设精准扶贫"五大工作平台"，即全国精准扶贫大数据平台、省
级扶贫开发融资平台、县级扶贫开发资金项目整合管理平台、社会
扶贫对接平台、贫困村扶贫脱贫落实平台。同时为实现精准脱贫目
标，中央提出实施精准扶贫"十大行动"，即教育扶贫行动、健康扶
贫行动、金融扶贫行动、交通扶贫行动、水利扶贫行动、劳务协作
对接行动、危房改造和人居环境改善扶贫行动、科技扶贫行动、中
央企业革命老区"百县万村"帮扶行动、民营企业万企万村帮扶行动。
另外，2015 年底国家提出推进精准扶贫"十项工程"，即整村推进工
程、职业教育培训工程、扶贫小额信贷工程、易地扶贫搬迁工程、
电商扶贫工程、旅游扶贫工程、光伏扶贫工程、构树扶贫工程、贫
困村创业致富带头人培训工程、扶贫龙头企业带动工程。[1]

---

[1] 《国务院扶贫开发领导小组副组长刘永富详解如何打赢脱贫攻坚战》，国务院扶贫开发
领导小组办公室网站，http://www.cpad.gov.cn/art/2016/4/27/art_1266_48705.html。

(二)精准扶贫的保障体系

为确保精准扶贫工作顺利推进,我国建立了精准扶贫的责任体系、政策体系、投入体系和监督考核体系等多个保障体系。

精准扶贫精准脱贫责任体系。为落实各层级部门扶贫责任,中央出台精准扶贫责任制实施办法,强化"中央统筹、省负总责、市县抓落实"的扶贫管理体制机制,构建起责任清晰、各负其责、合力攻坚的责任体系,中西部22个省份党政主要负责同志向中央签署脱贫攻坚责任书,贫困县党政正职攻坚期内保持稳定,省、市、县、乡、村五级书记抓扶贫。[①]

精准扶贫政策体系。实施精准扶贫以来,我国出台了一系列有关精准扶贫的政策文件。中央和国家机关各部门出台了100多个政策文件或实施方案。各地相应出台和完善了"1 + N"的精准扶贫和脱贫攻坚系列文件,内容涉及产业扶贫、易地搬迁、劳务输出、交通扶贫、水利扶贫、教育扶贫、健康扶贫、金融扶贫、农村危房改造等。[②] 2016年底,我国精准扶贫精准脱贫"四梁八柱"的顶层设计基本完成,精准扶贫精准脱贫政策体系日益完善。

精准扶贫投入体系。为加大财政扶贫投入力度,中央提出加大对贫困地区转移支付力度,中央财政专项扶贫资金规模要大幅增长,

---

① 刘永富:《不忘初心 坚决打赢脱贫攻坚战》,载《求是》,2017(11)。
② 同上。

提高扶贫资金使用精准度和效益；县级政府要统筹整合中央和地方各级财政安排用于农业生产发展和农村基础设施建设等方面的资金，撬动金融资本和社会帮扶资金投入脱贫攻坚。

精准扶贫监督考核体系。为确保精准扶贫各项政策贯彻落实并取得成效，中央出台精准扶贫督查巡查工作办法，对各地各部门落实中央决策部署开展督查巡查。同时，中央出台省级党委和政府扶贫开发工作成效考核办法，从 2016 年到 2020 年，每年开展一次考核，由国务院扶贫开发领导小组组织进行，主要考核减贫成效、精准识别、精准帮扶、扶贫资金使用管理等方面。①

03
精准脱贫的实现路径

贫困多维特点决定了贫困治理手段的多样性。习近平总书记提出"五个一批"的脱贫路径，即发展生产脱贫一批、易地扶贫搬迁脱贫一批、生态补偿脱贫一批、发展教育脱贫一批、社会保障兜底一批，体现出多维贫困干预特点。结合《中共中央国务院关于打赢脱贫攻坚战的决定》和"五个一批"精准脱贫路径，本节将从精准脱贫的推

---

① 刘永富：《不忘初心　坚决打赢脱贫攻坚战》，载《求是》，2017(11)。

进路径、精准扶贫工程等方面开展论述。

一、精准脱贫的推进路径

（一）发展特色产业脱贫

产业扶贫是拔除农村贫困的治本之策。十八大以来，以习近平同志为核心的党中央高度重视扶贫开发工作，把特色产业扶贫列入"五个一批"精准脱贫的首要路径。2016 年 4 月，农业部等九部委联合印发《贫困地区发展特色产业促进精准脱贫指导意见》，对贫困地区特色产业精准脱贫工作做出部署。归纳起来看，发展特色产业精准脱贫有几方面内容：

在选择脱贫产业选择上，立足贫困地区特色资源禀赋，从特色种养业、设施农业、特色林业、加工业、传统手工业、休闲农业、乡村旅游、光伏产业等产业中选择市场相对稳定、获益期相对快的若干特色产业，打造产业集群，形成加工引导生产、加工促进消费格局，走现代农业发展道路。在资金投入上，加大资金投入整合力度和向贫困地区特色产业倾斜力度，帮扶资金要瞄准建档立卡贫困户。在技术支持保障上，强调以特色产业基地为依托，加强建档立卡贫困户技能培训和市场信息服务，加强农村实用技术带头人培养。在经营主体上，提出培育贫困地区龙头企业、农民合作社、种养大户等新型农业经营主体，支持新型农业经营主体通过带动贫困户增收，建立健全收益分配机制，确保贫困户获益。在产业发展风险防范上，提出要发展特色产品保险，鼓励保险机构和贫困地区开展特色产品保险和扶贫小额贷款保证保险。健全贫困地区特色产业防灾减灾体系，尽可能避免因灾返贫。

（二）引导劳务输出脱贫

十八大以来，劳务输出扶贫成为精准扶贫、精准脱贫方略的重要内容。习近平总书记多次强调要抓好扶贫对象，帮助贫困人口提高就业能力。2015 年 11 月，《中共中央国务院关于打赢脱贫攻坚战的决定》颁布，提出要加大劳务输出培训投入，统筹各类培训资源，以就业为导向，提高培训的标准、质量；引导企业扶贫与职业教育结合，鼓励职业院校和技工学校招收贫困家庭子女，帮助贫困家庭劳动力至少掌握一门致富技能；开展订单定向培训，引导和支持用人企业在贫困地区建立培训基地，健全劳务输出对接机制；发展家政服务、物流配送、养老服务等劳动密集型服务业，依托东西部对口协作机制和对口支援工作机制，开展省际劳务协作，扩展贫困人口外出就业空间。

在就业服务上，广泛收集供求信息，组织专门人员进村入户，实施定点服务和上门服务，为贫困劳动力提供免费的政策咨询、岗位信息和技能培训信息、职业指导和职业介绍等服务。建立"农村贫困劳动力就业信息平台"，实现与扶贫开发信息系统对接，支持各地人力资源社会保障部门获取在本地的贫困劳动力基础信息。鼓励和支持人力资源服务机构、农村劳务经纪人等实施有组织的劳务输出并给予相应的就业创业服务补贴。

（三）实施易地搬迁脱贫

易地扶贫搬迁是农村扶贫的重要举措，发挥了积极作用。进入精准扶贫时期后，易地扶贫搬迁作为重要扶贫攻坚举措，是实现精准脱贫扶贫治理目标的重要抓手。2015 年 10 月，习近平总书记在《关于〈中共中央关于制定国民经济和社会发展第十三个五年规划的建议〉的说明》中指出："通过易地搬迁，可以解决一千万人脱贫。"[①]

《中共中央国务院关于打赢脱贫攻坚战的决定》提出，实施易地搬迁脱贫，将搬迁目标确定为确保搬迁对象有业可就、稳定脱贫，做到搬得出、稳得住、能致富。易地搬迁规划与推进新型城镇化建设紧密结合，支持依托小城镇、工业园区安置移民，帮助实现转移就业，确保其与当地群众享有同等基本公共服务。加大中央预算内投资和地方各级政府投入，创新投融资机制，扩宽资金来源，提高补助标准。通过整合各类涉农资金和社会资金，开展安置区配套公共设施建设和迁出区生态修复。利用城乡建设用地增减挂钩政策支持易地扶贫搬迁。支持安置点发展物业经济，增加搬迁人口财产性收入。易地扶贫搬迁的工作包括移民搬迁与安置、移民脱贫发展、迁出地生态恢复等内容。

在监督管理上，按照相关管理规定执行易地扶贫搬迁项目管理，

[①]　《十八大以来重要文献选编》中，780 页，北京，中央文献出版社，2016。

简化审批手续，优化审批流程，实施项目公示公告制度。形成项目建设信息统计报告制度，定期汇总上报工程建设进度、资金安排使用、建档立卡搬迁人口脱贫成果等情况。建立健全项目档案制度，对建档立卡搬迁人口和同步搬迁人口的资金安排、使用实行分类管理。在考核机制上，出台易地扶贫搬迁工作成效考核办法，明确考核指标和具体考核步骤。建立易地扶贫搬迁督查制度，形成定期督查、定期通报机制。建立奖励机制，对易地扶贫搬迁工作成效突出的省份给予奖励。

（四）结合生态保护脱贫

我国贫困人口集中于生态环境脆弱、敏感和重点保护的地理区域。一些地区生态资源丰富，但由于生态脆弱性高，资源开发对生态的破坏性大，贫困人口容易陷入"贫困——生态环境恶化——贫困深度加深"的恶性循环。以习近平同志为核心的党中央高度重视扶贫开发和生态文明建设，《中共中央国务院关于打赢脱贫攻坚战的决定》对结合生态脱贫做了全面部署，提出了退耕还林还草、天然林保护、石漠化治理等重大生态工程，在项目和资金安排上进一步向贫困地区倾斜，提高贫困人口参与度和受益水平。加大贫困地区生态保护修复力度，增加重点生态功能区转移支付。创新生态资金使用方式，利用生态补偿和生态保护工程资金使当地有劳动能力的部分贫困人口转为护林员等生态保护人员。开展贫困地区生态补偿试点，推动地区间建立横向生态补偿机制。2016年11月，国务院印发全国《"十三五"脱贫攻坚规划》，强调牢固树立"绿水青山就是金山银山"的理念，把贫困地区生态环境保护摆在更加重要位置，探索生态脱贫有效途径，促进扶贫开发与资源环境相协调、脱贫致富与可持续发展相促进。

从各地实践来看，推进生态保护与精准脱贫相结合，主要有三种方式：一是形成区域间生态补偿机制。基于"谁获益、谁补偿"的原则，在贫困地区开展生态保护补偿试点。二是政府财政转移支付。退耕还林还草等重大生态工程在项目和资金安排上向贫困地区倾斜，提高贫困地区补贴标准，利用生态补偿和生态保护工程资金使当地有劳动能力的部分贫困人口转为护林员等生态保护人员。三是生态移民和迁出区生态修复。对贫困人口实施生态移民，将贫困人口迁出生态脆弱和恶化地区，因地制宜选择搬迁安置方式，确保搬迁对象有业可就、稳定脱贫。采取退牧还草、农牧交错带已垦草原治理、石漠化治理等工程和措施，对迁出区进行保护修复。

（五）着力加强教育脱贫

精准扶贫实施以来，中央把教育扶贫摆在更为突出的位置，将教育扶贫作为斩断贫困代际传递的首要路径，推进"发展教育脱贫一批"。《中共中央国务院关于打赢脱贫攻坚战的决定》提出要加快实施教育扶贫工程，加强教育经费向贫困地区、基础教育倾斜力度，健全学前教育资助制度，稳步推进贫困地区农村义务教育阶段学生营养改善计划，合理布局贫困地区农村中小学校，改善基本办学条件，普及高中阶段教育，率先从建档立卡的家庭经济困难学生实施普通高中免除学杂费、中等职业教育免除学杂费，加大对乡村教师队伍建设的支持力度，建立省级统筹乡村教师补充机制。

国家层面的教育精准脱贫政策出台后，教育部等多个部门出台了多个配套政策文件或实施方案，形成了教育精准脱贫干预体系和政策措施。一是学前教育三年行动计划。国务院印发《关于当前发展学前教育的若干意见》，要求各地确定发展目标，分解年度任务，落实经费，以县为单位编制学前教育三年行动计划。二是促进贫困地区义务教育普及和发展。实施贫困地区农村义务教育阶段学生营养改善计划、全面改善贫困地区义务教育薄弱学校基本办学条件、义务教育"两免一补"等政策，改善贫困地区办学条件，减轻农村贫困家庭教育负担。三是推动普通高中多样化发展。继续实施普通高中改造计划，优先支持贫困地区、民族地区教育基础薄弱县普通高中建设项目和普通高中改造。支持贫困地区普通高中进行基础设施建设，支持高中特色办学，实施家庭经济困难学生资助政策，落实建档立卡等家庭经济困难学生免除学杂费政策。四是强化教师队伍建设。落实乡村教师支持计划，强化师资培训，积极开展结对帮扶行动，加强贫困地区师资队伍建设。

（六）开展医疗保险和医疗救助脱贫

因病致贫返贫是我国扶贫工作面临的重要挑战。国务院扶贫办的调查数据表明，在全国 7000 多万建档立卡贫困人口中，因病致贫的占 42%，远超其他因素而居首位。[①]《中共中央国务院关于打赢脱贫攻坚战的决定》明确提出要实施健康扶贫工程，保障贫困人口享有基本医疗卫生服务，努力防止因病致贫、因病返贫。全国《"十三五"脱贫攻坚规划》从提升医疗卫生服务能力、提高医疗保障水平、加强疾病预防控制和公共卫生三个方面开展医疗救助和医疗保险脱贫。《中共中央国务院关于打赢脱贫攻坚战三年行动的指导意见》要求深入实施健康扶贫工程。各部门为贯彻落实中央在健康扶贫上的决策部署，出台了一系列与健康扶贫相关的政策文件。

因疾病导致贫困问题的干预措施分"事后"干预和"事前"干预。前者主要是疾病导致陷入贫困或返贫后采取的扶贫措施，后者是通过预防性措施防止人生病并陷入贫困陷阱。我国健康扶贫在贫困发生的"事后"干预主要是对患大病和慢性病的农村贫困人口进行分类救治。包括开展慢性病患者健康管理，组织乡镇卫生院医生或村医与农村贫困家庭进行签约，为贫困人口提供公共卫生、慢性病管理、健康咨询和中医干预等综合服务等。开展农村贫困家庭大病专项救

[①] 左停、徐小言：《农村"贫困—疾病"恶性循环与精准扶贫中链式健康保障体系建设》，载《西南民族大学学报（人文社会科学版）》，2017（1）。

治，对患有大病的农村贫困人口实行集中救治。将符合条件的残疾人医疗康复项目按规定纳入基本医疗保险支付范围，提高农村贫困残疾人医疗保障水平等。

贫困发生的"事前"干预包括：新型农村合作医疗覆盖所有农村贫困人口并实行政策倾斜，个人缴费部分由财政给予补贴。加大对大病保险的支持力度，建立基本医疗保险、大病保险、疾病应急救助、医疗救助等制度的衔接机制。加大对传染病和重点地方病的防控工作力度。另外，政府也将提升贫困地区医疗卫生水平作为健康扶贫的重要内容。各地按照"填平补齐"原则，推进贫困地区县级医院、乡镇卫生院、村卫生室标准化建设。连片特困地区县和国家扶贫开发工作重点县达到"三个一"（每个县有1所县级公立医院，每个乡镇建设1所标准化的乡镇卫生院，每个行政村有1个卫生室）。加强乡村医生队伍建设，提高乡村医生的养老待遇等。

（七）实施农村最低生活保障制度兜底脱贫

根据国家"十三五"规划，通过开发扶贫解决了有劳动能力的贫困人口的贫困的问题，但全国仍有2000多万丧失劳动能力的贫困人口。对丧失劳动能力的贫困人口实施社会保障兜底脱贫成为精准扶贫的重要举措。2015年11月，习近平总书记在中央扶贫开发工作会议上强调："对贫困人口中完全或部分丧失劳动能力的人，由社会保障来兜底，统筹协调农村扶贫标准和农村低保标准，加大其他形式的社会救助力度。要加强医疗保险和医疗救助，新型农村合作医疗和大病保险政策要对贫困人口倾斜。"[1]

社会保障兜底脱贫的主要内容包括：实行农村最低生活保障制度兜底脱贫，对无法依靠产业扶持和就业帮助脱贫的家庭实行政策性保障兜底。制定农村最低生活保障制度与扶贫开发政策有效衔接的实施方案，将符合条件的贫困家庭纳入低保范围，做到应保尽保。加大临时救助制度在贫困地区落实力度。提高农村特困人员供养水平，改善供养条件。加快完善城乡居民基本养老保险制度，提高基础养老金标准，引导农村贫困人口积极参保续保，逐步提高保障水平。建立农村最低生活保障和扶贫开发的数据互通、资源共享信息平台，推进动态监测管理、工作机制有效衔接。

二、精准扶贫十项工程

精准扶贫是系统性扶贫工程，除坚持实施"五个一批"脱贫路径之外，还在"五个一批"框架下实施更为具体化的扶贫项目工程。2015 年底，国家在推进精准扶贫精准脱贫工作中，提出建立五个平台，建立完善三个机制，推进十项工程等工作计划，全力打赢脱贫攻坚战。十项精准扶贫工程，即整村推进工程、职业教育培训工程、扶贫小额信贷工程、易地扶贫搬迁工程、电商扶贫工程、旅游扶贫

---

[1] 《习近平谈治国理政》第 2 卷，85 页，北京，外文出版社，2017。

工程、光伏扶贫工程、构树扶贫工程、贫困村创业致富带头人培训工程、扶贫龙头企业带动工程。

实施贫困村提升工程，解决贫困村整体性贫困难题，通过整合资源、集中投入，形成综合性扶贫开发，助推贫困村发展和贫困户稳定脱贫，形成扶贫对象自我组织、自我发展的能力；实施易地扶贫搬迁工程，通过"挪穷窝"与"换穷业"并举，促进贫困人口在较好发展资源条件下实现增收和稳定脱贫；实施职业教育培训工程，致力于提高贫困家庭的人力资本水平，提升贫困人口发展技能，阻断贫困代际传递；作为我国新阶段扶贫干预的创新内容，旅游扶贫工程、光伏扶贫工程和构树扶贫工程，致力于通过开发贫困地区的优势资源(如旅游资源、自然条件资源等)引导贫困农户参与市场，实现增收和致富；实施小额信贷扶贫工程，致力于解决贫困人口发展资金困难问题，扩大贫困人口的发展资源，促进其通过生产发展摆脱贫困；实施电商扶贫工程，致力于缩小贫困群体产品供给与消费者产品需求链条，建立贫困人口与消费者的联系通道，促进贫困人口发展增收；贫困村创业致富带头人培训工程和扶贫龙头企业带动工程致力于解决贫困人口自我发展能力弱的问题，培育贫困人口发展的带动主体，通过致富带头人和扶贫龙头企业增强贫困人口与市场的联系以及贫困人口的自我发展能力，逐步实现贫困人口自我发展。

04

精准扶贫的创新与贡献

一、精准扶贫精准脱贫的创新内容

（一）扶贫资源瞄准由"大水漫灌"向"精准滴灌"转变

进入全面建成小康社会阶段之后，扶贫工作面对的是"贫中之贫、困中之困"的深度贫困人口，按照以往开发式扶贫很难确保如期实现脱贫。脱贫攻坚工作需要创新扶贫方略，在"怎么扶"上采取"超常规手段"。精准扶贫是我国在新形势下扶贫方略的创新性部署。一方面，在扶贫开发理念创新上，提出"六个精准"扶贫要求，对无法依靠产业扶持和就业帮助脱贫的家庭采取社会保障兜底扶贫和资产收益扶贫，确保扶贫资源精准瞄准到户到人。另一方面，在扶贫路径整合的创新上，实施"五个一批"脱贫路径，且各条路径之间相互融合，提高了扶贫干预的精准性。

（二）扶贫资源使用方式由"分散使用"向"统筹集中"转变

扶贫资源多头分散管理使用，容易造成扶贫资源重复投入，降低扶贫资源使用的效益与效率。精准扶贫强调"扶贫资金使用精准"，由以往多部门分散使用向统筹集中使用转变。简化资金拨付流程，将项目审批权下放到贫困县，由县级政府依据脱贫攻坚计划和脱贫攻坚任务，统筹安排使用扶贫资源。竞争性使用扶贫资源，将以往财政扶贫资金按照体现贫困规模、贫困程度的因素法进行分配改为按贫困状况、政策任务和脱贫成效等主要因素进行分配。创新扶贫资源使用需在贫困户中建立一定的竞争性使用机制，形成"真干真支持、大干大支持、少干少支持"的扶贫资源竞争性使用的正向激励。

（三）扶贫考评由重"GDP 增长"向重"脱贫成效"转变

在实施精准扶贫战略之前，贫困地区党政领导班子和领导干部的实绩考核以地区 GDP、投资等经济指标为核心内容，扶贫工作并未列入。实施精准扶贫战略之后，中央加强了省级党委和政府扶贫开发工作成效考核、东西扶贫协作考核、中央单位定点帮扶工作考核，以及改进贫困县党政领导班子和领导干部经济社会发展实绩考核等工作，把扶贫开发作为经济社会发展实绩考核的主要内容，引导贫困地区党政领导班子和领导干部树立正确的政绩观，把工作重点放到扶贫开发上。

在考核结果运用上，把考核结果与干部的年度考核、综合考核考评挂钩，作为确定年度考核等次、形成综合评价意见的重要依据，作为干部选拔任用的重要依据。对成绩突出的干部，提拔使用时要优先考虑，对不胜任、不称职的，及时调整。把考核结果作为激励约束的重要依据，在评先评优、表彰奖励时，优先考虑成绩突出的领导班子和领导干部，在统筹分配各类财政扶贫资金和社会帮扶资金的基础上，对考核优秀的，给予更多的奖励和倾斜。把考核结果作为问责的重要依据，对扶贫开发重视不够、工作不力的，视情况进行约谈提醒、诫勉谈话，督促整改。对损害国家和群众利益造成恶劣影响的，造成资源严重浪费的，造成生态严重破坏的，要终身追责。

二、精准扶贫的成效与贡献

（一）精准扶贫的成效

精准扶贫精准脱贫方略实施以来，各级干部深入贫困地区帮助贫困群众，促进了干群关系融洽，打牢了党的群众基础和执政基础；社会各界互帮互助，改善了社会风气，促进了社会和谐，巩固了社会稳定；贫困群众高度认可扶贫政策，对扶贫成效满意度高，对党和政府满怀感恩之心。在政府主导发挥制度优势，东西部扶贫协作、定点扶贫力度不断加大的同时，民营企业、社会组织和广大公众积极主动参与脱贫攻坚，弘扬了中华民族扶贫济困的传统美德，汇聚了更大的脱贫攻坚合力。

（二）精准扶贫精准脱贫的贡献

中国精准扶贫精准脱贫实践取得显著成效的同时，也为全球减贫治理提供了可资借鉴的经验。习近平总书记把我国脱贫攻坚的成功经验概括为：加强领导是根本，把握精准是要义，增加投入是保障，各方参与是合理，群众参与是基础。这些经验实质上包含了一整套经过实践检验的减贫治理体系，这将为全球更有效地进行减贫治理提供"中国方案"。

第一是加强领导。发挥政治优势，落实责任。坚持党对脱贫攻坚的领导，严格执行脱贫攻坚一把手负责制，省市县乡村五级书记一起抓，发挥好基层党组织在脱贫攻坚中的战斗堡垒作用。强化中央统筹、省负总责、市县抓落实的工作机制，层层落实脱贫攻坚责任。

第二是把握精准。不断完善精准扶贫政策工作体系，切实提高脱贫成效。做到"六个精准"，实施"五个一批"，完善建档立卡，强化驻村帮扶，因村因户因人分类施策，扶到点上、扶到根上。完善政策体系，打好组合拳，发挥政策叠加效应。加大督促检查和考核评估，确保各项政策有效落实落地，确保脱贫人口实现"两不愁、三保障"，坚决防止虚假脱贫。

第三是增加投入。坚持政府投入的主体和主导作用，不断增加金融资金、社会资金投入脱贫攻坚。统筹整合使用财政涉农资金，撬动金融资本和社会帮扶资金投入扶贫开发。创新扶贫小额信贷产品，支持贫困农户发展产业和投资创业。设立扶贫再贷款，实行比支农再贷款更优惠的利率。鼓励和引导各类金融机构加大对扶贫开发的金融支持。

第四是各方参与。坚持专项扶贫、行业扶贫、社会扶贫等多方力量有机结合的"三位一体"大扶贫格局,发挥各方面的积极性。建设精准扶贫五大工作平台,实施精准扶贫十大行动,推进精准扶贫十项工程。提高东西部扶贫协作水平,加强党政机关定点扶贫,推进军队和武警部队帮扶,开展多党合作脱贫攻坚行动,动员民营企业、社会组织、个人参与脱贫攻坚,形成社会合力。

第五是群众参与。尊重贫困群众扶贫脱贫的主体地位,不断激发贫困村贫困群众内生动力。充分发挥贫困村党员干部的引领作用和村庄能人的带头示范作用。提高贫困人口的自我发展能力。

05 第五章

构建大扶贫格局

　　扶贫开发是全党全社会的共同责任，要动员和汇聚全社会力量广泛参与。习近平总书记多次强调，坚持党政一把手负总责的工作责任制，坚持专项扶贫、行业扶贫、社会扶贫等多方力量、多种举措有机结合和互为支撑的"三位一体"大扶贫格局。以精准扶贫理念为引领，构建政府、社会、市场协同推进的大扶贫格局，建立跨地区、跨部门、跨单位和全社会共同参与的社会扶贫体系，最大限度调动当地群众的积极性，变"你来扶贫"为"我要脱贫"，变"要我发展"为"我要发展"。

01

大扶贫格局是减贫的中国智慧

大扶贫格局中的专项扶贫，是指专门针对贫困地区和贫困人口，以财政扶贫资金为支撑，设计、选择、组织实施专门扶贫项目的扶贫方式。行业扶贫是指教育、医疗卫生、水利、交通、农业等行业主管部门在制定相关政策和提供公共服务时将贫困人口摆在优先位置，制定实施有利于贫困人口和减贫事业的行业政策的扶贫方式。社会扶贫是指通过体制机制安排推进非政府组织、企事业单位和公民个人等社会力量参与农村扶贫开发事业的扶贫方式。

一、拧成一股绳：集中力量办大事

在共同富裕的实现过程中，无论是"三步走"发展战略和新"三步走"发展战略的实现，还是西部大开发、扶贫开发、"三条保障线"等一系列战略部署和制度措施推进，都无不体现着社会主义集中力量办大事的巨大优越性，如果没有社会主义，各项战略措施很难落实，最终实现共同富裕的奋斗目标也将彻底落空。[1] 按照大扶贫、大整

---

[1]　王琳：《当代中国共产党人共同富裕思想研究》，北京交通大学论文，2014。

合、大参与、大发动、大开发的理念，探索创新开发模式，统筹协调发展，充分发挥整乡推进的平台作用，整合资金，集中力量办大事。从习近平总书记亲自挂帅、亲自部署、亲自督战到数以万计贫困村基层干部身体力行，从省、市、县、乡、村"五级书记抓扶贫"签订脱贫攻坚责任书到确定东西部扶贫协作和对口支援，无不彰显了"党要领导一切"的政治担当与社会主义制度集中力量办大事的优越性。[①]

习近平总书记在《摆脱贫困》一书中指出："讲凝聚力，必须讲核心，农村脱贫致富的核心就是农村党组织。"[②]只有牢固树立核心意识，才能真正让全体干群心往一处想、智往一处谋、力往一处聚、劲往一处使，凝聚打赢脱贫攻坚战的强大合力。为此，要发挥好基层党组织战斗堡垒作用，选好配强村"两委"班子，突出抓好村党组织带头人队伍建设，提高贫困村党组织的凝聚力和战斗力。要加大软弱涣散党组织整顿力度，持续推进驻村"第一书记"抓党建促脱贫工作。不断加强教育引导，激发贫困群众脱贫致富、干事创业的信心和决心。要动员和凝聚全社会力量广泛参与，促进全社会形成关注扶贫工作、关爱贫困群众、参与脱贫攻坚的浓厚氛围。这一扶贫机制，发挥了集中力量办大事的制度优势，有效缓解了市场机制下

---

① 张晓平、杨皓：《习近平关于精准扶贫工作的重要论述探析》，载《重庆邮电大学学报（社会科学版）》，2019(1)。
② 习近平：《摆脱贫困》，119 页，福州，福建人民出版社，1992。

要素流动的单向性不足导致的地区贫富差距拉大的问题，促进了中国社会的和谐稳定和公平正义。

二、全国一盘棋：强烈的大局意识

回首中国共产党的奋斗历程，讲大局、顾大局，从全局出发制定战略、运用策略，是我们党的优良传统和制胜之道。"千人同心，则得千人之力"，讲大局、顾大局是聚合力的基础，也是涉险滩的保障。砥砺前行在决胜全面小康的新征程，全体党员干部要有更强的大局意识，在大局中思考、在大局下行动，才能汇聚攻坚克难的磅礴之力。

大局意识是指导脱贫攻坚的基础遵循。党的十八大以来，习近平总书记多次论及和强调大局意识。比如，"国家好，民族好，大家才会好"，"胸怀大局、把握大势、着眼大事"①，"必须牢固树立高度自觉的大局意识，自觉从大局看问题，把工作放到大局中去思考、定位、摆布"，"要学会运用辩证法，善于'弹钢琴'，处理好局部和全局、当前和长远、重点和非重点的关系"②。这些重要论述，立足党和国家事业发展全局，着眼新形势新任务，从认识论、方法论角度深刻回答了什么是大局意识，怎么认识、服从和维护大局等重大

---

① 《习近平谈治国理政》，36、153 页，北京，外文出版社，2014。
② 《习近平谈治国理政》第 2 卷，206 页，北京，外文出版社，2017。

理论问题与实践问题，为全党进一步增强大局意识、做好各项工作指明了正确方向，提供了方法指南。

大局意识是落实责任的方向指南。在脱贫攻坚过程中牢固树立政治意识、大局意识、核心意识、看齐意识"四个意识"，坚持把精准脱贫作为"一把手"工程，围绕找穷户、找穷根、找富方工作重点集中发力，真扶贫、扶真贫、真富民，强力落实脱贫攻坚计划，全面打赢精准脱贫攻坚战。党的十八届五中全会提出"到 2020 年我国现行标准下的农村贫困人口实现脱贫、贫困县全部摘帽，解决区域性整体脱贫"之后，《中共中央国务院关于打赢脱贫攻坚战的决定》发布，脱贫已成为当前最大的政治。应进一步统一干群思想，牢固树立抓扶贫就是抓经济发展、抓基层党建、抓民生改善的理念，充分发挥党的领导这一政治优势和组织优势，坚持把脱贫攻坚作为头等大事、第一民生工程和重大政治任务抓在手上、扛在肩上。

三、形成一种势：锲而不舍四十年

脱贫攻坚是全面建成小康社会、实现第一个百年奋斗目标最艰巨的任务。党的十八大以来，以习近平同志为核心的党中央把脱贫攻坚摆在治国理政突出位置，做出一系列重大部署和安排，脱贫攻坚力度之大、规模之广、影响之深，前所未有，取得了决定性进展，显著改善了贫困地区和贫困群众生产生活条件，中国扶贫四十年的坚持，谱写了人类反贫困历史新篇章。

一以贯之的贫穷不是社会主义思想。消除贫困、改善民生、实现共同富裕，是社会主义的本质要求，是我们党的重要使命。我们搞社会主义，就是希望全国人民都过上好日子。我们中国共产党人从党成立之日起就确立了为天下劳苦人民谋幸福的目标。这就是我们的初心。现在，我国大部分群众生活水平有了很大提高，出现了中等收入群体，也出现了高收入群体，但还存在大量低收入群众。真正要帮助的，还是低收入群众。到我们党成立一百年时，如果还没有解决贫困人口脱贫问题，那党的宗旨怎么体现、我们的承诺怎么兑现呢？习近平同志指出，贫穷不是社会主义，如果贫困地区长期贫困，面貌长期得不到改变，群众生活长期得不到明显提高，那就没有体现我国社会主义制度的优越性，那也不是社会主义。

一以贯之的全心全意为人民服务思想。让广大人民群众共享改革发展成果，是社会主义的本质要求，是社会主义制度优越性的集中体现，是我们党坚持全心全意为人民服务根本宗旨的重要体现。习近平同志强调，发展为了人民，这是马克思主义政治经济学的根本立场。我们必须坚持以人民为中心的发展思想，把增进人民福祉、促进人的全面发展、朝着共同富裕方向稳步前进作为经济发展的出发点和落脚点，使发展成果更多更公平惠及全体人民，保证全体人民在共建共享发展中有更多获得感。全党全社会要继续关心和帮助贫困人口和有困难的群众，各级领导干部一定要多到农村去，多到贫困地区去，带着深厚感情做好扶贫开发工作，把扶贫开发工作抓紧抓紧再抓紧、做实做实再做实，确保到 2020 年稳定实现农村贫困人口不愁吃、不愁穿，义务教育、基本医疗、住房安全有保障。

一以贯之的共同富裕思想。如期全面建成小康社会、实现第一个百年奋斗目标，是实现中华民族伟大复兴中国梦的关键一步。全面小康，覆盖的人口和地域必须全面。从现在情况看，城市这一头尽管也存在一些难点，但总体上不成问题。最艰巨最繁重的任务在农村，特别是在贫困地区，这是全面建成小康社会最大的"短板"。全面建成小康社会、实现第一个百年奋斗目标，农村贫困人口全部脱贫是底线任务，是一个标志性指标。没有农村的小康，特别是没有贫困地区的小康，就没有全面建成小康社会。全面建成小康社会，一个也不能少；共同富裕路上，一个也不能掉队。这是我们的目标，也是我们的庄严承诺，是国内外皆知的庄严承诺。一诺千金，我们一定要如期兑现承诺，没有任何讨价还价的余地。

02
政府主导：部门合力引领脱贫攻坚

政府主导是中国扶贫开发体系的特色，也是中国取得诸多扶贫开发成绩、打赢脱贫攻坚战、为世界减贫事业贡献力量的重要保障。扶贫涉及巨大的资源和项目投资，如果缺乏政府的合法性认可和引

导，再好的项目也无法实施。贫困治理中发挥政府的核心作用具有
必然性：一方面，中国特色社会主义"以人民为中心"的发展立场与
"共同富裕"的发展目标，要求在社会主义市场经济条件下必须充分
发挥好中国共产党领导的政治优势和社会主义集中力量办大事的制
度优越性，把扶贫开发纳入国家总体发展战略，积极发挥好政府的
社会保护职能，优化脱贫攻坚政策的顶层设计，加强各类法律法规
及社会保障制度建设，为市场机制在扶贫资源配置中发挥作用保驾
护航。另一方面，政府能充分注重保持经济总量平衡，兼顾经济发
展的效率与公平，促进经济结构协调和生产力布局优化，能有效链
接社会、市场、个人等各方资源，优化劳动力、资本、土地、技术
等生产要素配置，增强对扶贫资源宏观调控的前瞻性、针对性和协
同性。新时期的脱贫攻坚主战场在深度贫困地区，这些地区普遍缺
乏内生脱贫能力，也难以布局合理的产业作为经济支撑，若缺乏政
府的强力扶贫，则难以保证脱贫如期实现。

一、统筹兼顾：大扶贫格局的时代性

从政府的角度看，政府以其强大的政治动员能力和资源整合能
力在扶贫开发工作中处于主导地位，在资源、政策及扶贫动员宣传
方面投入了巨大的人力物力财力资源。作为"十三五"期间头等大事
和第一民生工程，脱贫攻坚始终起着牵动经济社会发展全局的"牛鼻
子"作用。

（一）政府主导：贫困与发展的历史选择

政府主导的扶贫方式是历史比较和实践探索中做出的选择。新中国成立初期，我国经济基础较为薄弱，农村生产力水平极其低下，农民生活水平不高，整体上处于绝对贫困状况，扶贫任务十分艰巨。政府主导的小规模扶贫在一定范围内减轻了贫困状况，但并没有改变大规模大面积贫困的社会现实。小规模救济式扶贫在短期内满足了农村贫困人口的基本生活需要，但是难以从根本上解决贫困问题。改革开放之后，社会活力和经济潜力被激活，市场经济极大地解放了农村生产力，调动了农民劳动的积极性，推动了农村经济的快速发展，开发式扶贫政策在贫困地区落地。政府在贫困乡村的基础设施建设，改善生态环境，逐步改变贫困地区经济、社会、文化的落后状况，提高贫困人口的生活质量，进一步缩小城乡不平衡发展和区域不协调发展等方面做了大量工作。随着社会主要矛盾的变化，贫困地区扶贫方式也在不断地探索完善，摆脱贫困与可持续生计成为主要的需求，政府在改善民生和统筹协调中具有强大的优势，让贫困人口共享社会发展的成果，必须依靠政府主导的政策。政府主导是应对大规模深度贫困的重要法宝，更是中国特色社会主义制度优势的集中体现。

政府主导的扶贫是中国共产党的领导地位和政治属性决定的。中国共产党自成立以来，带领中国人民在社会主义康庄大道上书写了改天换地的壮丽史诗，使中国人民迎来了从站起来、富起来到强起来的历史飞跃。为中国人民谋幸福，为中华民族谋复兴，是中国共产党人的初心和使命，也是改革开放的初心和使命。初心不改，才能信念坚定，才能真正把最广大人民的根本利益作为我们一切工作的出发点和落脚点，才能真正关注民情、致力民生。① 有效解决"三农"问题特别是贫困问题，是关系我们党巩固执政基础的根本性问题，是关系中国特色社会主义事业发展的全局性问题。中国共产党始终代表最广大人民的根本利益，始终坚持全心全意为人民服务这一根本宗旨，密切联系群众是我们党的优良作风。作为长期执政的党，要正确处理好党和人民群众的关系，赢得人民群众的拥护和支持。

政府主导是坚持正确发展道路，巩固发展成果，筑牢民生防线的现实选择。道路关乎党的命脉，关乎国家前途、民族命运、人民幸福。2013 年至今，在总结以往扶贫实践经验的基础上，我国农村扶贫工作进入精准式扶贫阶段。在精准扶贫战略的指导下，我国扶贫工作成效显著，农村贫困人口由 2012 年的 9899 万人减少到 2018 年底的 1660 万人，6 年来连续超额完成千万减贫任务，贫困发生率减少到 1.7%。我们党之所以能够在长期执政过程中取得巨大成功，一个重要的原因在于我们党自主探索符合国情的国家发展道路，成功开辟了中国特色社会主义道路。精准扶贫、精准脱贫的基本方略，

---

① 《习近平总书记在庆祝改革开放 40 周年大会上的讲话》，http://www.xinhuanet.com/politics/leaders/2018 - 12/18/c_1123872025.htm。

为拔除各类"穷根"开出了"药方"。我们坚持发展生产脱贫一批，实施好稳定脱贫和可持续发展的治本之策；易地搬迁脱贫一批，通过"挪穷窝"解决"一方水土养活不了一方人"的问题；生态补偿脱贫一批，把生态保护与扶贫开发有机结合起来，实现点绿成金；发展教育脱贫一批，突出志智双扶，阻断贫困代际传递；社会保障兜底一批，筑牢最后防线，体现出社会主义大家庭的温暖。每个地方、不同层次都能从精准方略中找到脱贫攻坚的金钥匙，这充分彰显了中国共产党人的政治智慧、执行能力和工作本领。

（二）资源整合：政府强大优势的发挥

习近平总书记强调："越是进行脱贫攻坚战，越是要加强和改善党的领导。"①70 年来，我国扶贫工作取得巨大成就与坚持党的领导密切相关。党和政府通过其政治优势、组织优势、制度优势以及密切联系群众的优势，广泛动员社会力量参与扶贫工作，有效整合了社会扶贫资源。

要彻底摆脱农村的贫困面貌，就必须始终坚持党的领导，进一步发挥好整合社会扶贫资源的强大优势。具体包括三个方面：一是坚持发挥基层党组织的战斗堡垒作用。通过落实抓党建促脱贫的工作体制，把基层党建同脱贫攻坚工作相结合，建立好的党支部，选好配强领导班子，精准选派驻村工作队，为整合扶贫资源提供有力

---

① 《习近平谈治国理政》第 2 卷，85 页，北京，外文出版社，2017。

的组织保证。二是坚持发挥各级党委总揽全局、协调各方的作用。通过落实脱贫攻坚一把手负责制、省市县乡村五级书记抓扶贫的领导体制，为整合扶贫资源提供坚强的政治保证。三是坚持发挥脱贫攻坚的制度优势。通过实施严格的考核评估机制、监督问责机制、目标责任制度以及正向激励机制，为整合扶贫资源提供可靠的制度保证。

(三) 资源投入：为脱贫攻坚保驾护航

从 1980 年开始，中国在经济还很不发达的情况下就设立了"支援经济不发达地区发展资金"，中央财政每年拿出 5 亿元，并且要求各个地方财政部门按中央财政安排资金的 30%—50% 安排配套资金，来支持 18 个省 (自治区) 的经济不发达的革命老根据地、少数民族地区、边远地区以及穷困地区的经济发展。1986 年，中国成立扶贫开发领导小组办公室，开始了有针对性的大规模的开发式扶贫行动，确定了 331 个国家级贫困县，对这些贫困县提供财政专项资金扶持。1994 年，中国政府颁布了《国家八七扶贫攻坚计划》，将国家级贫困县的数量扩大到 592 个。2001 年，虽然当时已经基本解决了贫困人口的温饱问题，但中国政府不仅没有减少扶贫投入，当年还公布了《中国农村扶贫开发纲要 (2001—2010 年)》，虽然没有增加国家贫困县的总体数量，但是要求把东部地区的 33 个国家级贫困县的指标全部用到了中西部地区，并考虑到有大量贫困人口生活在非贫困县，全国识别了 14.8 万个贫困村，涉及 1861 个县，扶贫成为一项全国性

的工作。2011 年，中国政府进一步加大扶贫投入，保持 592 个国家
级贫困县的总量不变的同时，在全国划定了 14 个集中连片特殊困难
地区，并确定了 680 个片区县，其中包括 440 个国家级贫困县，使得
2011 年以来中国实际上的扶贫工作重点县的数量为 832 个，中国政
府历次调整贫困县的数量和范围，将更多的地域纳入扶贫的范畴，
充分体现了中国政府对扶贫工作的重视。

二、专项扶贫：回应脱贫需求的多样性

专项扶贫是指国家财政安排专项资金支持、由地方各级政府和
相关部门，主要是扶贫部门组织实施的扶贫活动，按照省负总责、
县抓落实、工作到村、扶贫到户的要求，组织实施易地扶贫搬迁、
整村推进、以工代赈、异地搬迁、革命老区建设等重要工程。

（一）整村推进：以社区为中心的扶贫开发

整村推进源自《国家八七扶贫攻坚计划》实施的后期，其特点是
将扶贫项目管理与贫困人口赋权相结合，以村为单位体现"到村到
户"的扶贫理念。2001 年，为适应当时农村贫困状况大分散、小集中
的特点，根据扶贫工作重心下沉、进村入户的要求，国务院扶贫开
发领导小组提出将整村推进作为 2001—2010 年扶贫开发的首要重点
工作。整村推进是指以贫困村为基本单元，以贫困人口为对象，以
村级扶贫规划为依据，以村级经济、社会、生态、文化协调发展为
目标，以改善基础条件、促进产业发展、加强能力建设、规范民主

管理、树立文明新风、整治村容村貌、稳定解决温饱为主要内容的扶贫开发工作措施。这项工作的主要目标是，改变生产生活条件，提高贫困户和贫困村的可持续发展能力，稳定解决贫困人口温饱问题，促进贫困村经济社会全面发展，为贫困地区构建和谐社会和全面建设小康社会奠定坚实基础。

2001 年，中国在 14.8 万个贫困村开始实施整村推进，其中，革命老区、边境地区和人口较少民族地区的贫困村全部得到了实施，极大促进了贫困地区的新农村建设。各级政府按照各村级扶贫开发规划统筹各类扶贫资源，分期分批集中投放于这些贫困村。整村推进着眼于村级的社会、经济、文化全面发展，能够整合扶贫资源，集中力量解决贫困村最突出的问题。以参与式扶贫方式推动贫困人口参与扶贫项目的选择、组织、实施和监督，从而提升了扶贫项目的针对性、可操作性和益贫效率，也提高了贫困人口的自我发展能力。并且通过项目管理改善贫困村的村级治理，推进贫困村社会、经济和文化等各方面的建设，使贫困村生产生活条件得到明显改善，贫困农民的收入显著提高。

(二)以工代赈：发挥贫困人口能动性的扶贫开发

以工代赈是一项特殊的扶持困难群众的政策措施，是指政府投资建设基础设施工程，受赈济者参加工程建设获得劳务报酬，以此取代直接救济的一种扶持政策。该政策主要用于贫困地区的基本农田、小型水利、乡村道路、人畜饮水、小流域综合治理等基础设施建设，着力改善生产生活条件和发展环境，同时，贫困地区当地农民群众参加工程建设并获得劳务报酬，从而直接增加家庭收入。

经国务院批准，国家发展改革委自 1984 年组织开展以工代赈以来，累计安排中央资金近 1300 亿元，在贫困地区支持建设了一大批农业农村中小型公益性基础设施。特别是"十二五"期间，国家对以工代赈的投入力度明显加大，年度平均投资是前 26 年的 1.6 倍。而进入"十三五"以来，国家累计安排以工代赈资金近 300 亿元，吸纳超过 100 万贫困群众参与工程建设，累计发放劳务报酬 30 多亿元。与此同时，支持贫困地区农村建成了一大批农田水利、乡村道路、桥梁堤防等中小型公益性基础设施，有效改善了贫困乡村生产生活条件，在激发贫困群众内生动力方面发挥了特殊作用。

（三）易地搬迁：与生态结构相适应的扶贫开发

易地扶贫搬迁是指在坚持群众自愿的原则下，帮助生活在缺乏基本生存条件地区的农村贫困人口通过搬迁走向脱贫致富之路，政府安排补助投资为搬迁群众建设住房等基本生产生活设施。这是一项投入力度大、工作复杂、成效显著的民生工程，主要包括基础设施和生产条件、生活设施、社会事业、经济发展、生态建设安排等。易地扶贫搬迁的工作原则有：坚持群众自愿，充分发挥群众的主体作用；坚持分类指导，科学制定规划；坚持瞄准对象，真正让贫困户受益；坚持资源整合，着力搞好基础设施配套建设；坚持产业开发，切实抓好后续扶持和增收工作；坚持规范管理，不断提高移民扶贫成效。易地扶贫搬迁提升了贫困群众抵御自然灾害的能力，缓解了贫困地区的生态压力，改善了贫困群众的生产生活条件，加快了贫困群众的脱贫步伐。

易地扶贫搬迁的主要做法是将生活在自然条件恶劣、生态环境脆弱、不具备基本生产和发展条件、"一方水土养活不了一方人"的建档立卡贫困户人口搬迁到基础设施较为完善、生态环境较好的地方，从根本上改变贫困状况的一种扶贫方式。自1982年，中央在"三西"（宁夏西海固、甘肃定西和河西）等不适宜人类生存的地区实施了移民，此后在八七扶贫攻坚阶段也实施了大规模的易地扶贫搬迁，两个《中国农村扶贫开发纲要》均把易地扶贫搬迁摆在专项扶贫的突出位置加以强调。到了精准扶贫阶段，易地扶贫搬迁成为中央确定的"五个一批"的重要组成部分，并且是打赢脱贫攻坚战的"头号工程"。现阶段的易地扶贫搬迁方式基本与之前一致，以集中安置为主、分散安置为辅；不同之处在于现阶段着重突出贫困人口，并采取多种方式筹措资金，移民后续发展更具可持续性。

具体措施如下：一是"搬迁谁"。通过建档立卡以及搬迁意愿摸底，掌握了981万需要搬迁的贫困人口底数。二是"怎么搬"。因地制宜选择搬迁安置方式，按照集中安置与分散安置相结合、以集中安置为主的原则选择安置方式和安置区，同步开展原宅基地复垦与生态修复工作。三是"搬得起"。据调查，平均每户搬迁需要资金20万元。为此，中央加大财政支持力度，并以政策性银行融资、地方政府发债等方式筹集资金约 6000 亿元。城乡建设用地增减挂钩指标向易地扶贫搬迁省份倾斜，保障易地扶贫搬迁的土地供给。四是"稳得住"。推进搬迁农户的职业多元化，将安置区(点)产业发展纳入当地产业扶贫规划，发展安置区(点)优势产业，结合园区、景区和小城镇建设等，引导搬迁群众从事多种经营服务工作，促进搬迁群众稳定脱贫。

(四)连片开发：以特殊区域为对象的扶贫开发

为贯彻和落实党的十七大"加大对革命老区、民族地区、边疆地区和贫困地区发展的扶持力度"指示的精神，2008 年国务院扶贫办提出了"三个确保"的工作任务，即在 2010 年以前，确保完成人口较少民族贫困村、边境贫困村、革命老区县贫困村三类贫困村的整村推进任务。其中，老区村 2.4 万个，占总数的 97%。截至 2010 年底，"三个确保"工作任务全部完成。

连片开发试点项目。2007—2011 年，在中西部 22 个省区市的 91 个国家重点县中的革命老区县开展了"县为单位、整合资金、整村推进、连片开发"试点，每县投入财政扶贫资金 1000 万—1200 万元，共计 9.84 亿元。此外，安排财政扶贫资金 1.7 亿元，在山西、广西、陕西等 10 个省(区)的 15 个县开展革命老区建设示范试点。

中央专项彩票公益金支持革命老区整村推进项目。2008—2011 年，安排中央专项彩票公益金 10.35 亿元，在中西部 19 个省(区/市)国家重点县中的 62 个革命老区县实施整村推进。项目内容包括贫困村基础设施建设、村容村貌整治及产业发展等。

革命老区扶贫开发综合治理试点项目。从 2009 年开始，中央财政连续六年，每年安排 2000 万元，在贵州省威宁县开展"喀斯特地区扶贫开发综合治理试点"，通过试点推动全县经济发展，帮助贫困群众切实脱贫，并为同类型贫困地区革命老区全面发展探索出一条新路。

鼓励动员社会力量支持革命老区发展。充分发挥制度优势，动员和组织各级党政机关和各方面社会力量参与革命老区开发建设，取得了积极而显著的成果。目前有 154 个中央国家机关、民主党派、社会团体、国有大型企业等单位定点帮扶 232 个国家重点县中的革命老区县，占老区县的 76%。还有不少非公有制经济和民间力量也尽其所能，开展形式多样的扶贫济困事业，营造了一种全社会普遍参与革命老区扶贫的工作氛围。

三、行业扶贫：建立综合性反贫困体系

行业部门扶贫是指政府各行业主管部门或综合职能部门通过制定有利于贫困地区和贫困人口发展的政策，在制定行业发展规划、实施行业发展项目时，有计划、有针对性地向贫困地区倾斜、促进贫困人口发展而开展的各项工作。这些部门有水利、电力、交通、环保、教育、医疗卫生、民政、人力资源与社会保障、广电、金融、农林、文化等几十个行业部门。各行业主管部门除了负责行业扶贫

以外，还承担定点扶贫任务。

　　行业部门扶贫是国家大扶贫战略的重要组成部分，是扶贫开发理论与实践发展到一定阶段的标志。党的十六大提出，在 21 世纪头 20 年全面建设惠及十几亿人口的更高水平的小康社会，提倡公共服务均等化，各项行业、区域、社会政策向"三农"和贫困地区倾斜。在十六大确立的全面建设小康社会目标的基础上，十七大对经济社会发展提出了新的更高目标，特别强调增强城乡区域发展的协调性，形成城乡经济社会发展一体化新格局，提高扶贫开发水平。

　　党的十八大以来，以习近平同志为核心的党中央把脱贫攻坚工作纳入"五位一体"总体布局和"四个全面"战略布局，作为实现第一个百年奋斗目标的重点任务，做出一系列重大部署和安排，全面打响脱贫攻坚战。特别是充分发挥政治优势和制度优势，构筑了全社会扶贫的强大合力，建立了中国特色的脱贫攻坚制度体系。党的十九大则明确把精准脱贫作为决胜全面建成小康社会必须打好的三大攻坚战之一，做出新的部署。2016 年，国务院印发《"十三五"脱贫攻坚规划》，规划按照精准扶贫精准脱贫基本方略要求，从产业发展、就业脱贫等 8 个方面实化细化了有关各部门行业扶贫的相关路径和措施。2018 年，《中共中央国务院关于打赢脱贫攻坚战三年行动的指导意见》提出坚持调动全社会扶贫积极性，充分发挥政府和社会两方面力量作用，强化政府责任，引导市场、社会协同发力，构建专项扶贫、行业扶贫、社会扶贫互为补充的大扶贫格局。

（一）满足基本生活需求的行业扶贫

贫困群体的基本生活需求除了"两不愁三保障"，生产生活设施方面更多在于改善生存环境的基础设施建设，其中包括水、电、路、住房等方面的保障。行业部门根据这些实际需求情况展开了相应的扶贫行动。

1. 交通扶贫

交通运输是贫困地区脱贫攻坚的基础性和先导性条件，习近平总书记指出："交通基础设施建设具有很强的先导作用，特别是在一些贫困地区，改一条溜索、修一段公路就能给群众打开一扇脱贫致富的大门。"总书记要求我们"要通过创新体制、完善政策，进一步把农村公路建好、管好、护好、运营好，逐步消除制约农村发展的交通瓶颈，为广大农民致富奔小康提供更好的保障"。

从 2003 年开始，交通运输部以"修好农村路，服务城镇化，让农民兄弟走上沥青路和水泥路"为目标，以《全国农村公路建设规划》（2005 年国务院审议通过）等重大规划为引导，有重点、有步骤地推进贫困地区交通发展。特别是"十二五"期间，制定了《集中连片特困地区交通建设扶贫规划纲要》，大幅提高了集中连片地区交通建设补助标准，五年累计投入超过 5500 亿元车购税资金，支持 14 个集中连片特困地区建设了 6.6 万公里国省道和 36 万公里农村公路，带动了全社会对公路建设近两万亿元的投入，极大地改善了贫困地区交通条件。伴随脱贫攻坚进入关键冲刺期，打赢交通扶贫脱贫攻坚战成为"十三五"期间必须完成的任务之一。2016 年，交通运输部印发《"十三五"交通扶贫规划规划》，指出"十三五"期间，加快基础设施建设仍是交通扶贫的首要任务，提升运输服务水平是交通扶贫的落脚点，推动交通运输可持续发展是交通扶贫的迫切要求。

　　根据规划，"十三五"时期交通扶贫覆盖范围包括集中连片特困地区、国家扶贫开发工作重点县，以及以上范围之外的一批革命老区县、少数民族县和边境县，共 1177 个县（市、区）。交通扶贫脱贫攻坚将重点实施骨干通道外通内联、农村公路通村畅乡、安全能力显著提升、"交通十特色产业"扶贫、运输场站改造完善、水运基础条件改善、公路管养效能提高和运输服务保障提升等八大任务。支持贫困地区建设 1.6 万公里国家高速公路和 4.6 万公里普通国道，实现贫困地区国家高速公路主线基本贯通，具备条件的县城通二级及以上公路；力争提前 1 年完成托底性的建制村通硬化路建设任务，解决贫困地区 2.45 万个建制村、2.1 万个撤并建制村通硬化路；支持贫困地区约 3.16 万公里资源路、旅游路、产业路改造建设；支持贫困地区改造建设 150 个县级客运站和 1100 个乡镇客运综合服务站，实现所有乡镇和建制村通客车。

　　2. 水利扶贫

　　兴水利、除水害，历来是治国安邦的大事。贫困地区水利建设内容主要包括农村饮水、农田水利、农村水电、水土保持、水文和科技教育等内容。相关行业部门着力解决贫困地区农村人畜饮水困难问题，积极推进农村饮水安全工程建设。推进灌区续建配套与节水改造，因地制宜开展小水窖、小水池、小塘坝、小泵站、小水渠"五小水利"工程建设。在有条件的地区，实施跨区域水资源调配工程，解决贫困地区干旱缺水问题。加强防洪工程建设，加快病险水库除险加固、中小河流治理和水毁灾毁水利工程修复。加强水源保护及水污染防治。

开展水利扶贫，主要做法有：加快大型灌区续建配套和节水改造，搞好末级渠系建设，推行灌溉用水总量控制和定额管理。扩大大型泵站技术改造实施范围和规模。农业综合开发要增加对中型灌区节水改造投入。加强丘陵山区抗旱水源建设，加快西南地区中小型水源工程建设。增加小型农田水利工程建设补助专项资金规模。加大病险水库除险加固力度，加强中小河流治理，改善农村水环境。引导农民开展直接受益的农田水利工程建设，推广农民用水户参与灌溉管理的有效做法。

3. 电力扶贫

农村电网是农村重要的基础设施，关系农民生活、农业生产和农村繁荣。为实现 2010 年前绝大多数行政村通电的目标，国家组织实施一二期农村电网改造工程、中西部地区农网完善工程、户户通电工程、无电地区电力建设工程、新一轮农网改造升级工程和新农村电气化建设工程，提高农村电网供电可靠性和供电能力。

经过努力，取得较好成效。具体表现在：一是贫困地区电网结

构明显增强，供电能力和供电可靠性显著提高，基本实现了县级供
电企业直管到户的管理体制。二是农村电价大幅度降低，有效减轻
了农民用电负担。实施农网改造的地区均已实现了城乡生活用电同
价目标。三是拉动了农村电力消费，促进了农村经济发展。四是无
电问题得到逐步解决，为农牧民脱贫致富和生活条件改善创造了条
件。五是有效扩大了内需，拉动了电力设备的生产。此外，还为农
村创造了大量就业机会，对扩大内需发挥了重要作用。

"十二五"时期我国实施农村电网改造升级工程以来，农村电网
结构大幅改善，电力供应能力明显提升，管理体制基本理顺，同网
同价基本实现，彻底解决了无电人口用电问题。2016 年，国家发展
改革委发出《关于"十三五"期间实施新一轮农村电网改造升级工程意
见的通知》，明确到 2020 年，全国农村地区基本实现稳定可靠的供
电服务全覆盖，供电能力和服务水平明显提升，农村电网供电可靠
率达到 99.8%，综合电压合格率达到 97.9%，户均配变容量不低于
2 千伏安，建成结构合理、技术先进、安全可靠、智能高效的现代农
村电网，电能在农村家庭能源消费中的比重大幅提高。

4. 农村危房改造

农村危房改造是采取货币补助的形式帮助特殊住房困难家庭自
建住房，是中国农村住房救助的主要实施方式。2008 年起，以解决
农村困难群众基本住房安全问题为目标，我国组织开展了农村危房
改造试点。2010 年，中央一号文件提出，抓住当前农村建房快速增

长和建筑材料供给充裕的时机，把支持农民建房作为扩大内需的重大举措，采取有效措施推动建材下乡，鼓励农民依法依规建设自住用房。2011年9月，住房和城乡建设部印发了《农村住房建设技术政策（试行）》，对村镇规划、住房设计、建筑节能、防灾减灾、建筑材料和建筑施工配套实施和环境建设，以及建立健全管理机制等方面进行了说明和限定。

2015年，《中共中央国务院关于打赢脱贫攻坚战的决定》明确提出，到2020年要稳定实现农村贫困人口不愁吃、不愁穿，义务教育、基本医疗和住房安全有保障，即"两不愁、三保障"。农村危房改造更加成为帮助建档立卡贫困户等重点对象解决基本住房安全的一项政策，是实现脱贫攻坚总体目标中贫困农户住房安全有保障的重要措施。按照政策意见，目前中央农村危房改造的补助对象是居住在C级或D级危房中的建档立卡贫困户、低保户、农村分散供养特困人员和贫困残疾人家庭等4类重点对象。危房改造要求因地制宜采用符合当地实际的改造方式，原则上D级危房应原址拆除重建，C级危房应修缮加固。建设方式以农户自建为主，农户自建确有困难且有统建意愿的，政府可帮助农户选择有资质的施工队伍统建。对于自筹资金和投工投料能力极弱的深度贫困户，鼓励通过统建农村集体公租房及幸福大院、修缮加固现有闲置公房、置换或长期租赁村内闲置农房等方式，兜底解决其住房安全问题。

党的十八大以来，住房和城乡建设部认真学习贯彻习近平总书记关于脱贫攻坚工作重要讲话和重要指示批示精神，深入落实党中央、国务院决策部署，紧紧围绕"贫困人口住房安全有保障"目标任务，已累计为733万户建档立卡贫困户和1061万户低保户、农村分散供养特困人员、贫困残疾人家庭三类重点对象实施了危房改造，得到了贫困群众的充分肯定和广泛欢迎，为全国脱贫攻坚战取得决定性胜利提供了坚强保障。

（二）满足基本发展需求的行业扶贫

贫困人口的致贫原因具有多样性，但深层次的致贫因子是思想层面和外部客观环境，扶贫扶智与扶志相结合，才能从源头上阻断贫困的代际传递和贫困的恶性循环。

1. 教育扶贫

中国的教育扶贫可以从两个方面来理解，一是通过大力促进城乡以及地区之间教育资源的公平配置，均衡教育资源；二是提升教育过程品质，通过教育提升人的能力，促进人的全面发展。为此，国家层面进行了大量的顶层设计和制度性的安排，地方也围绕这两个目标进行了诸多探索和创新。围绕这两个目标，教育部先后组织实施了20项教育扶贫政策措施，实现了贫困地区义务教育普及、学校基础设施建设、学生资助体系、教师队伍建设、民族教育发展、职业教育提升等领域的教育扶贫全方位覆盖，为农村贫困发展奠定了坚实基础。

从中国教育扶贫政策的演变来看，教育扶贫已经从普及初等教育和扫除农村青壮年文盲，逐步扩展到涵盖基础教育、职业教育、高等教育、继续教育等多层次、多类型教育在内的政策体系，已成为国家精准扶贫战略的重要组成部分。现阶段教育扶贫政策主要集中在以下四个方面：

一是帮助贫困地区学校改善基本办学和生活条件，通过财政补助推动贫困地区公办幼儿园的全覆盖，多部门联合实施"全面改薄"工程，重点向贫困地区倾斜投入，以完善贫困地区的村小学和教学点，新建、改扩建一批普通高中学校，提高贫困地区普通高中阶段教育普及率。

二是精准实施高等教育帮扶。一方面加大贫困地区高校招生倾斜力度，实施贫困地区定向招生专项计划和支援中西部地区招生协作计划，增加贫困地区学生高等教育入学机会；另一方面提高贫困地区高等教育质量，通过资金倾斜加强贫困地区高校开展优势特色学科专业及相关平台建设，促进贫困地区高校引进高层次人才的力度，帮助贫困地区提升人才培养和科技创新水平。

三是推进贫困地区学生营养改善计划，提高学生的营养健康水平，免除建档立卡贫困户幼儿入园和普通高中的学杂费，并对家庭经济困难的学生提供生活补助。

四是实施劳动力就业培训。对贫困地区中等职业学校符合条件的学生，按国家规定实行免学费和给予国家助学金补助；对从事农业生产、经营和服务的贫困劳动力，开展生产经营型、专业技能型和社会服务型培训，使其逐渐转变为新型职业农民。

实施义务教育免费政策。20 世纪，中国确定了"基本普及九年义务教育，基本扫除青壮年文盲"的"两基"目标。由于中国城乡的巨大差异，政府加大了对农村义务教育的支持力度，逐步实施针对农村贫困地区家庭困难学生免杂费、免书本费、逐步补助寄宿生生活费的"两免一补"政策。从 2005 年春季学期起，国家对重点县的农村义务教育阶段贫困家庭学生全部免费发放教科书，落实免杂费并逐步补助寄宿生生活费的政策。2007 年开始，"两免一补"政策覆盖全国农村义务教育阶段所有家庭经济困难学生。

开展教育救助，保证贫困儿童不因家庭困难而失学。为切实保障每一个孩子不因家庭经济困难而失学，近年来，中央和地方各级政府先后采取了一系列重大举措，建立了完整的教育救助政策体系：在高等学校，建立了以国家奖助学金、国家助学贷款为主，其他资助措施有机结合的资助政策体系；在中等职业学校，建立了以国家助学金和国家免学费为主，辅之以学生工学结合、顶岗实习等资助措施的资助政策体系；在普通高中，设立了中央专项彩票公益金教育助学项目，用于资助中西部县镇和农村家庭经济困难学生；在义务教育阶段，全部免除了城乡所有学生的学杂费、书本费，为农村家庭经济困难寄宿生提供生活补助。

2010 年，国家研究出台了四项新的资助政策：一是建立高校国家助学金资助标准动态调整机制，有效缓解物价上涨给高校家庭经济困难学生带来的不利影响；二是建立普通高中家庭经济困难学生国家资助制，标志着中国基本健全从小学至大学的家庭经济困难学生资助政策体系；三是进一步扩大了中等职业教育免学费政策覆盖范围，将中等职业学校城市家庭经济困难学生也纳入免学费政策范围，吸引更多学生和社会青年接受职业教育；四是提高了农村义务教育家庭经济困难寄宿生生活补助标准，进一步减轻了农村家庭经济困难寄宿生的经济负担，也帮助这些寄宿生改善了营养状况。对家庭贫困学生国家资助政策体系的不断完善和实施，有力地促进了教育公平和社会公平，从而有助于实现减贫目的。2011 年底，国家推出农村义务教育学生营养改善计划，补助标准为每人每天 3 元，目前此标准还在不断提高，连片特困地区内 680 个县市率先受益。

2. 文化扶贫

贫困地区的农民要摆脱贫困有两个障碍，一是交通不便，二是信息闭塞。文化落后，就缺少发展经济的能力。文化扶贫是指从文化和精神层面上给予贫困地区以帮助，从而提高当地人民素质，尽快摆脱贫困。传统的扶贫主要是从经济物质上进行辅助，而贫困地区要改变贫穷落后的面貌，既要从经济上加强扶持，更需要加强智力开发。扶贫不仅要扶物质，也要扶精神、扶智力、扶文化。1993 年 12 月，文化扶贫委员会成立，标志着我国文化扶贫工作的开始。"万村书库"工程活动启动，即全国 25 000 个村各建起一座小型图书室，并向每座图书室赠书 100 种。向农村捐赠图书，培养了当地人

员的文化素质和干部的应用写作能力。"手拉手"工程启动，即全国
范围内开展城乡少年儿童"手拉手"活动，城市少年儿童向农村小朋
友赠书 1500 多万册。2006 年开始构建农村广播电视公共服务体系，
逐步提高农村地区广播电视无线覆盖水平，不断改善和提高广大农
村群众收听收看中央广播电视节目的水平和质量。

　　党的十八大以来，中央出台了一系列与文化扶贫相关的指导性
文件和法律法规，对推动文化扶贫尤其是文化事业扶贫起到了促进
作用。如 2015 年 12 月，文化部等七部委印发《"十三五"时期贫困地
区公共文化服务体系建设规划纲要》，将文化扶贫提升到前所未有的
高度；2017 年 6 月，文化部发布《"十三五"时期文化扶贫工作实施
方案》，提出要发挥文化在脱贫攻坚工作中的"扶志""扶智"作用。
近年来，有关部门在贫困地区大力推动农家书屋、通信村村通等项
目，农村公共文化设施建设取得显著成效。同时，各类文化惠民活
动在贫困地区广泛开展，受到基层群众热烈欢迎。

　　3. 生态扶贫

　　中国的贫困地区和生态脆弱地区高度重合，环境问题和贫困问
题交互影响，制定切实可行的生态资源环境政策，对促进贫困地区
脱贫致富，具有十分重要的意义。生态扶贫是将扶贫工作和生态环
境保护有机结合起来，实现两者的良性互动，达到生态文明建设与
扶贫开发协调发展。2015 年 10 月，习近平同志在减贫与发展高层论
坛上首次提出"五个一批"的脱贫措施，其中就有生态补偿脱贫一批。

其主要措施包括三个方面：一是生态补偿。在贫困地区建立生态补偿机制，提高补偿标准，结合碳汇交易、绿色产品标识等市场化补偿方式，增加贫困人口的生态资产收益。依托退耕还林、公益林补偿等重点生态工程，为当地贫困农民提供生态建设与保护就业岗位，提高农民收入水平。二是生态保护与修复。在贫困地区实施重点生态修复工程，完善耕地与永久基本农田保护补偿机制，保护与提升贫困地区耕地质量，加强江河源头和水源涵养区保护，推进重点流域水环境综合治理，在重点区域推进山水林田湖草综合治理工程等。三是积极支持发展生态优势产业。其一，培育特色农副产业，立足生态资源优势，培育特色农副产品加工业，形成规模化、标准化的农副产业，依托经营主体的带动和辐射，提高贫困人口的收入水平；其二，发展生态旅游业，依托地方独特的人文及自然资源，将民族特色产业和地方手工业等文化产业融入生态旅游业，以多元化发展增加贫困人口收入。

21 世纪以来，国家继续推进退耕还林（草）工作，并将其和西部大开发战略结合起来，提出了"退耕还林（草）、封山绿化、以粮代赈、个体承包"的综合性措施。2003 年，全面启动退牧还草工程，通过围栏建设、补播改良以及禁牧、休牧、划区轮牧等措施，恢复草原植被，改善草原生态，提高草原生产力，促进草原生态与畜牧业协调发展。2007 年，进一步完善退耕还林政策，继续对退耕农户给予适当补助，建立巩固退耕还林成果专项资金，以巩固退耕还林成果，解决退耕农户生活困难和长远生计问题。对居住地基本不具备生存条件的特困人口，实行易地搬迁。对西部一些经济发展明显落后、少数民族人口较多、生态位置重要的贫困地区，巩固退耕还林成果专项资金要给予重点支持。2011年，《关于完善退牧还草政策的意见》出台，提出"十二五"时期继续安排退牧还草围栏建设任务5亿亩，配套实施退化草原补播改良任务1.5亿亩的目标，并提出国家将进一步完善补助机制，提高补助标准。

退耕还林、退牧还草是中国生态环境保护建设的重大工程，退耕还林、退牧还草政策加快了中国国土绿化进程，增加了林草植被，水土流失和风沙危害强度减轻，推进了农村的生态建设，改善了农村生态环境，增加了农民收入，促进了农业产业结构调整。

（三）满足公共保障需求的行业扶贫

1. 健康扶贫

对2013年全国建档立卡贫困人口数据分析可知，有42%的贫困人口是因病致贫，因此健康扶贫在精准扶贫战略中应被摆到更加重要的位置。《中共中央国务院关于打赢脱贫攻坚战的决定》和《关于实施健康扶贫工程的指导意见》明确提出，要开展医疗保险和医疗救助脱贫，实施健康扶贫工程，努力防止因病致贫、因病返贫。健康扶贫的主要措施可归纳为以下四点：

一是完善医保制度，让贫困人口看得上病。新型农村合作医疗和大病保险制度覆盖农村所有贫困人口，适度提高贫困地区的门诊报销比例，加大对贫困人口大病保险的支持力度，推动新农合制度与大病保险及医疗救助制度的衔接，精准扶持因病致贫的家庭。

二是控制医疗费用，让贫困人口看得起病。分类救治大病和慢性病，实行住院先诊疗后付费制度，以复合型支付方式控制贫困人口的医疗费用。

三是提高医疗水平，让贫困人口看得好病。实施县乡村三级医疗卫生机构的标准化建设，提升贫困地区医疗机构的硬件水平。通过三级医院定点帮扶片区县和贫困县的县级医院，以人员技术支持提高贫困地区医院的服务能力。

四是加强预防，让贫困人口少看病。加大对贫困地区传染病、地方病、慢性病的防控，加强妇幼健康工作力度，统筹治理贫困地区环境卫生问题，加强农村饮用水和环境卫生监测、调查与评估，改善贫困地区农村人居环境。

2. 社会保障扶贫

社会保障扶贫是指对因病致残、年老体弱、丧失劳动能力以及生存条件恶劣等原因造成常年生活困难的农村居民实施重点救助。现阶段的主要措施有：

一是实现农村低保与精准扶贫在对象和识别标准上的衔接。对缺乏发展能力的贫困户采取社会保障"兜底"，加大省级财政统筹力度，逐年提高农村低保标准，按照量化调整机制科学调整，确保不低于根据物价指数等因素按年度动态调整后的国家扶贫标准。

　　二是提高贫困地区基本养老保障水平，建立适应农村老龄化形势的养老服务模式，统筹推进城乡养老保障体系建设，在贫困地区全面建成城乡居民养老保险制度。

　　三是实施留守和残疾人员关爱政策。具体措施包括重点关注留守儿童心理行为问题和精神疾病，保障留守儿童能够及时获得心理辅导和行为矫正；多部门建立合作机制，针对留守妇女的性骚扰、家庭暴力等问题加大预防、救助力度，加大对拐卖妇女犯罪行为的打击力度；建立残疾人关爱制度，在人员照顾和资金扶持方面加强对残疾人的帮扶力度。

03

市场参与：勇于实践助推脱贫攻坚

　　从市场的角度看，市场通过"看不见的手"进行宏观调控和指挥，引导贫困地区经济发展，通过经济增长惠及贫困人口脱贫受益。社会主义市场经济仍然是商品和市场经济，市场不仅对社会生产起决定性的调节作用，而且对收入分配也起着决定性的调节作用。要实现共同富裕，就必须处理好发展过程中的分配问题，打赢脱贫攻坚战即是处理好分配问题进而走向共同富裕的关键一步。市场在扶贫资源配置中拥有政府给予的合理的自主权，利用市场机制参与扶贫开发，意味着要不断释放市场配置扶贫资源的活力，拓宽扶贫开发的资源渠道，发挥好市场在资源配置中的决定性作用，弥补当前政府在脱贫攻坚过程中可能出现的低效率和局部扶贫的缺陷。公共经济学的研究表明，在一些公共物品领域，市场机制对于多元需求的回应和对于各种资源的调动能力比政府更有优势。具体来说，市场力量在扶贫中主要承担行业扶贫的责任，作为市场微观主体的各行业部门，履行行业管理职能，实施支持贫困地区和贫困人口发展的政策和项目，承担着改善贫困地区发展环境、提高贫困人口发展能力的任务，包括明确部门职责、发展特色产业、开展科技扶贫、完善基础设施、发展教育文化事业、改善公共卫生和人口服务管理、完善社会保障制度、重视能源和生态环境建设等方面。由此可见，引导市场力量参与贫困治理的公共行为，是促进社会治理中公共产品及公共服务的供给、市场主体慈善精神的弘扬、企业家社会责任感的培养以及构建和谐社会的正确选择。

一、市场主体的参与：企业扶贫

（一）企业主导型扶贫模式

企业主导型扶贫模式指在扶贫活动中企业占主导地位，由企业根据政府制定的一些相关政策和措施，扶持、帮助贫困地区和贫困农户开展生产和经营活动，以实现脱贫致富的一种扶贫行为。在市场经济条件下，贫困地区经济落后的原因往往是产业支撑的力度不够，缺乏进入市场的机会及融入市场的能力。企业参与到扶贫工作中成为扶贫主体不仅可以实现企业的社会价值，而且可以提升贫困地区的生产力水平，增强再生能力，挖掘经济发展的内在动力，促进贫困地区经济可持续增长。对企业来说，贫困地区有丰富的自然资源和劳动力资源，企业参与到贫困地区的扶贫开发中，不仅可以利用这些资源来降低自己的成本，还可以享受国家和地方制定的一些优惠政策，提高企业自身的知名度。对贫困农户来说，企业参与扶贫可以向贫困地区的农民传递市场理念和信息，促进贫困农民的思想观念转换，同时也可以拓宽农民的收入来源，降低返贫率。企业扶贫的投资活动是根据当地的实际，与地区的产业政策相衔接，与地区的优势产业、支柱产业的开发相联系，与贫困地区的自然资源、劳动力等要素相结合，做到取长补短、优势互补。但企业扶贫的最大弊端在于企业目标与扶贫目标之间难以协调，企业以经济效益为核心，追求利润最大化，而扶贫工作首先是讲求社会效益和生态效益。因此，企业扶贫很难涉足那些基础性建设、生态环境建设、贫困户解困等直接经济效益很低的扶贫活动，有的甚至会出现为了追求一定的经济效益而破坏生态环境和自然资源的行为。2015 年以来，企业扶贫在我国已有所发展，但值得反思和注意的问题是，搞扶贫开发工业项目的势头比较猛，特别是一些利用扶贫资金的开发项目，往往偏离扶贫方向，与解决贫困户的温饱问题挂不上钩，而且过于热衷上新项目，没有下硬功夫搞好现有企业经营管理，以致有些地方出现项目像猴子掰玉米，掰一个、丢一个的败家损业现象。①

（二）民营企业的扶贫参与

在 2017 年"万企帮万村"精准扶贫行动论坛上，恒大集团等先进民企因用情用力真扶贫、扶真贫，被全国工商联、国务院扶贫办等联合表彰，以彰显其"聚焦精准扶贫加强模式创新，为广大民营企业做出了表率"。恒大从 2015 年 12 月开始结对帮扶毕节市大方县，三年无偿投入 30 亿元，通过一揽子综合措施，到 2018 年底实现大方县 18 万贫困人口全部稳定脱贫。自 2016 年以来，恒大坚持精准扶贫，因户施策、因人施策，坚持"输血"与"造血"并举，坚持既要"见效快"更要"利长远"，最重要的是运用市场化手段建立长效的扶贫、脱贫机制，已探索出了一条可复制、可推广、可持续的发展路径，成为包括民营企业在内的全社会力量投身脱贫攻坚的标杆，这被称为精准扶贫的"恒大模式"。

二、市场资源要素的运用

（一）资本要素：金融扶贫

（1）贴息贷款。2001 年以来，国务院扶贫办联合财政部、人民银行、银监会等部门先后开展了"到户贷款""项目贷款"改革试点和"奖补资金"推进小额贷款到户试点等工作，不断加大扶贫贴息贷款

---

① 赵昌文、郭晓鸣：《贫困地区扶贫模式：比较与选择》，载《中国农村观察》，2000(6)。

投放力度。2008 年，为进一步建立健全符合市场经济要求的信贷扶贫管理体制和运行机制，按照"两下放、两改革"的思路，将扶贫贴息贷款和贴息资金的直接管理权限由中央下放到省，其中到户贷款和贴息资金管理权限下放到县；扶贫贷款全部改农业银行"独家经营"为市场运作；改固定利率为固定补贴，中央财政按贴息 1 年安排贴息资金，在贴息期内，到户贷款按年利率 5%、项目贷款按年利率 3% 的标准予以贴息。扶贫贴息管理体制的改革和完善，对于调动金融机构积极性，完善扶贫贴息贷款良性循环发展机制，改善贫困地区人民生产生活条件，缩小地区贫富差距起到了重要作用。

（2）开展扶贫贷款财政贴息改革，引导和撬动金融机构扩大贴息贷款投放规模。从 2002 年至 2011 年，中央财政累计安排扶贫贷款财政贴息资金 54.45 亿元人民币、发放扶贫贷款近 2300 亿元人民币。

（3）贫困村互助资金试点。从 2006 年开始，国家开展贫困村互助资金试点，每个试点村安排财政专项扶贫资金 15 万元人民币，按照"民有、民用、民管、民享、周转使用、滚动发展"的方式支持村民发展生产，建立起财政扶贫资金使用长效机制。截至 2011 年底，全国 1141 个县、1.63 万个村开展了贫困村互助资金试点，资金总规模达 33.06 亿元。

（二）劳动力要素：就业扶贫

转移就业扶贫主要是通过为贫困人口提供就业岗位，以劳务工资收入来提高贫困人口的收入。《国家八七扶贫攻坚计划》提出了转移就业扶贫的相关举措，组织贫困地区的贫困劳动力外出务工，改善了单一的贫困家庭收入结构，有效地促进了贫困人口收入的增长。现阶段转移就业扶贫的政策措施主要集中于以下三个方面：一是完善贫困劳动者技能培训制度。通过整合各部门各行业培训资源，以订单培训、定向培训等方式开展差异化技能培训。有针对性地开展贫困家庭子女、未升学初高中毕业生、农民工免费职业培训等专项行动，提高培训的针对性和有效性。二是构建贫困人口转移就业平台。通过建立地区间的劳务输出合作机制，将贫困地区的劳动力有组织地输送至发达地区，如广东和广西之间的东西劳动力转移合作。加强转移就业贫困人口的公共服务，保障转移就业贫困人口平等享受迁入城镇的基本公共服务。三是推进就地就近转移就业。伴随着经济进入新常态，贫困人口的就地就近转移就业得到进一步重视。政府通过财税金融政策培育经营主体，鼓励引导当地企业、合作社等经营主体向贫困人口提供就业岗位，将贫困人口转移就业与工业化、城镇化建设相结合，并鼓励贫困户自主创业。

　　为进一步提高贫困人口素质，增加贫困人口收入，加快扶贫开发和贫困地区社会主义新农村建设、构建和谐社会的步伐，国务院扶贫开发领导小组办公室决定在贫困地区实施"雨露计划"。"雨露计划"具体是指以政府主导、社会参与为特色，以提高素质、增强就业和创业能力为宗旨，以职业教育、创业培训和农业实用技术培训为手段，以促成转移就业、自主创业为途径，帮助贫困地区青壮年农民解决在就业、创业中遇到的实际困难，最终达到发展生产、增加收入，最终促进贫困地区的经济发展。

"雨露计划"对象主要有四类：一是建档立卡的青壮年农民（16—45岁）；二是贫困户中的复员退伍士兵（含技术军士）；三是扶贫开发工作重点村的村干部和能帮助带动贫困户脱贫的致富骨干；四是参加中等职业教育和高等职业教育的建档立卡贫困子女。"雨露计划"包括"四大工程"，即贫困家庭新生劳动力职业教育培训工程，贫困家庭青壮年劳动力转移就业培训工程，贫困家庭劳动力扶贫产业发展技能提升工程，贫困产业发展带头人培养工程。

在多年实践中，各地创新和开发了各种有效的劳动力培训模式，包括"中长结合、持续发展""校企合作、订单输出""企业出资、定点就业""工学结合、半工半读""校乡对接、就近培训""就地转移、就近安置""突出特色、打造品牌""贷款培训、就业还款"等。"雨露计划"对新成长劳动力接受职业教育的贫困家庭进行补助，原则上每生每年补助3000元左右。据统计，截至2018年底，全国共帮扶贫困家庭新成长劳动力500多万人，发放补助资金110多亿元。

实践证明，"雨露计划"通过为每一个贫困劳动力投入600元—1500元的培训费，支持参加职业技能、创业和农村实用技术培训，1—2年后就可以实现一人就业、全家脱贫，有效地阻断了贫困代际传递的发生。部分参加培训的农民回乡后，将学到的技术、了解的信息、获得的资金和更新的理念用于创办企业、发展高效特色农业和第三产业，在增加家庭收入的同时，也有力地支持了当地经济的发展。

2010年，国务院扶贫办在总结"十一五"期间"雨露计划"工作经验的基础上，在中西部省（区、市）中选择9个国家扶贫开发工作重点县，对"雨露计划"新生劳动力职业教育实施方式进行了改革试点。试点的主要内容和目的是通过对贫困家庭劳动力接受教育与培训进行补助，引导和鼓励贫困家庭子女在完成九年义务教育和普通高中教育后，继续接受中、高等职业教育和一年以上预备制技能培训，以进一步提高贫困家庭新生劳动力的整体素质，增强其稳定就业和持续增收能力。

（三）技术要素：科技扶贫

科技是第一生产力，技术进步是中国农业生产增长的原动力，而且也将是中国未来农业生产增长的首要推动力。科技扶贫是针对贫困地区生产技术落后和技术人员缺乏的状况提出的。主要内容包括：一是强调自我发展。以市场为导向，以科技为先导，引导贫困地区合理开发资源，将资源优势转化为经济优势，同时努力提高贫困农民参与市场竞争的能力，实现自我发展的良性循环。二是注重引进成熟、适用的技术。农业技术具有强烈的地域性和适应性，科技扶贫在向贫困地区引进技术时，必须是成熟技术，而且要适合贫困地区的实际情况。三是注重将治穷与治愚相结合。科技扶贫通过农业、科研、教育三结合等形式，一方面建立健全科技示范网络，组织开展各种类型的培训；另一方面建立全国农村科普网络，大力开展科普宣传，弘扬科学精神，提高农民素质。科技扶贫是由单纯救济式扶贫向依靠科学技术开发式扶贫转变的一个重要标志。

2009 年，中国科技部等八部门启动科技特派员农村创业行动，2010 年，已有 7.2 万名科技特派员活跃在中西部地区农村基层一线。3200 多个科研院所、大专院校和科技型企业作为法人科技特派员，带领广大贫困农村脱贫致富。科技部还通过星火计划、科技富民强县专项、农业科技成果转化资金、科技人员服务企业专项等面向基层的科技计划和科技专项，在贫困地区实施一批科技项目。另外，针对贫困地区干部群众科技素质低、科技意识弱的问题，还开展了多种多样的科技培训活动。

2018 年 9 月，科技部印发《关于科技扶贫精准脱贫的实施意见》，进一步瞄准贫困地区发展突出存在的科技和人才短板，动员组织全国科技人员和科技管理干部深入扶贫一线，以提升贫困地区、革命老区内生发展动力和科技管理服务水平，增强贫困农户自我发展能力为核心，集聚人才要素，培养本土人才，引领当地产业发展，带动农户精准脱贫，强化"造血"功能，为扶贫开发提供有力的智力支撑。通过在贫困地区、革命老区建设一批"星创天地"、科技园区等，构建线上线下的创新创业服务平台，推进创业式扶贫，加快先进适用科技成果在贫困地区、革命老区的转化应用，激发贫困地区干部群众的创新创业热情，培育创新创业主体，自力更生，艰苦奋斗，以创业带动产业发展，以产业发展带动精准脱贫，促进创新驱动、区域发展与贫困人口脱贫紧密结合。各级科技管理部门要把科技扶贫作为重要的政治任务，上下协同，东西联动，形成强大工作合力。统筹行业扶贫、片区扶贫、定点扶贫，组织动员全行业科技力量，科学配置人才、技术、成果、平台、园区资源，做到项目精准安排，资金精准落实，措施精准实施，效果精准发挥。

三、市场机制的运作：产业扶贫

产业扶贫是指以市场为导向，以经济效益为中心，以产业发展为杠杆的扶贫开发过程，是促进贫困地区发展、增加贫困农户收入的有效途径，是扶贫开发的战略重点和主要任务。产业扶贫是一种内生发展机制，目的在于促进贫困个体（家庭）与贫困区域协同发展，根植发展基因，激活发展动力，阻断贫困发生的动因。产业扶贫的主要手段包括：帮助贫困地区、贫困农户因地制宜选择主导产业，提供金融、技术服务，建设生产基地；扶持扶贫龙头企业，发展加工业；通过农民合作组织等方式组织营销，开拓市场。精准扶贫战略提出之后，作为"五个一批"的重要部分，产业扶贫更加强调对贫困人口的目标瞄准性和特惠性，其政策措施主要集中于三个方面：一是发展特色产业，目标是到2020年，每个贫困县建设一批贫困人口参与度高的特色产业基地，初步形成特色产业体系，每个贫困乡镇、贫困村形成若干特色拳头产品；二是促进产业融合，通过一二三产业融合发展，将贫困农户引入农业全产业链，以价值链增值收益提高贫困户的收入；三是扶持新型经营主体，通过财税政策鼓励新型经营主体与贫困户建立稳定带动关系，向贫困户提供全产业链服务，提高产业增值能力和吸纳贫困劳动力就业能力。

产业扶贫的关键环节是龙头企业带动。2004 年 11 月 29 日，国务院扶贫办下发了《关于申报国家扶贫龙头企业的通知》，正式启动了国家扶贫龙头企业的申报审批工作。2018 年，国务院扶贫办下发《关于完善扶贫龙头企业认定和管理制度的通知》，指出扶贫龙头企业认定和管理，必须坚持精准扶贫精准脱贫的基本方略，以建立精准带贫减贫机制为导向，以贫困人口参与共享为基本标准。同时加强贫困地区龙头企业培育，增强辐射带动贫困户增收的能力。2019 年，全国中西部 22 个省份中共有各级组织认定的扶贫龙头企业 29033 个，吸纳贫困人口就业近 80 万人。

产业扶贫模式、整村推进扶贫模式和劳动力转移模式是我国新时期农村开发式扶贫的三大重点模式，它们共同构成了我国农村扶贫开发的"一体两翼"，而产业扶贫模式是"一体两翼"的主要内容，是帮助贫困地区农民脱贫致富的重要途径。

04

社会担当：和衷共济聚力脱贫攻坚

政府主导、社会参与是中国扶贫开发道路的突出特点，也是中国特色社会主义政治优势和制度优越性的重要体现。70 年来，中国扶贫开发始终坚持政府投入的主体和主导作用，倡导自力更生、社会参与，在推动实施专项扶贫、行业扶贫的同时，充分发挥政府和社会两方面力量作用，深入推进东西部扶贫协作、党政机关定点扶贫、军队和武警部队扶贫、社会力量参与扶贫，构建专项扶贫、行业扶贫、社会扶贫互为补充的大扶贫格局，调动各方面积极性，引领市场、社会协同发力，形成全社会广泛参与脱贫攻坚格局。

党的十八大以来，国家进一步推动实施东西部协作扶贫、定点扶贫，以及社会各界合力攻坚，不仅汇聚起磅礴的攻坚合力，有效增强了打赢脱贫攻坚战的资源、动力，也不断推动着扶贫开发领域的改革和创新，成为中国减贫治理的重要经验和模式。

一、定点扶贫："点连成线、线动成面"

定点扶贫是中国特色扶贫开发道路的重要组成部分。从内涵上来看，定点扶贫是指由党政机关等公共部门有计划地筹集资金以及派遣专职人员进驻重点贫困村，并通过各种渠道促使贫困村和贫困人口脱贫致富的一种扶贫模式。通俗来讲，是中央以机关事业单位这个"面"，较长时间目标一致地、多策并举在一个"点"上推进扶贫开发，建成不返贫的小康。这些点点，连起来就是线就是面，就是广大贫困农村地区。

20世纪80年代中期，党中央、国务院做出了组织中央和国家机关、企事业单位开展定点扶贫的重大决策。具体而言，国家确定的定点帮扶单位主要包括中央和国家机关各部门各单位、人民团体、参照公务员法管理的事业单位、国有大型骨干企业、国有控股金融机构、各民主党派中央及全国工商联、国家重点科研院校等，定点帮扶对象为国家扶贫开发工作重点县。根据中央统一部署，定点帮扶单位与国家扶贫开发工作重点县开展结对帮扶，在资金、物资、技术、人才、项目、信息等方面对结对帮扶县给予倾斜和支持。同时，在中央号召下，各省（市、区）把定点扶贫作为重要的民生工程来开展，不断创新定点扶贫工作方式。省（市、区）各级政府的定点扶贫，分别瞄准的是贫困县、贫困乡镇和贫困村。地方定点扶贫主要有领导挂点、综合帮扶、到村到户、考核激励等典型做法。

作为中国特色扶贫开发的重要组成部分，定点扶贫工作是加大对革命老区、少数民族地区、边疆地区、贫困地区发展扶持力度的重要举措，也是定点扶贫单位贴近基层、了解民情、培养干部、转变作风、密切党群干群关系的重要途径。定点扶贫工作的深入、持久、有效地开展，充分体现了中国共产党的政治优势，体现了中国特色社会主义制度的优越性。三十多年来，各级定点帮扶单位采取干部挂职、基础设施建设、产业化扶贫、劳务培训和输出、文化教育扶贫、科技扶贫、引资扶贫、生态建设扶贫、医疗卫生扶贫、救灾送温暖等措施开展了多种形式的定点帮扶活动，为推动贫困地区减贫发展、贫困人口脱贫致富做出了重要贡献。

二、东西部扶贫协作：东西对接、携手奔小康

东部发达省市与西部贫困地区结对开展扶贫协作，帮扶西部省（自治区）发展，加快西部贫困地区的脱贫步伐，是党中央、国务院为加快西部贫困地区扶贫开发进程，缩小东西部发展差距，促进共同富裕做出的重大战略决策，也是中国特色扶贫开发道路的重要组成部分。

1996年5月，中央确定北京、上海、天津、辽宁、山东、江苏、浙江、福建、广东、大连、青岛、宁波、深圳等9个东部省市和4个计划单列市与西部10个省区开展扶贫协作；同年10月，中央扶贫开发工作会议进一步做出部署，东西扶贫协作正式启动。三十多年来，东部有关省市党委政府坚持从两个大局、逐步实现共同富裕的战略高度认识和推动这项工作，开展了多层次、多形式、宽领域、全方位的扶贫协作，逐步形成了以政府援助、企业合作、社会帮扶、人才支持为主要内容的工作体系，涌现出了闽宁协作、沪滇合作、两

广协作等各具特色的模式，取得了显著成绩。参与东西部扶贫协作结对帮扶的东部省市也由 1996 年时的 9 省（直辖市）和 4 个计划单列市，发展到 2016 年的 9 省（直辖市）和 13 个大城市。

在扶贫协作过程中，东西部地区发挥各自的相对优势，西部可以学习到东部的先进技术及管理经验，东部也可以获得丰富的资源及市场，实现双方经济效益最大化，从而促进区域经济协调发展。特别是西部地区依靠丰富的资源和巨大的市场，积极同东部地区开展多渠道、多层次、多形式的经济技术合作，不仅给西部地区带来良好的经济效益，也进一步促进了东部地区的持续发展。同时，通过劳务输出，不仅缓解了西部地区的人口压力，也提高了贫困地区人民的收入。东西协作的开发式扶贫通过企业投资、技术交流、人员培训，实现了西部资源的有效利用，促进了当地资源开发和人民脱贫致富，从而有利于从根本上解决西部地区的发展制约因素。

东西部扶贫协作也是习近平总书记关心的重点工作之一。2016年 7 月 18 日至 20 日，习近平总书记到宁夏考察工作，在银川主持召开东西部扶贫协作座谈会并发表重要讲话，强调东西部扶贫协作和对口支援，是推动区域协调发展、协同发展、共同发展的大战略，是加强区域合作、优化产业布局、拓展对内对外开放新空间的大布局，是实现先富帮后富、最终实现共同富裕目标的大举措，必须认清形势、聚焦精准、深化帮扶、确保实效，切实提高工作水平，全面打赢脱贫攻坚战。

表 5-1　调整后确定的新的东西扶贫协作结对关系

北京市——内蒙古自治区
天津市——甘肃省
辽宁省——青海省
上海市——云南省
江苏省——陕西省
浙江省——四川省
福建省——宁夏回族自治区
山东省——重庆市
广东省——广西壮族自治区
大连、青岛、深圳、宁波市——贵州省
厦门市——甘肃省临夏回族自治州
珠海市——四川省凉山彝族自治州

三、军队和武警参与扶贫：军民共建、助力扶贫

军队和武警扶贫是扶贫开发的一支重要力量，也是社会扶贫的一个重要方面。早在 1987 年，中国人民解放军总政治部就军队开展扶贫济困工作专门做出安排部署。三十多年来，军队和武警部队始终紧紧围绕国家扶贫开发总体规划部署，按照就地就近、量力而行、发挥优势、有所作为，突出重点、务求实效的原则，充分发挥组织严密、突击力强和人才、科技、装备等优势，把地方所需、群众所盼与部队所能结合起来，把扶贫开发与军民共建有机结合起来，因

地制宜参与地方扶贫开发，实现军地优势互补，为改变贫困地区面貌、帮助贫困人口脱贫致富做出了重要贡献。同时，通过扶贫济困进一步密切了新形势下的军民关系，为各行各业、社会各界参与扶贫开发做出了榜样。

从内容上来看，军队和武警部队根据国家和驻地扶贫开发总体规划，发挥优势，主动作为，积极参与实施定点扶贫和整村推进扶贫，支援农田水利、乡村道路、小流域治理等农业农村基础设施建设，并开展捐资助学、科技服务和医疗帮扶等活动。特别是党的十八大以来，全军和武警部队充分发挥自身优势，深入扎实做好扶贫开发工作，为促进贫困群众脱贫致富和贫困地区经济社会发展做出了积极贡献。截至 2017 年底，全军部队已确定定点帮扶贫困村 3500 多个，助力 20 多万贫困户、40 多万贫困人口加快脱贫步伐，因地制宜实施特色产业扶持、基础设施援建、教育和医疗帮扶等多种形式的帮扶行动。国防动员系统先后分片区召开脱贫攻坚部署会，专题研究相关地区扶贫帮困特点规律。西部、北部、中部地区的省军区普遍成立驻村工作队，实施扶贫项目 6000 多个，接续助学 10000 多名贫困学生。武警部队 2016 年投入数百万元用于道路、水渠等重点民生工程建设，完成扶贫项目 100 多个，持续援建"爱民学校""春蕾女童班"200 多个。

四、企业和社会各界参与扶贫：全员参与、奉献爱心

企业和社会各界参与扶贫，是指通过政府引导和支持，企业和社会各界自愿利用自身资源，以多种形式参与到扶贫开发工作中，为贫困地区经济社会发展和贫困人口脱贫致富贡献力量。将社会各界包括发展活力最强的企业与发展需求最迫切的贫困群体有效对接，是实现贫困地区脱贫致富的一个重要途径，也是当前和今后推进社会扶贫的一个重点方向。

从内容上看，企业和社会各界在参与扶贫中将农村产业开发、基础设施建设、社会事业发展和人力资源开发作为重点领域，创造和积累了许多成功的经验和做法，如定点对口长期援助、村企合作开展扶贫、农业产业化带动扶贫、慈善捐助参与扶贫等。一方面，市场通过"看不见的手"进行宏观调控和指挥，引导贫困地区经济发展，通过经济增长惠及贫困人口脱贫受益。另一方面，社会组织作为中国社会主义现代化建设的重要力量，以其灵活、高效的优势参与特殊贫困地区及特殊贫困人口的扶贫开发与社会救助，不仅能够依靠自身资源和技术优势促进贫困地区特色产业发展和项目实施，也具有强大的资源动员能力，能够凝聚更广泛的社会力量参与扶贫开发。

企业和社会各界广泛参与扶贫不仅是社会主义核心价值观的体

现，同时也是社会扶贫的重点创新部分。特别是进入 21 世纪以来，
国家开始注重动员民营企业参与扶贫开发，并进一步鼓励社会组织、
社会公众参与贫困地区扶贫开发。2014 年，国务院办公厅印发《关于
进一步动员社会各方面力量参与扶贫开发的意见》，充分肯定了社
会组织参与扶贫的作用和巨大发展潜力，明确社会组织是扶贫开
发的重要主体之一，并对社会组织参与扶贫开发提出许多具体要
求，制定了相应的支持保障措施。此外，国家近年来进一步鼓励
和推动社会主体参与扶贫开发工作，2014 年，国家开始设立扶贫
日，将每年的 10 月 17 日作为国家扶贫日，号召社会各界参与扶贫
开发行动，同时开设中国社会扶贫网，设立全国脱贫攻坚奖，让
参与扶贫工作的社会主体在政治上有荣誉、事业上有发展、社会
上受尊重。

表 5-2　社会各界发起参与的扶贫项目

共青团中央——大学生志愿服务西部计划暨中国青年志愿者研究生支教团
全国妇联——母亲水窖、春蕾计划
中国残联——农村贫困残疾人危房改造项目
中国青少年基金会——希望工程
中国人口福利基金会——幸福工程
全国工商联——光彩事业
中国扶贫基金会——小额信贷、新长城自强项目、爱心包裹
中国扶贫开发协会——山西长治治水项目
中国光彩事业促进会——光彩扶贫工程

05

合力攻坚：大扶贫格局的重要意义

　　贫困问题的复杂性与多维面向决定了贫困治理是一项系统性工程，不仅涉及贫困地区和贫困人口经济、社会、文化等多个层面的持续改善，也涉及政府、市场、社会等多元主体的参与和互动。中华人民共和国成立70年来，中国扶贫开发取得了显著成效，并在此过程中走出了一条政府主导、社会参与、自力更生、开发扶贫的中国特色扶贫开发道路。特别是党的十八大以来，中央政府高度重视农村贫困问题的解决，推动实施精准扶贫精准脱贫方略，坚持构建专项扶贫、行业扶贫、社会扶贫"三位一体"大扶贫工作格局，推进实施定点扶贫、东西部扶贫协作以及部队、军警、民营企业、社会组织参与的社会扶贫，充分发挥中国特色社会主义的政治优势和制度优势，引入非政府力量参与精准脱贫，打破政府、市场与社会之间的隔阂，为夯实脱贫攻坚成效、推动实现整体性脱贫奠定了坚实基础，也进一步丰富了中国特色扶贫开发理论模式，为推动世界范围内的减贫发展提供了积极的经验借鉴。

一、达成一种共识：大扶贫格局是卓有成效的减贫策略

打破政府、市场与社会之间的隔阂，消除政府主导扶贫的传统观念，坚持引入非政府力量参与精准脱贫，是夯实脱贫攻坚成效的正确选择，也是中国实现整体性脱贫的必然要求。国家主导的扶贫开发在资源、政策及扶贫动员宣传方面投入了巨大的人力、物力、财力资源；市场则通过"看不见的手"进行宏观调控和指挥，引导贫困地区经济发展，通过经济增长惠及贫困人口脱贫受益；社会组织以其灵活、高效的优势参与特殊贫困地区及特殊贫困人口的扶贫开发与社会救助。政府、市场、社会力量相互结合、相辅相成，共同促进贫困地区发展以及贫困人口脱贫致富，成为中国特色扶贫开发道路的重要经验之一。

实际上，中国政府自20世纪80年代正式开启有组织、有计划、大规模的扶贫开发，与之相伴的是改革开放推进以及农村经济体制改革全面展开，经济增长惠及贫困地区贫困人口，市场主体与政府一道汇聚起扶贫开发的合力，也开启了中国大扶贫格局的构建历程。2005年，党的十六届五中全会召开，提出建设"社会主义新农村"，要求统筹经济社会发展，推进现代化农业建设，全面深化农村改革，大力发展农村公共事业，千方百计增加农民收入。在此思想指导下，广大贫困地区形成了以扶贫开发为载体，吸收政府、市场和社会的力量共同促进教育、文化、医疗卫生、社会保障等公共民生工程联

动发展的局面。2011 年，在中国进一步扩大对外开放程度以及国内市场经济发展加快、各地区联系日益密切以及扶贫模式亟待创新的新形势下，《中国农村扶贫开发纲要（2011—2020）》指出，继续坚持"政府主导，分级负责""部门协作，合力推进""社会帮扶，共同致富"的工作原则，结合社会主义市场经济的发展新要求，创新扶贫工作机制，广泛动员社会各界参与扶贫开发，中国的大扶贫格局日趋显现。①

经过 70 年的实践检验，坚持大扶贫格局成为一种共识，也成为中国特色扶贫开发道路模式的重要经验。党的十九大报告强调，要动员全党全国全社会力量，坚持大扶贫格局，注重扶贫同扶志、扶智相结合，深入实施东西部扶贫协作。新时代新形势下，面对脱贫攻坚中最难啃的"硬骨头"，必须凝聚起强大的扶贫工作合力，坚持推进大扶贫格局是精准扶贫、精准脱贫工作的必要要求，是打赢脱贫攻坚战的重要理论武器，符合中国当前脱贫攻坚决胜阶段的实际情况，具有重要的理论和现实意义。

二、形成一种常态：人人可为人人有为的扶贫开发

党的十八大以来，习近平总书记站在全面建成小康社会、实现中华民族伟大复兴中国梦的战略高度，把脱贫攻坚摆到治国理政突

① 龚毓烨：《新时代下大扶贫格局的构建》，载《党政干部学刊》，2008（9）。

出位置，激励全党全社会进一步行动起来，激励贫困地区广大干部群众进一步行动起来，形成社会扶贫人人皆愿为、人人皆可为、人人皆能为的大扶贫格局，不断凝聚扶贫合力，夺取脱贫攻坚战的新胜利。

2017 年，国务院扶贫办主任刘永富在全国两会上回答中外记者提问时表示，在习近平总书记亲自领导下，全党全社会合力攻坚，创造了中国减贫史上的最好成绩，在 5 年的时间里减少了 6853 万贫困人口。可以说，中国脱贫成绩的不断取得，离不开各级政府、企事业单位和全社会的共同参与，特别是精准扶贫、精准脱贫方略实施以来，政府主导、部门支持、全社会共同参与的大扶贫格局在凝聚脱贫攻坚合力方面发挥了重要作用。

就专项扶贫来看，中国开始有组织、有计划、大规模开展农村扶贫开发工作以来，财政专项扶贫资金呈现稳步增长的态势。据统计，自 1980 年设立支援经济不发达地区发展资金至 1984 年，中央财政累计安排扶贫资金 29.8 亿元，年均增长 11.76%；1985—1993 年，中央财政累计安排扶贫资金 201.27 亿元，年均增长 16.91%；《国家八七扶贫攻坚计划》实施阶段，中央财政累计安排财政扶贫资金约 531.81 亿元，年均增长 9.81%；《中国农村扶贫开发纲要（2001—2010 年）》实施阶段，中央财政累计安排财政专项扶贫资金约 1440.34 亿元，年均增长 9.3%；2011—2015 年，中央财政累计安排财政专项扶贫资金约 1898.22 亿元，年均增长 14.5%。全面推进脱贫攻坚工程启动后，财政专项扶贫资金的投入力度逐渐增大。2016年全国财政专项扶贫资金投入超过 1000 亿元；2017 年中央和地方财政专项扶贫资金规模超过 1400 亿元。与此同时，国家出台了一系列政策，不断强化财政扶贫的投入和财政扶贫资金的管理。同时优化财政涉农资金供给机制，支持贫困县统筹整合使用财政涉农资金；突出财政扶贫工作重点，促进扶贫资金精准使用；实行严格的监督考核，确保财政资金安全有效使用。

就东西部扶贫协作而言，国家通过出台各项措施、意见，进一步优化了结对关系，帮扶责任更加清晰明确。省际结对帮扶层面实现了对 30 个民族自治州结对帮扶的全覆盖，加强了对云南、四川、甘肃、青海等西部深度贫困市州的帮扶力量，落实了北京、天津与河北的扶贫协作任务，体现了对深度贫困地区的特殊帮扶。同时进一步推进县乡村结对帮扶，东部 267 个经济较发达县与西部 434 个贫困县开展携手奔小康行动。在帮扶力量上，资金支持明显增加。2016 年东部各省市财政援助资金近 30 亿元，比 2015 年翻了一番；2017 年以来投入资金额继续增加。同时，人才支援不断强化，协作双方互派近千名优秀干部挂职锻炼，特别是对扶贫协作地区教育、科技、医疗卫生等领域的人才支持力度也不断加大。

金融和资本市场也为中国脱贫攻坚贡献了积极力量。据证监会统计，已有 591 家上市公司披露了扶贫工作情况，投入资金总额超过了 210 亿元，帮助约 41 万建档立卡贫困户人口脱贫。其中产业扶贫项目投入 110 亿元，帮助 17 万建档立卡人口实现脱贫。与此同时，旅游、教育、生态、住房、医疗等各部门及地方还在持续发力。①

　　政府主导、社会参与是中国扶贫开发道路的突出特点，也是中国特色社会主义政治优势和制度优越性的重要体现。新时期脱贫攻坚阶段，专项扶贫、行业扶贫、社会扶贫"三位一体"，政府、市场、社会协同参与的大扶贫格局，有力拓展了脱贫攻坚的资源总量，凝聚起全党全社会有序参与脱贫攻坚的巨大合力。

---

① 《中央财政五年投入专项扶贫资金 2800 亿》，载《中国经营报》，2018 年 3 月 12 日第 23 版。

06 第六章

扶贫脱贫模式

　　党的十八大以来，以习近平同志为核心的党中央高度重视扶贫开发工作，将打赢脱贫攻坚战纳入"五位一体"的总体布局和"四个全面"的战略布局，以前所未有的力度有力推进。党的十八届五中全会提出了全面建成小康社会新的目标要求，明确提出"到 2020 年我国现行标准下农村贫困人口实现脱贫，贫困县全部摘帽，解决区域性整体贫困"。党的十九大明确把精准脱贫作为决胜全面建成小康社会必须打好的三大攻坚战之一，做出了总体部署，提出要"确保到 2020 年我国现行标准下农村贫困人口实现脱贫，贫困县全部摘帽，解决区域性整体贫困，做到脱真贫、真脱贫"。

　　在党中央的集体领导下，各省各地积极探索出一大批行之有效的扶贫脱贫模式，包括产业扶贫模式、就业扶贫模式、易地搬迁扶贫模式、生态扶贫模式、教育扶贫模式、健康扶贫模式、金融扶贫模式、科技扶贫模式、光伏扶贫模式、电商扶贫模式、资产收益扶贫模式和旅游扶贫模式等。这些扶贫脱贫模式在打赢脱贫攻坚战的过程中发挥着积极的作用，成为我国脱贫攻坚体系的重要组成部分。其中，产业扶贫充分利用当地的有效资源，以产业推动当地经济的可持续发展，夯实了地方脱贫的经济基础；教育扶贫通过大力发展教育事业，激发贫困户的内生动力，提升贫困户的综合素质，是阻断贫困代际传递的根本之策；生态扶贫通过实施生态保护、生态工程修复和发展生态产业，在促进贫困户脱贫增收的同时也极大改善了贫困户的生存环境，在我国脱贫攻坚体系中占据着越来越重要的位置；健康扶贫通过对于贫困人口建档立卡、分类救治、重点救助等措施有效防止贫困人口因病致贫、因病返贫，确保为我国的脱贫攻坚工作画上一个完美的句号。产业扶贫模式、教育扶贫模式、生态扶贫模式、教育扶贫模式四种扶贫模式在我国脱贫攻坚体系中占据着重要位置的同时又各具特色，本章将简要介绍这四种扶贫模式。

01
发展生产：特色产业促脱贫

一、产业扶贫模式的基本内涵

习近平总书记从政几十年，曾多次阐释产业扶贫的基本内涵。1988 年，习近平同志初任福建宁德地委书记时就提出："要有比较明确的脱贫手段，无论是种植、养殖还是加工业，都要推广'一村一品'。"①"一村一品"战略就是要培育和发展当地主导产业、通过特色经营和规模经营来实现农户脱贫。习近平同志在浙江主政期间也提出要"授人以渔"实现产业扶贫，指出要通过发展高效生态农业、休闲观光农业、农副产品加工、绿色养殖等依托当地资源禀赋的产业化来实现浙江欠发达地区快速发展和贫困人口脱贫致富。产业扶贫的成功实践使浙江成为全国第一个全面脱贫的省份。调任中央后，习近平同志也多次强调产业扶贫在扶贫工作中的重要性，更是将其摆在脱贫攻坚"五个一批"的首要位置，并特别指出："要扶持生产和

---

① 习近平：《摆脱贫困》，6 页，福州，福建人民出版社，1992。

就业发展一批，带动一批人群脱贫致富。特别是对有劳动能力、可通过生产和务工实现脱贫的贫困人口，要加大产业培育扶持和就业帮助力度，因地制宜多发展一些贫困人口参与度高的区域特色产业，扩大转移就业培训和就业对接服务，使这部分人通过发展生产和外出务工实现稳定脱贫。"从习近平总书记的讲话精神和实践经验，我们可以归纳出产业扶贫的内涵：产业扶贫是指以贫困地区的资源禀赋为前提，市场需求为导向，产业发展为抓手，外部扶贫力量为依托，通过科学确立产业扶贫项目，有效投入技术、信息、资本、土地、劳动等要素，进行产业培育和发展，从而促进贫困地区经济发展和贫困人口收入增加，实现脱贫致富的过程。其中技术、信息和资本等要素大部分为外部投入，土地和劳动等要素在同等条件下则必须满足贫困户优先投入，这是保障贫困户获得经营性和工资性收入的重要前提。

产业扶贫的发展历经三个阶段：

第一阶段是产业扶贫的源起和发展阶段。1984 年，我国启动了"三西建设"工程，标志着我国正式进入大规模的扶贫开发阶段。从1984 年到1994 年"八七攻坚计划"颁布期间，产业扶贫的概念比较模糊，贫困地区的产业发展主要依靠农村集体经济带动，直到 1993 年，"中国扶贫开发协会"在民政部登记成立，作为国务院扶贫开发领导小组办公室主管的扶贫领域的全国性社团组织，其组织章程中业务范围内专门列了产业扶贫，并将产业扶贫定义为"动员和引导会员企业和社会各界力量，在贫困地区开展产业扶贫开发"。1994 年颁布的《国家八七扶贫攻坚计划（1994—2000 年）》坚持扶持与开发并重，文件中第一条、第二条扶贫开发的基本途径可以被认定为属于产业扶贫的途径。第一条途径为："重点发展投资少、见效快、覆盖广、效益高、有助于直接解决群众温饱问题的种植业、养殖业和相关的加工业、运销业。"第二条途径为："积极发展能够充分发挥贫困地区资源优势、又能大量安排贫困户劳动力就业的资源开发型和劳动密集型的乡镇企业。"《国家八七扶贫攻坚计划（1994—2000 年）》指出了扶贫开发的七个主要形式，其中前三个应当属于产业扶贫范畴。文件规定，扶贫开发要"依托资源优势，按照市场需求，开发有竞争力的名特稀优产品。实行统一规划，组织千家万户连片发展，专业化生产，逐步形成一定规模的商品生产基地或区域性的支柱产业"。从《国家八七扶贫攻坚计划（1994—2000 年）》指出的扶贫开发的主要途径和主要形式可以看出，国家在扶贫开发的过程中开始引入市场力量，尝试通过产业发展来解决贫困问题，这标志着我国的产业扶贫进入发展阶段。1997 年 7 月，国务院颁布《国家扶贫资金管理办法》，其中第十条明确规定："实施扶贫项目应当以贫困户为对象，以解决温饱为目标，以有助于直接提高贫困户收入的产业为主要内容。"办法的出台标志着我国正式将产业扶贫纳入扶贫开发的更高层面，并且尝试着进一步规范产业扶贫。

第二阶段是产业扶贫的提出与推进阶段。2001 年，中共中央、

国务院印发《中国农村扶贫开发纲要（2001—2010）》，普遍认为在这
份文件中产业扶贫的概念在我国被正式提出。《中国农村扶贫开发纲
要（2001—2010）》的第十四条明确指出要"积极推进农业产业化经
营"，要"对具有资源优势和市场需求的农产品生产，要按照产业化
发展方向，连片规划建设，形成有特色的区域性主导产业"。文件的
出台进一步明确了产业扶贫的整体思路和推进路径，产业扶贫借助
着农业产业化，在我国的扶贫开发体系中占据着更重要的地位。
2011年，中共中央、国务院印发《中国农村扶贫开发纲要（2011—
2020）》，"产业扶贫"的概念以及产业扶贫发展的方向和路径在这个
文件里进一步被明确，文件的第十六条明确指出，要"充分发挥贫困
地区生态环境和自然资源优势，推广先进实用技术，培植壮大特色
支柱产业，大力推进旅游扶贫"。2012年国务院扶贫办、农业部、林
业局、旅游局四家单位联合下发了《关于集中连片特殊困难地区产业
扶贫规划编制工作的指导意见》，该指导意见明确要求各有关省区在
编制集中连片特殊困难地区的时候必须编制产业扶贫规划，明确提
出每个片区县用于产业发展的扶贫资金要占财政专项扶贫资金的
70%以上。至此，产业扶贫在中央决策层面得到了足够的重视，也
预示着接下来产业扶贫的大发展。

　　第三阶段是产业精准扶贫阶段。精准扶贫是指针对不同贫困区
域环境、不同贫困农户状况，运用科学有效程序对扶贫对象实施精
确识别、精确帮扶、精确管理的治贫方式。精准扶贫战略思想发展

和完善经历了一个较长的阶段，产业扶贫模式的完善和发展是与之相随的，并逐渐成为我国扶贫开发体系中非常重要的一部分。2013年11月，习近平总书记在湖南湘西考察时指出："扶贫要实事求是，因地制宜。要精准扶贫，切忌喊口号，也不要定好高骛远的目标。"①基于此思想，2013年12月，中共中央办公厅、国务院办公厅发布《关于创新机制扎实推进农村扶贫开发工作的意见》（又称"25号文"），把扶贫开发的工作机制创新摆到了更加重要、更为突出的位置。"25号文"将"特色产业增收工作"列入十项重点工作之中，提出要"积极培育贫困地区农民合作组织，提高贫困户在产业发展中的组织程度。鼓励企业从事农业产业化经营，发挥龙头企业带动作用，探索企业与贫困农户建立利益联结机制，促进贫困农户稳步增收"。"25号文"中分阶段明确了产业扶贫的目标，指出"到2020年，初步构建特色支柱产业体系"。

二、产业扶贫模式的实现路径

产业扶贫作为扶贫之基、强域之本、致富之源，是区域实现发展、贫困人口实现可持续发展和稳定增收的重要路径。例如，大别山片区坚持把产业扶贫作为"五个一批"的核心举措，在推进产业扶

---

① 《习近平：扶贫切忌喊口号》，2013年11月3日，新华网，http://news. xinhuanet. com/politics/2013 - 11/03/c_117984312. htm。

贫过程中，注重发挥多元主体的带动力量，致力于延长产业链，推进产业结构升级，以构建现代产业体系，同时积极探索产业扶贫的新模式，为区域经济发展和贫困人口脱贫致富奠定了基础。

（一）发展多元主体，带动贫困户脱贫致富

1. 注重多元主体共同带动贫困户发展，发挥各主体优势

其一，着力推广"政府＋市场主体＋银行＋保险＋贫困户"的"五位一体"产业扶贫模式：由政府出台精准扶贫政策，提供贷款贴息和扶持资金；市场主体为贫困户发展产业提供"一条龙"服务；银行按政府贷款风险基金扩大比例发放贷款；保险公司在风险发生时，为贫困户、市场主体和银行提供保险保障；贫困户按照政府要求发展产业，最终实现贫困户脱贫致富。"五位一体"的产业扶贫模式实现了政府引导、市场化运作、金融保险支持，以及贫困户的有效参与之间的有机结合。

其二，充分发挥新型经营主体的带动作用，探索"四带一自"产业扶贫模式。"四带"即各类园区带动、龙头企业带动、农民合作社带动、能人大户（家庭农场）带动；"一自"即贫困群众自种自养，发展特色种养业。这种模式积极帮助搭建贫困户与新型经营主体间的利益链接机制，通过吸纳就业、技术指导、统购统销等方式带动贫困户从事特色种养业，帮助贫困户规避自然风险、市场风险，实现稳定增收。

2. 注重群创产业发展，依托经济合作组织因户、因人、因地带领群众抱团发展产业增收

具体做法为坚持以利益为纽带、以合作为方式，大力发展农村合作社等合作经济组织。合作经济组织的发展有效助力产业扶贫：

一是能带动产业发展。以农村土地承包经营权确权登记颁证为契机，鼓励合作经济组织发展多种形式的适度规模经营，着力解决"大市场"与"小田块"之间的矛盾，实现农村土地集约高效利用。依托各类合作经济组织大力发展粮油、茶叶、油茶、中药材、食用菌等种植基地，积极推广标准化、机械化、无害化生产，着力提升农业产业化水平。鼓励农村合作经济组织创建自主品牌，统一生产、统一服务、统一包装、统一品牌、统一销售，提高产品市场竞争力。

二是能带动农民增收。通过探索"龙头企业+合作社+贫困户"的"产业树"扶贫模式，把千家万户的自主经营转变为有组织、有分工、有合作的产业化经营，形成完整产业链，结成利益共同体，提升产业支撑能力。鼓励合作经济组织通过资产入股、吸纳务工等方式带动贫困户发展，增加贫困户的投资性收入、经营性收入和工资性收入，实现脱贫有保障。

三是能带动产业融合。充分发挥合作经济组织纽带作用，在产前积极发展设施农业、高效农业、观光农业、创意农业和乡村旅游业；在产中开展新型职业农民培训，提供物资、技术、农机、信息等生产性服务；在产后办企业，开展农产品深加工、仓储物流、分

级包装等，通过与农村电商合作，实现产供销、农工贸一体化，推动产业融合发展。

（二）延长产业链，构建现代化产业体系

由于传统产业面临着产品单一、产品附加值低、市场风险高等困境，因而在产业的扶持和规划中，需要突出市场对产品的需求，增加产品附加值，拓宽市场销路，形成生产、加工、供销一条龙的完整产业链，从而推进农业结构调整，逐步实现三产融合。各省在推进产业扶贫过程中，注重产业链的建设，致力于推进三产融合发展，以实现产业结构的升级和现代产业体系的构建。具体做法包括，在大规模农业原材料生产基地基础上，引进原料深加工公司，构建线上、线下销售网络以保证销售渠道畅通。同时，通过吸纳就业、资产入股、土地租金、绩效考评等方式将贫困户有效联结到产业链中，以此带动贫困户稳定增收脱贫。

（三）积极探索产业扶贫新模式

各省积极探索光伏扶贫、资产收益扶贫等产业扶贫新模式。在光伏扶贫方面，按照"政府引导、贫困户参与、政策扶持、市场运作"的思路，坚持"贫困户自愿、贫困户受益"的原则，探索了一条符合脱贫需要的光伏扶贫发展模式。

三、我国产业扶贫模式的经验和启示

党的十八届五中全会提出了到 2020 年现行标准下农村贫困人口

实现脱贫、全面建成小康社会的宏伟目标。精准扶贫成为实现这一宏伟目标的基本方略，在这个过程中，产业扶贫逐渐成为我国脱贫攻坚的重要目标内容和实现路径，十八大以来产业扶贫模式的探索丰富了中国特色扶贫理论和政策体系。

（一）产业扶贫要回应当前"乡村空心化"的问题

自20世纪90年代开始，随着城市化进程的加快，我国乡村的空心化现象随之出现，这也引起了政府部门和相关学者的高度关注。"乡村空心化"问题既是我国当前乡村发展面临的难点，也是探索破解"三农"问题的关键。一般认为，从空间角度所说的乡村空心化是在我国特有的城市化过程中发生的，在农业经济和就业结构发生转变、城市化严重滞后于非农化的条件下，由快速的村庄建设活动与落后的规划管理之间的矛盾引起的，村庄外围粗放发展而村庄内部衰败的空间形态的分异。乡村空心化既表现为一种空间现象，同时也是一种社会现象，本质上是乡村地域的经济社会功能的整体退化。"乡村空心化"主要有三种表现形式：

一是乡村人口的空心化。改革开放以来，我国农村人口呈现出候鸟般的迁移状态，受户籍制度等因素的影响，进城农民难以转变为真正意义上的城市居民，他们将其在农村的老房旧屋保留下来，而自己像候鸟一样往返于乡村和城市之间。

二是乡村空间形态的空心化。随着农宅与村庄地理中心距离的加大，房屋质量水平通常呈现递增的状态，村庄内部常有较多的闲置老式破旧农宅，而新建楼房通常建于村庄外围，这就加剧了乡村空间形态的空心化。此外，某些重要交通线开通等因素，有时也会在促使新村落快速形成的同时，加快原有村落的空心化速度。

三是乡村基础设施和公共服务的空心化。大多空心村的基础设施普遍不能满足村民的日常需求，村庄内部道路交通多以土路为主，且多曲折狭窄，通行不便；空心村内部的科技文化活动场所、健身器材、娱乐设施等严重不足，教育、科技、医疗等公共服务供给滞后。这些都进一步加剧了村庄的人口空心化和形态空心化。

上述问题的存在，是当前阻碍我国农村发展的障碍所在，产业扶贫必须正视这些问题的存在，有针对性地选择产业，制定政策，做到产业扶贫与农村社会发展的密切关联。

（二）产业扶贫要着眼于当前农村农业改革大局

2014年1月19日，中共中央、国务院发布《关于全面深化农村改革加快推进农业现代化的若干意见》，意见指出："全面深化农村改革，要坚持社会主义市场经济改革方向，处理好政府和市场的关系，激发农村经济社会活力；要鼓励探索创新，在明确底线的前提下，支持地方先行先试，尊重农民群众实践创造；要因地制宜、循序渐进，不搞'一刀切'、不追求一步到位，允许采取差异性、过渡性的制度和政策安排；要城乡统筹联动，赋予农民更多财产权利，推进城乡要素平等交换和公共资源均衡配置，让农民平等参与现代

化进程、共同分享现代化成果。"①意见认为，全面深化农村改革需
要从完善国家粮食安全保障体系、强化农业支持保护制度、建立农
业可持续发展长效机制、深化农村土地制度改革、构建新型农业经
营体系、加快农村金融制度创新、健全城乡发展一体化体制机制和
改善乡村治理机制等方面入手。2015 年 11 月，中共中央办公厅、国
务院办公厅印发《深化农村改革综合性实施方案》，方案明确指出：
"全面深化农村改革涉及经济、政治、文化、社会、生态文明和基层
党建等领域，涉及农村多种所有制经济主体。当前和今后一个时期，
深化农村改革要聚焦农村集体产权制度、农业经营制度、农业支持
保护制度、城乡发展一体化体制机制和农村社会治理制度等五大领
域。"从时间序列上而言，精准扶贫的深入开展与全面深化农村改革
保持一致性，这既是产业精准扶贫开展的契机，同时又是难点。产
业精准扶贫的开展与推进需要与全面深化农村改革双向联动，这样
才能产生应有的效益。从一定意义上而言，农业产业化、农民职业
化、农村社区化，既是当前我国全面深化农村改革的目标所在，又
是我国农村社会的发展趋势。在推进产业精准扶贫的过程中，我们
既要将之作为产业精准扶贫的重要依托和支柱，又要将之列为产业
精准扶贫的目标所在，唯有如此，产业精准扶贫才能达到有效性、
安全性、益贫性及长久性的效果。

---

① 《十八大以来重要文献选编》上，702～703 页，北京，中央文献出版社，2014。

（三）产业扶贫要精选产业

当前，大力推进产业扶贫，扶贫项目产业化已经成为脱贫攻坚战的共识，产业扶贫成为精准扶贫精准脱贫的重要举措，成为脱贫攻坚的重要模式之一。产业扶贫的关键是通过发展产业，让贫困户真正融入产业链中，培育他们的持续增收能力，否则，扶贫政策一旦取消，贫困户很容易返贫。产业精准扶贫的关键就是因地制宜，精准选择产业方向，避免在产业选择时出现大规模的"趋同化"。在产业扶贫的项目选择、品种选择、实施方式等方面，要充分发挥市场决定性作用，政府相关部门也要给予技术和信息指导。产业扶贫是一项长期性工作，要建立稳定的扶贫治理机制以避免扶贫的简单化和短期化，应该给予更多的政策倾斜和关照，要把单向的帮扶输出变为双方的互利合作，使扶贫产业能够以市场为导向发展壮大，实现企业发展与贫困户增收的共赢。

（四）产业扶贫要与乡村振兴战略相衔接

党的十九大报告明确提出要"实施乡村振兴战略"，指出"要坚持农业农村优先发展，按照产业兴旺、生态宜居、乡风文明、治理有效、生活富裕的总要求，建立健全城乡融合发展体制机制和政策体系，加快推进农业农村现代化"[①]。2018 年 1 月，中共中央、国务院

[①]　习近平：《决胜全面建成小康社会　夺取新时代中国特色社会主义伟大胜利——在中国共产党第十九次全国代表大会上的报告》，32 页，北京，人民出版社，2017。

颁布《关于实施乡村振兴战略的意见》，明确指出"乡村振兴，产业兴旺是重点"，提出要从"夯实农业生产能力基础、实施质量兴农战略、构建农村一二三产业融合发展体系、构建农业对外开放新格局、促进小农户和现代农业发展有机衔接"五个方面出发，提升农业发展质量，培育乡村发展新动能。这与脱贫攻坚时期的产业扶贫不谋而合。2018 年 6 月 15 日发布的《关于打赢脱贫攻坚战三年行动的指导意见》指出，要"统筹衔接脱贫攻坚与乡村振兴""脱贫攻坚期内，贫困地区乡村振兴主要任务是脱贫攻坚。乡村振兴相关支持政策要优先向贫困地区倾斜，补齐基础设施和基本公共服务短板，以乡村振兴巩固脱贫成果"。

四、产业扶贫模式的典型案例：蕲艾产业

（一）蕲艾产业发展现状

自 2013 年以来，蕲春县委、县政府打特色牌，走特色路，科学提出"打造中国健康产业发展示范县"，通过大力实施"药旅联动"战略，高举高打李时珍品牌，高位推进大健康产业，并把蕲艾产业作为大健康产业发展的突破口，做到领导向蕲艾产业集中、要素向蕲艾产业倾斜、政策向蕲艾产业聚集，由此拉开了蕲艾产业的发展序幕。经过短短几年坚持不懈的发展，蕲艾产业实现了由小到大、由无序到有序、由单产品开发到全产业链发展的飞跃，蕲艾已由一棵无人问津的小草，蝶变成为一个大产业。

一是蕲艾种植增速迅猛。通过大力推行中药材生产（乡镇）书记工程、村长工程、（企业）老板工程，蕲艾基地建设出现了一批新亮点。截至目前，全县蕲艾种植面积从 2015 年的 2 万亩发展到现在的18 万亩。专业合作社 65 个，100 亩以上连片蕲艾种植基地 246 个，种植面积在 500 亩以上的蕲艾种植基地 18 个，1000 亩以上的 12 个，3000—5000 亩的 3 个，5000 亩以上的有 1 个。蕲州镇红门楼村近万亩的蕲艾园、赤东蕲艾种植基地和张榜蕲艾种植基地，已投资近亿元，成为全国闻名的蕲艾种植主产区。

二是实现品牌辐射效应。围绕"百亿产业、百年企业"目标，把蕲艾加工作为转型发展的增长极，实现了"蕲艾""李时珍""本草纲目"三个品牌强强联合发展。2017 年集团蕲艾产值达到 2.43 亿元，增长 64%；集团总产值突破 30 亿元，连续 5 年荣膺中国制药企业百强。2018 年，蕲艾以品牌强度 898 和品牌价值 81.57 亿元荣登区域品牌（地理标志产品类）第 46 名。

三是蕲艾企业井喷式发展。为了让蕲艾企业向规模化、标准化发展，促进产业提档升级，蕲艾企业纷纷加大投资，加强基础设施建设，扩大生产规模。目前，全县工商注册涉艾企业 1156 家，研发艾灸养生、洗浴保健、清洁喷雾、日用保健等艾产品 20 个系列近1000 个品种，形成了种植、收储、加工、研发、养生服务、电商、物流、培训产业链，拥有准、械、消、妆 15 个字号、专利产品145 个。

四是艾灸养生风生水起。全县发展全国艾灸加盟连锁170家，培训机构17家，发展艾灸养生馆(堂)品牌67家，品牌连锁加盟店1000多家，实现营业收入4856万元，涌现出了"千年艾""蕲艾堂"等一批遍布全国的品牌连锁养生馆(店)。

(二)主要做法

蕲艾产业运用"五个一批"带动全县7321户、18303人脱贫增收，为贫困户增加收入4597万元，平均户均增收6279元。蕲艾产业已形成种植、采收、加工、销售、应用等全产业链，在产业链的每一个环节上，农户都可以参与进来。将中医药与养生、文化、旅游、物流、会展等产业深度融合，形成医药农业和工业、医药文化旅游业、医药养生养老业等融于一体的大健康产业发展格局。全链布局发展的蕲艾产业使蕲春的精准扶贫工作有了新突破，成为农民脱贫致富的支柱产业。

1. 金融扶贫带动一批

县政府整合涉农资金1.3亿元设立产业精准扶贫发展基金，主要用于扶贫小额信贷风险补偿金、贫困户产业补贴到户资金、扶贫贷款贴息、贫困户小额贷款保费补贴、奖补参与精准扶贫的市场主体。通过"政府＋企业＋金融＋合作社＋贫困户"五位一体模式的金融精准扶贫体制与运行机制，带动贫困户脱贫增收，目前李时珍医药集团等艾草企业共带动4000多贫困户脱贫增收。

2. 种植基地带动一批

全县工商注册蕲艾种植专业合作社 135 家，基地面积 5.8 万亩，516 户贫困户，用土地入股 2100 亩，利用国家扶贫贷款 5000 万，贫困户分得红利 157 万。实施"六边"（屋边、田边、河边、渠边、湖边、路边）种植，实行"四全"（全订单种植、全保护价收购、全仿生态种植、收购网点全覆盖）经营方式，规范蕲艾种植和考核，全县中药材种植面积突破 40 万亩，其中蕲艾种植面积 16 万亩。

3. 务工就业带动一批

全县有 58 家蕲艾制品企业，优先、优酬、优岗收纳贫困户到企业务工 714 户，人均月收入 2700 元。

4. 在家代工带动一批

科技公司在全县实行艾产品代工，帮助不便离家的贫困户，使 900 多个贫困户在家就业脱贫。

5. 扶贫贷款入股带动一批

蕲春县蕲艾产业有 46 家，拉动 700 个贫困户的扶贫贷款 3500 万入股到市场主体，由市场主体优先支付贫困户股息 210 万元。

同时，在"万企帮万村"产业扶贫工作中，蕲艾企业积极担当、主动作为。据李时珍医药集团有限公司总工夏恒建介绍，集团开展扶贫工作的三条经验是：一是通过"政府＋企业＋金融＋合作社＋贫困户"五位一体模式，形成五方利益共同链。集团在全县范围遴选惠农中药材合作社、兴农中药材合作社等 5 个乡镇中药材生产合作社为产业扶贫协作单位。二是实施"3535"扶贫工程。集团依托政府提供的"3 金"政策（大别山产业发展基金、县域经济调度资金、产业扶贫贴息贷款），为签约合作社及贫困户提供"5 种支持"。（1）资金支持。集团通过银行扶贫贷款，为每个合作社和贫困户提供流动周转资金 10 万元至 200 万元不等，主要用于土地流转、贫困户务工、药材收购、运输等费用支出。（2）种苗支持。集团免费为合作社和贫困户提供种子种苗。（3）技术支持。集团免费为入社贫困户进行不定期技术培训和上门指导服务。（4）保障。贫困户种植的中药材由合作社按高于市场价 10％的价格收购，合作社收购的中药材由集团按市场保护价全数接收。（5）就业支持。集团为贫困户家庭符合条件的子女提供就业机会，月工资不低于 2200 元。三是通过合作社为入社贫困户提供"3 金"保障。即参与基地务工薪金、土地流转租金、入股分红股金，保证贫困户年均增收 5000 元以上，确保所帮扶的贫困户按期脱贫。

（三）经验总结

1. 选育优良品种

开展蕲艾品种选育，在蕲艾主产区开展资源普查，重点寻找裂片数为 9 或 7 的野生蕲艾，以之为良种母本，培育生物学特性明显、防变异、抗病虫害的种苗。对现有蕲艾品种进行提纯复壮，建设蕲艾良种母本园和良种繁育基地，保证蕲艾种苗基原纯正。力争到 2020 年，选育出桉油精（干艾叶桉油精含量不得少于 0.05％）、艾黄

酮、艾鞣酸等药用成分含量高、品质稳定、产量高的蕲艾品种 2—3
个，将其打造成全国知名国家地理标志保护产品品种，保持和发挥
蕲艾特有的药用、保健、美肤等功能。

2. 优化种植布局

开展蕲艾产地适宜性区划研究，按照有序、有效的原则，形成
以蕲春县为核心区，以黄梅、武穴、浠水、团风等县（市）为主体区，
辐射到黄州、红安、麻城、英山、罗田、龙感湖等县（市、区）的种
植布局。各地要按照蕲艾的特征特性，可在当年 10 月到次年 3 月间
栽植，选择海拔 500 米以下、黄棕壤土质、耕层厚度≥25cm、土壤
pH 值在 5.7—6.3 之间、土壤有机质含量≥1.0%，同时排水较好、
交通运输便利的地域，建设标准高、规模适度的蕲艾生产基地。

3. 推进绿色生产

加强蕲艾生产基地灌溉水、土壤质量监测和蕲艾生产投入品的
监管，确保产地环境质量安全。扩大蕲艾测土配方施肥技术应用面
积，大力推广有机肥替代化肥技术，支持引导农民和新型经营主体
施用有机肥。推进绿色防控病虫害，减少农药使用量，坚决禁止使
用高毒农药。实施蕲艾标准化行动计划，制定蕲艾种植、采集、贮
存和初加工的技术规范、标准。加强质量监管，建立从蕲艾种植、
收储、加工到销售全过程的质量安全可追溯平台，做到"来源可知，
去向可追，质量可查，责任可究"，不断提高蕲艾质量安全水平。

4. 培育市场主体

积极引导市民下乡、能人回乡和企业兴乡，培育壮大蕲艾产业市场主体，培育蕲艾种植大户，规范现有蕲艾专业合作组织的运行，按照农民自愿、利益连接、互利互惠的原则，引导组建蕲艾专业合作社和合作联社。加大招商引资力度，着力引进集蕲艾育苗、种植、生产、技术、加工、销售一条龙的产业化龙头企业。支持本地蕲艾加工企业加强合作，通过资产重组、抱团发展等方式，优化资源配置，培育壮大有竞争力的龙头企业。扶持一批省、市两级龙头企业+农户型的辐射带动能力强的蕲艾加工企业，发展一批蕲艾出口型加工企业。扶持企业积极争创省级著名商标和中国驰名商标、国家地理标志证明商标，积极申报蕲艾国家生态原产地保护产品。加快蕲艾区域公共品牌建设，提高品牌的知名度和影响力，加大蕲艾产品打假治劣力度，维护蕲艾产业健康发展。加强李时珍医药港建设，充分发挥功能，严格规范运行。

5. 完善经营机制

建立和完善各类市场主体利益联结激励机制，积极发展订单蕲艾，推行"企业+基地+农户""企业+基地+合作社+农户"等模式，促进蕲艾向适宜种植区域集中。争取国家中医药管理局对蕲艾进行道地药材认定。积极引导和鼓励社会资本投入，形成集聚区空间布局和蕲艾产业布局相结合、蕲艾产业优势与集聚区特色相协调、蕲艾产业与特色小镇建设相融合的发展体系，打造蕲艾一二三产业融合发展区。加大蕲艾科技创新、高新转化技术应用、先进技术和生产工艺推广力度，将其打造成集科研、种植、观光休闲于一体的现代农业科技示范园区。

02
教育扶贫：阻断贫困的代际传递

一、教育扶贫模式的基本内涵

　　教育扶贫就是通过在贫困地区大力发展教育事业，促进贫困地区居民综合素质的提高，激发贫困地区居民的内生动力，提升贫困地区居民的可持续脱贫能力，阻断贫困的代际传递。

　　十八大以来，教育部多项政策并举，全力推动政策落实，精准聚焦贫困地区的学校、教师、学生，启动实施教育扶贫全覆盖行动，先后组织实施了多项教育惠民政策措施，实现了贫困地区义务教育普及、学校基础设施建设、学生资助体系、教师队伍建设、民族教育发展、职业教育提升等领域的教育扶贫综合性覆盖。

　　伴随我国扶贫开发的历史进程，教育扶贫大致经历了如下发展阶段：

第一阶段，1949—1978 年救济式扶贫时期：普及工农教育。新中国成立后，我国的教育发展极度落后，城乡发展不平衡，小学入学率只有 20% 左右，80% 以上的成年人口是文盲。新中国成立初期，我国主要的教育发展战略是促进教育的普及，让更多的人接受教育。改革开放之前，全国农村基本形成了生产大队办小学，公社办中学，"区委会"办高中的农村教育格局，创造了"政府补贴＋公社公共经费分担"的全民办教育模式。尽管这种农村教育的发展对于教育质量的提高帮助甚微，但是极大地推动了我国教育的普及，也在一定程度上提升了人口的文化素质，有益于缓解农村贫困，初步体现了发展教育在扶贫过程中的作用和价值。

第二阶段，1979—1985 年农村经济改革推动减贫时期：普及初等教育与重点发展职业教育。十一届三中全会后，随着改革开放和农村经济的快速发展，农村贫困状况有了很大改善，贫困人口大幅度减少。但是，农村贫困人口的绝对数量仍然很大，贫困地区教育落后和人口素质低下仍然是主要的致贫原因之一。1984 年 9 月 30 日，中共中央、国务院发布《关于帮助贫困地区尽快改变面貌的通知》（以下简称《通知》），第一次将消除贫困作为一项特殊的政策提出来，标志着我国政府消除贫困正式行动的开始。在《通知》提出的五点具体措施中，非常明确地把增加智力投资作为其中一条重要措施，要求在贫困地区有条件地发展和普及初等教育，重点发展农村职业教育，加速培养适应山区开发的各种人才。这是我国政府文件中第一次明确提出教育扶贫。

第三阶段，1986—1993 年开发式扶贫时期：普及初等教育及农村实用技术培训与扫盲。1986 年 4 月，全国人大六届四次会议将扶持老、少、边、穷地区尽快摆脱经济文化落后状况作为一项重要内容，列入国民经济和社会发展"七五"计划，把提高人的素质和科技扶贫放在重要位置，在贫困地区实施"星火计划""丰收计划""温饱工程"和"燎原计划"等，普及初等教育，发展职业技术教育和成人教育，积极扫除青壮年文盲等。1993 年 9 月 22 日，国务院贫困地区经济开发领导小组正式更名为国务院扶贫开发领导小组，从组织上强化对扶贫工作的领导。

第四阶段，1994—2000 年国家八七扶贫攻坚时期：普及九年义务教育与扫除青壮年文盲。1994 年，《国家八七扶贫攻坚计划》颁布实施，明确提出要改变贫困地区教育文化卫生的落后状况；减免贫困户子女入学的学杂费，并在助学金上给予照顾；到 20 世纪末贫困地区要基本普及初等教育，积极扫除青壮年文盲；开展成人职业技术教育和技术培训；统筹实施农业综合开发、扶贫开发和"丰收计划""星火计划""燎原计划"等。1995—2000 年，政府开始实施第一期"国家贫困地区义务教育工程"，中央财政投入 39 亿元，地方财政配套 87 亿元，实施范围集中在 22 个省、自治区、直辖市及新疆生产建设兵团的 852 个贫困县，成为新中国成立以来中央级专项资金投入最多、规模最大的义务教育扶贫工程。与此同时，与收费改革体制相配套的奖学金、贷学金、勤工助学、特困生补助等配套政策也在不断地发展和完善。

第五阶段，2001—2012 年基本消除贫困时期：加强基础教育与普遍提高贫困人口受教育程度。2001 年，国务院印发《中国农村扶贫开发纲要(2001—2010 年)》，明确指出，要努力提高贫困地区群众的科技文化素质；切实加强基础教育，普遍提高贫困人口受教育的程度；实行农科教结合，普通教育、职业教育、成人教育统筹，有针对性地通过各类职业技术学校和各种不同类型的短期培训，增强农民掌握先进实用技术的能力。"十五"期间，中共中央、国务院继续实施第二期"国家贫困地区义务教育工程"。中央财政投入 50 亿元，地方财政配套 23.6 亿元，在中、西部 19 个省、自治区、市和新疆生产建设兵团的 522 个县级单位实施，共覆盖人口 1.24 亿，其中少数民族人口 0.49 亿，占总人数的 40%。中央专款的分配向西部地区倾斜，为西部地区安排的资金占到了中央专款的 90% 以上。

第六阶段，2012—2020 年精准扶贫时期：基本普及学前教育和高中教育与精准教育扶贫。党的十八大以来，中央提出了一系列扶贫开发的新思想、新论断、新要求，并明确提出"到 2020 年如期全部脱贫"的奋斗目标。2011 年 12 月，中共中央、国务院印发《中国农村扶贫开发纲要(2011—2020 年)》，提出了"到 2020 年，稳定实现扶贫对象不愁吃、不愁穿，保障其义务教育、基本医疗和住房"的总体目标。教育扶贫的主要任务是："到 2015 年，贫困地区学前三年教育毛入园率有较大提高；巩固提高九年义务教育水平；高中阶段教育毛入学率达到 80%；保持普通高中和中等职业学校招生规模大体相当；提高农村实用技术和劳动力转移培训水平；扫除青壮年文盲。到 2020 年，基本普及学前教育，义务教育水平进一步提高，普及高中阶段教育，加快发展远程继续教育和社区教育。"2015 年 11 月 29 日，《中共中央国务院关于打赢脱贫攻坚战的决定》发布，把扶贫开发工作作为重大政治任务，并把教育扶贫作为脱贫攻坚战的重要措施，要求"着力加强教育脱贫""让贫困家庭子女都能接受公平有质量的教育，阻断贫困代际传递"。2016 年 12 月 16 日，教育部等六部门联合印发《教育脱贫攻坚"十三五"规划》，提出了发展学前教育、巩固提高义务教育、普及高中阶段教育的奋斗目标，坚决打赢教育脱贫攻坚战。

二、教育扶贫模式的实现路径

教育扶贫是切断贫困的代际传递、促进贫困地区人力资源发展的最有效的方式。根据教育扶贫政策面向的主体不同，我们可以将教育扶贫分为面向学生、面向教师和面向学校的教育扶贫。

（一）面向学生的教育扶贫

扶贫工作的开展和扶贫政策的实施对象主要是学生群体。该项扶贫包含了从学前教育至高等教育的所有贫困学生，是教育扶贫的主要内容。面向学生的教育扶贫主要包括为学生提供学费减免、资金补助、增加入学机会、提供物质支持等。

(二)面向教师的教育扶贫

我国目前教育扶贫政策主要服务于两类教师群体，一类是乡村教师群体，另一类则是少数民族聚居区的教师群体。具体的扶贫措施主要是通过福利待遇的提高、政策的优待吸引一部分优秀教师向贫困乡村和少数民族地区流动，再就是通过对现有教师群体进行培训，提供对外交流机会，提高现有教师群体的综合素质。

(三)面向学校的教育扶贫

由于学校与教师在很大程度上是共生共存的，许多教育扶贫的政策中会同时面向教师和学校。面向学校的主要扶贫形式是增加财政投入，改善乡村学校和少数民族聚居地区的学校基础设施建设情况，促进教育发达地区和教育落后地区的交流与合作等。

三、我国教育扶贫的经验和启示

党的十八大以来，党和国家始终将教育扶贫作为扶贫开发、扶贫助困的治本之策，在理论创新和实践实施方面做出了积极的探索，积累了宝贵的经验。

(一)教育扶贫必须坚持中国特色社会主义教育的本质特征

习近平总书记指出："消除贫困、改善民生、逐步实现共同富裕，是社会主义的本质要求，是我们党的重要使命。"①是否支持贫困人口脱贫，如何支持贫困人口脱贫，是关系到中国是否走社会主义道路的根本问题。教育扶贫是阻断贫困代际传递、促进可持续发展的根本手段和重要途径。贫困地区和贫困人口教育事业的发展和完善，教育的均衡发展和优质教育资源的共享，充分体现了中国特色社会主义教育的本质特征和价值追求。

(二) 教育扶贫要坚持机制创新

随着精准扶贫的不断深入，教育扶贫必将从传统的救济扶贫转向造血扶贫，构建多层次教育协调发展的机制。为此，中国在贫困地区促进学前教育的普及，义务教育的全面发展，高中教育的多元发展，高等教育的深度发展，职业教育的优质发展，继续教育的终身发展，特殊教育的标准化发展，全面提高贫困地区教育水平，为阻断贫困代际传递打下坚实基础。同时，推进优质教育资源共享也是教育扶贫的有效手段。开展跨区域战略合作，共同构建共享共赢机制，使更多优质教育资源不断流向教育资源薄弱地区，使得更多师生受益，教育扶贫工作进一步深化。

(三) 教育精准扶贫需要方法创新

党的十八大以来，中国全面实施教育扶贫的基本方略，采取一系列的非常规政策措施，精准聚焦贫困地区每一所学校、每一位教

---

① 《习近平谈治国理政》第 2 卷，83 页，北京，外文出版社，2017。

师、每一个孩子，全面开展教育扶贫工作。第一，精准识别。教育扶贫必须准确确定工作目标，真正了解每个家庭优先支持谁，才能更快摆脱贫困。必须查明现有的贫困家庭，将已经脱离贫困的家庭撤出，并将重新回到贫困的家庭送回，这是教育精准扶贫的基础性工作。第二，精准帮扶。依靠建档立卡资料，对贫困家庭成员在义务教育、学历教育、职业教育以及青壮年职业技能培训等方面，开展有针对性的援助，帮助经济上弱势的贫困家庭的学生上学、就业和创业；同时，调动社会各方面力量，采取"一对一"或"多对一""一对多"的方式，精准帮扶。第三，精准资助。中国建立了从学前教育、九年义务教育到高等教育"全覆盖、无缝衔接"的家庭救助体系，确保贫困家庭儿童有能力上学。

（四）强化技能培训和就业创业能力提升

充分发挥职业教育扶贫的重要作用，在重点地区和重点人群中开展技能培训和就业创业培训，是保证教育扶贫精准化的重要途径。一是面向贫困地区，加快发展农村职业教育，支持中等职业学校改善基本办学条件，开发优质教学资源，提高教师素质；在西藏、新疆境内举办中等职业教育培训班，支持西藏地区的中等职业教育发展。二是完善重点人群补贴政策体系，落实贫困地区中职学生免费和国家助学金补贴政策，确保补贴资金有效使用；实施职业教育"求学圆梦"行动；加强农民工继续教育与非学历培训。

（五）大力支持乡村教师专业队伍建设

加强农村教师队伍建设，既是教育扶贫的重要目标，也是教育扶贫的有力支撑。全面提高农村教师思想政治素质和师德水平，拓宽农村教师的补充渠道，改善农村教师的生活条件，统一城乡师资队伍。职称（职务）评定一定程度上向农村学校倾斜，促进城市优秀教师向农村学校的流动，全面提高农村教师的能力和素质，建立农村教师荣誉制度等，有效解决当前农村教师队伍建设过程中存在的突出问题，吸引人才在农村学校任教，稳定农村教师，推动和促进农村教师整体水平的提升，为教育扶贫打下坚实基础。

四、教育扶贫模式的典型案例：新县职业教育助脱贫

（一）新县职业教育发展现状

新县位于豫南大别山腹地、鄂豫皖三省结合部，是一个贫穷落后的地区，也是传统的劳务输出大县，多年来向国外输出了数量可观的劳动力。截止到 2017 年底，新县共向新加坡、韩国、日本等二十多个国家和地区派出劳务人员（研修生）3.8 万人次，带动 10 万余人快速走上了致富之路。现在常年身处国外的达 8000 多人次，累计创汇折合人民币 100 多亿元，年外汇收入近 10 亿元人民币，仅出国就业收入年人均增收 2800 元。

为了提升外派劳务人员的综合素质，尤其是青年群体的综合素

质，2010 年，河南省省政府批准设立信阳涉外学院。多年来信阳涉外学院探索出了"创业理想＋思想＋技能＋高薪就业＋回国创业"的新模式，制定出了新的人才评价标准，真正掌握了扶贫扶志、不让一个"差生"青年掉队的新方法，实现了青年的致富梦想，从根本上有效阻止了贫困代际传递。

（二）主要做法

1. 搭建出国就业平台，就业促进培训

1984 年，县政府成立经联社，主要负责农民合同工派出工作。1990 年，机构改革撤销经联社，在县人事局下设劳务输出公司。1999 年，新县取得了外派劳务经营权和外派劳务培训资格，可以直接与国外合作单位签约外派。2003 年成立河南吉星对外劳务合作有限公司，进一步开拓国际劳务市场。2005 年商务部批准在日本名古屋设立驻日办事处。2006 年商务部批准在韩国首尔设立驻韩办事处。

2. 开展技能培训，提升自身价值

一是语言水平提升。信阳涉外学院每年都会开展日语、韩语等小语种培训，目前新县会说外语的人有 3 万余人，考取日、韩语等外语等级证书的达 2100 多人。新县青年与国外交流沟通渠道畅通，许多青年成为了沟通中外的跨国型人才。二是技能素质提升。劳务人员出国前都会进行统一的技能培训，劳务人员的价值得到进一步提升。

3. 挖掉思想穷根，阻断贫困传递

物质决定精神。出身农村的青年生活在农村，农民从事的是小农经济，没有激烈的竞争环境，思想和行为难以适应市场激烈竞争的需要，难以被现代企业所接收。思路决定出路，这是农民及农村青年贫穷的根源。这些问题不改掉，不知自己的努力方向和未来，工作质量、效率就不被企业认可，就会被边缘化，久而久之就会有不少人失去自信，失去志气，就只能从事脏险类等低端的体力活或者回到农村。信阳涉外学院发现了农民及农村青年贫穷的思想根源，为他们提升素质找到了教育培训方向。

4. 创业教育培训，梦想激发动力。

创业培训已经成为信阳涉外学院主要办学亮点之一。目前，信阳涉外学院已累计培训创业致富带头人9103人，扎实的创业教育使得新县青年改变了"腌菜稀饭苑子火，除了神仙就是我"的小农意识，他们利用所学技能，积累资本，再去投资兴业。"一年土，二年洋，三年回家盖楼房，四年投资办工厂"就是他们的真实写照。截至目前，有8000多人搬出交通不便的深山区，创办二、三产业5270余家，带动8万多人脱贫致富，加快了城镇化进程。出国人员在外3—6年，收入30万—100万元，干事创业有资本。有的独资，有的成立合伙公司，开办商店、加工、养殖、种植、旅游等企业，一人出国，带动家族脱贫致富。

(三) 经验总结

1. 创新人才评价标准，帮助学生树立志气

扶贫先扶志。习近平总书记强调："如果扶贫不扶志，扶贫的目的就难以达到，即使一度脱贫，也可能会再度返贫。"扶志最根本的方法是找到思想根源，挖掘自身潜力。信阳涉外学院把企业需要的体现社会价值的诚信、助人、主动、改进的做人标准引入学院管理和评价体系，作为指导、评价学生行为习惯的标准。把企业标准引进教师的大脑、学生的大脑，帮助学生用企业标准重新认识自己：如敢于打架的孩子胆子也大，办企业就需要胆子大，把大胆用在创业上面，缺点变优点；学习不好的孩子一直经常挨批，忍耐力也很强，如果到企业搞推销，"脸皮厚"，不怕失败、不怕拒绝，更适合企业推销员的需要，业绩也会更好；玩游戏的孩子热爱游戏，帮助他们学会游戏软件开发，这样花钱玩游戏就变成做游戏软件，每月可以获得 7000 元以上的收入，解决了自己和家庭的后顾之忧。

2. 思想教育要与学生发展要求相结合，实现了农民到工人、工人到创业者的转变

信阳涉外学院的思想教育卓有成效，被河南省教育厅认定为高校思想教育品牌专业。信阳涉外学院的思想教育紧紧围绕学生个人发展需要来展开。一是思想教育的内容符合学生发展的需要。信阳涉外学院教育培养学生的内容从技能培训，到企业文化的教育，再到创业课的教育培养，满足不同时期学生的需求，也满足学生自身不同发展阶段的需求，使得他们能够少走弯路，顺利成长，预防贫困。二是思想教育激发了学生内生动力。组织学生分析家庭现实困难，家庭未来梦想和责任，提升学生学习、奋发的动力。三是思想教育形式多种多样，通俗易懂。仅仅靠学校的教育是不够的，信阳涉外学院建立了企业、学生、家庭、学院四方联动机制，在校解决不了的思想问题到家中解决，家中解决不了的再到企业去解决，师生单项交流解决不了的，通过同学之间的思想分享会来解决，一时解决不了的持续关注，直到最后解决，一个学生都不放弃。通过思想教育，学生学会了正确的思想方法，养成了适应企业需要和个人发展需要的行为习惯。他们到国外后非常适合国外严格的管理，很快赢得了日本、韩国企业的尊重，也实现了挣钱的目标，为创业挣回了第一桶金，不少人回国创业成功，实现了人生价值。

实践证明，没有农民思想的脱贫，就没有农民经济的脱贫，就难以生产适合客户需要的产品，就缺少持续发展动力；就不可能有真正的城镇化，也不可能为未来乡村振兴培养人才。

03

生态扶贫：绿水青山就是金山银山

一、生态扶贫模式的基本内涵

生态扶贫是基于国家的主体功能区制度之上，以保护和改善贫困地区的生态环境为出发点，提供生态服务产品为目的的，通过实施生态建设项目，发展生态产业，构建多层次的生态产品和生态服务消费体系，培育生态服务消费市场，促进贫困地区生态系统健康发展，改善贫困人口可持续生计能力，实现贫困地区人口经济社会可持续发展的扶贫模式。主体功能区制度是生态扶贫的制度约束，生态建设项目是生态扶贫的项目载体，生态产业的发展是生态扶贫的经济支撑，生态服务消费市场的建设是生态扶贫的持续推动力，生态补偿制度是生态扶贫的制度保障，生态产品的可持续供给和生态系统的健康发展是生态扶贫的资源基础，提高贫困人口的可持续发展能力是生态扶贫的最终目的。生态扶贫模式的发展历经三个阶段：

第一阶段是生态扶贫的源起和发展阶段。中国的扶贫工作已经

开展了 40 多年，1994 年国务院制定了《国家八七扶贫攻坚计划
（1994—2000 年）》，在形式与任务部分中首次提出贫困县的共同特
点是生态失衡。这是国家首次将贫困和生态同时提出。2001 年《〈中
国的农村扶贫开发〉白皮书》提到"扶贫开发与水土保持、环境保护、
生态建设相结合"，再到后来的《中国农村扶贫开发纲要（2001—2010
年）》《中国农村扶贫开发纲要（2011—2020 年）》《关于创新机制扎实
推进农村扶贫开发工作的意见》以及 2015 年出台的《关于创新机制扎
实推进农村扶贫开发工作的意见》都对在贫困地区出现的生态脆弱和
生态破坏问题、如何利用生态补偿制度和生态建设等方式改善生态
环境消除贫困做了大量的说明。可见，生态脆弱或生态破坏是导致
贫困地区贫困的原因之一，可利用生态修复或生态开发的手段，实
施生态建设项目如退耕还林等，从时间和空间上通盘考虑农民的就
业和收入因素，根本性地解决贫困户的贫困问题。

第二阶段是生态扶贫的提出与推进阶段。《中国农村扶贫开发纲
要（2011—2020 年）》第十条明确指出：国家将六盘山区、秦巴山区、
武陵山区、乌蒙山区、滇桂黔石漠化区、滇西边境山区、大兴安岭
南麓山区、燕山—太行山区、吕梁山区、大别山区以及罗霄山区等
区域的连片特困地区和已明确实施特殊政策的西藏、四川藏区、新
疆南疆三地州，作为扶贫攻坚主战场。2012 年国务院扶贫办在其官
网上也发布了 665 个国家扶贫开发工作重点县名单。集中连片特困
区和贫困县都是我国扶贫开发的重要区域，生态扶贫的重点也在此，

并在这些贫困地区进行了大胆的尝试。纲要的提出和实践的推进对生态扶贫的具体思路和举措进行了明确规定，为生态扶贫指明了方向和路径。甘肃地处西北，贫困面积广，该省 58 个县市区纳入国家六盘山片区、秦巴山区和藏区三大连片特困区。甘肃敦煌西湖国家级自然保护区位于敦煌市西边，面积 66 万平方公里，是阻止库姆塔格沙漠东移、保护敦煌和莫高窟的最后一道防线，近年来区内植被得到较好恢复，各类沙生植物迅速成长，生态环境逐步改善，当地人的经济收入也在稳步提升。针对当地的贫困现状，甘肃省还出台了《关于精准扶贫生态环境支持计划的实施方案》，这是我国首个将精准扶贫和生态环境充分结合的文件。由此，生态扶贫获得了极大重视，在我国的扶贫开发体系中逐步占据着重要地位。2004 年中央财政设立森林生态效益补偿基金；2006 年以来，中央财政又投入4611 亿元构建现代林业发展保障机制；继林业之后，国务院决定从2011 年起中央财政每年安排 134 亿元资金，在内蒙古、新疆（含新疆生产建设兵团）、西藏、青海、四川、甘肃、宁夏和云南 8 个主要草原牧区省（区），全面建立草原生态保护补助奖励机制。有了草原生态补偿机制后，牧民可以减少放牧，保护草原，少挣的钱由政府补贴。老百姓的实际收入比过去高，也就不会去大规模放牧破坏草原。这是我国的生态扶贫战略持续完善和发展的阶段。

　　第三阶段是生态扶贫的创新发展阶段。碳排放交易是一种日渐兴起的新型生态扶贫方式。碳排放交易就是将贫困地区的碳排放当作可售卖的商品，在满足本地碳排放的基础上，将多余的碳交换出去，在改善当地环境的同时，还可以获得经济效益，促进贫困地区的居民增收。碳排放交易是我国生态扶贫模式的创新发展之一，不仅有利于促进当地的经济和生态双赢，对于促进区域协作、推动经济发达地区帮助贫困地区也具有重要意义。

二、生态扶贫模式的实现路径

（一）通过参与工程建设获取劳务报酬

推进扶贫造林专业合作社、村民自助建设等模式的推广，采取以工代赈等方式，组织贫困人口参与生态工程建设，提高贫困人口参与水平。政府实施的重大生态工程必须吸纳一定比例的有劳动能力的贫困人口参与工程建设，为贫困人口支付合理的劳动报酬，促进贫困人口增收。

（二）通过生态公益性岗位得到稳定的工资性收入

在贫困县设立生态护林员，让能胜任岗位要求的贫困人口能够有机会获取生态护林员的工作岗位。在加强贫困地区生态保护的同时，带动贫困地区贫困人口的脱贫增收。

（三）通过生态产业发展增加经营性收入和财产性收入

在加强保护的前提下，充分利用贫困地区生态资源优势，结合现有项目，大力发展生态旅游、特色林业、特色养殖业等生态产业。

通过土地流转、分红、合作经营、劳动就业、个体创业等方式，建立利益联动机制，完善收入分配制度，提高资产回报率，拓宽贫困人口增收渠道。

（四）通过生态保护补偿等政策增加转移性收入

在安排退耕还林还草补助、草原生态保护补助等补助资金时，优先支持有需求、符合条件的贫困人口，使贫困人口能够及时获得补助收入，实现多途径增收。

三、中国生态扶贫的经验和启示

（一）生态扶贫要实现多元治理

生态扶贫需要坚持政府主导、公众参与、自力更生，发挥人民群众主体作用和企业主力作用，实现多元治理。生态环境保护和扶贫开发作为公共产品或公共服务，需要由政府提供或由政府主导，这是中国共产党的宗旨和中国特色社会主义制度的优势。

第一，政府应该坚持统筹规划，顶层设计，提供适当的政策引导、优惠政策、扶贫资金援助和财政补贴。在组织实施重大扶贫项目、基础设施建设和改善、投资环境优化、沟通协调、招商引资时政府应当给予支持和帮助。

第二，在我国生态环境状况较差且仍在恶化的情况下，依靠政府现有的财政资源来解决生态环境和贫困问题无异于是沧海一粟。

因此，有必要充分利用和发展现有的政府手段，多渠道筹集资金，扩大扶贫资金来源，帮助吸引投资，引导企业入驻，进行合理、有效的开发，并逐步构建以政府为导向的，企业、非政府组织和国际组织共同参与的资源调动机制。

第三，公众参与，自力更生。生态产品生产主要集中在贫困山区，并且多数由贫困山区的居民来完成。由于生态生产的广泛性和分散性，公众参与，特别是农民的积极参与显得尤为重要。因此，政府应该运用制度创新和政策创新，调动群众参与的积极性和主动性，运用经济杠杆推动生态环境改善和社会经济发展。人民群众是扶贫开发、生态管理和环境保护的主体，同时也是解决贫困问题的主体。我们要相信人民，依靠人民，尊重人民的主导地位，发挥人民主体作用，动员当地人民共同参与，让人民自力更生，自己解决贫困问题，走上富裕之路。

（二）在尊重农民权益的基础上实现生态与经济的双赢

目前，地球上大部分为人类提供生态系统服务的地区地处偏远，基础设施落后，交通不便，经济欠发达。尤其是在中国，生态系统服务提供得越多，贫困地区越集中。为了保护生态环境，生活在生态功能区或者江河流域的居民失去了发展的机会和资源。因此，生态补偿政策的实施既保障了农民的权益，也是社会公平正义的体现。实施农民生态补偿，不仅可以缓解当地贫困问题，而且可以更好地促进生态建设和保护，激发当地居民的积极性。贫困山区自然条件差，基础设施薄弱，是制约贫困山区可持续发展的主要因素。为了降低生产者的生产成本，增加利润机会，政府需要为山区提供必要的基础设施，创造良好的制度环境。因此，应将生态补偿机制与区域基础设施建设统筹安排。扶贫开发工作必须在生态文明建设的框架内进行，这不仅符合自然和社会发展的规律，也符合人民生存和发展的需要，符合人类发展目标的必由之路。

（三）因地制宜多举措充分发挥生态优势

生态扶贫要做到"基础为先、产业为基、生态为纲"。第一，加大连片贫困地区基础设施发展力度，从交通、水利、能源、信息等方面综合改善这些地区的生态和发展环境，为进一步发展经济提供基础。第二，依托本地丰富的生态资源，大力发展生态产业，通过产业脱贫。在贫困地区因地制宜，大力发展生态种植业、生态养殖业、生态农产品加工业、光伏发电、乡村旅游等特色产业，并力争一二三产业融合发展。在产业发展中，以市场为主体，形成政府、企业、农户等多主体共同参与的模式。第三，坚持绝不逾越生态红线和底线，并且不断加大生态保护与建设力度，做到"山更绿""水更清""村更美""天更蓝""土更净"。

四、生态扶贫模式的典型案例：河北省赤城县的生态扶贫路

（一）赤城县生态扶贫的基本情况

赤城县位于河北省西北部，北靠坝上，南与北京山水相依，是

矿业大县、畜牧业大县和林业大县。赤城还是国家扶贫开发重点县贫困县，尚有贫困村185个，贫困人口9733户、18095人，贫困发生率8.15%。近年来，赤城县委、县政府牢固树立绿水青山就是金山银山的理念，坚持扶贫开发与生态保护并重，通过关停污染严重的矿山、锐减牛羊存续量、水田改旱田和退耕还林等多项举措，努力打造将生态资源优势转化为产业发展优势、经济发展强势，扶贫开发与生态保护相协调、脱贫致富与可持续发展相促进的新路径。

发展不牺牲生态。赤城县是矿业大县，境内有金、铁、沸石等38种矿藏，其中铁矿13.47亿吨，居全省第二位；沸石4.57亿吨，是亚洲储量最大、品位最高的沸石矿。一段时期以来，矿业税收占到全县财政收入的75%以上。这对于年财政收入为几十亿元的赤城县来说是一笔大收入。近年来，为了绿水青山，赤城县壮士断腕，先后砍掉70多个可能造成污染的经济合作项目，关停、压缩了59家污染性企业；严格控制高耗能项目准入，将主要污染物总量控制指标作为新建、改建和扩建项目环境审批的前置条件，对不符合总量减排要求的新建项目一律不予审批。另外，赤城县在农业上全面禁牧，牛羊养殖数量锐减70%以上；全县3.2万亩水稻全部改种旱田，年节水2000多万方。赤城县还投入大量人力、物力和财力，实施京津风沙源治理、退耕还林、塞北林场等生态工程，完成造林200多万亩，治理水土流失面积2150平方公里，每年减少泥沙排泄160多万吨，有效阻挡了来自内蒙古高原的冬春季大风和由此带来的大量风沙。

赤城县实施一系列的生态和水源保护工程，财政收入和经济发展受到影响，甚至出现"断崖式"下降，但生态水平却得到大幅提升。全县森林覆盖率提高到57.57%，林草覆盖率达83.11%，荣膺全国首批100个绿色小康县称号。红、白、黑三条河流入京水源均达到国家二类水质标准。全县二级以上优良天数达到300天以上，PM2.5平均浓度30微克/立方米，空气质量始终处于北京周边最优水平。

（二）具体做法和经验总结

赤城县充分发挥生态禀赋优势，以生态扶贫统揽脱贫攻坚，将绿水青山就是金山银山理念，贯穿生态扶贫全过程，走好生态扶贫之路，既需要守护生态环境的底线思维，也要有穷则思变的创新理念；既要依靠配套政策的完善，也要撬动市场的力量。通过激发脱贫内生动力和经济发展后劲，走出了一条生态扶贫的特色之路。

1. 加强生态工程建设，夯实扶贫基础

赤城县加强生态保护与修复，在重大生态工程项目和资金安排上进一步向扶贫工作倾斜。组织动员贫困人口参与重大生态工程建设，提高贫困人口受益程度。实施造林绿化工程99.21万亩，总投资13.94亿元，覆盖194个贫困村，占贫困村总数的83.6%，雇佣贫困人口务工2000多人次，向贫困户发放土地流转资金25万多元；实施地下水超采综合治理和高效节水灌溉工程，总投资947.38万元，惠及6个乡镇7个村，3274人；实施生态清洁小流域综合治理工程，治理面积 150 平方公里，总投资 9750 万元；实施京津风沙源治理工程，投资 8483 万元，完成水土保持综合治理面积 288 平方公里，一系列高标准的生态工程建设，有力改善了贫困村生态环境，提高了贫困人口收入。

2. 落实生态保护补偿政策，增加贫困村集体经济收入

利用贫困村的基础条件和资源优势，拓宽村级集体经济增收渠道。依托国家、省级重点公益林项目和停止天然林商品性采伐项目，优先向贫困村、贫困户倾斜，增加生态补偿收益。国家重点公益林项目，总投资 953 万元，惠及贫困村 82 个，贫困人口 57 户；省级重点公益林项目，总投资资金 497 万元，惠及贫困村 114 个；停止天然林商品性采伐项目，总投资 45.3 万元，惠及贫困村 15 个。

3. 发展生态产业，拓宽扶贫增收渠道

坚持把生态产业覆盖作为贫困人口稳定脱贫的根本出路。构建"5 + 2"扶贫产业体系，即 5 个特色种养富民产业：精品苗木、中药材、特色养殖、杂粮杂豆、食用菌；2 个传统主导优势产业：错季蔬菜、乡村旅游；形成了 2 环：环北京自然生态旅游区、环冬奥冰雪温泉旅游区；3 带：白河露天蔬菜产业带、红河设施蔬菜产业带、黑河特色养殖产业带；18 个示范区：全县 18 个乡建成 18 个示范区；50 家市级龙头企业：打造 50 家市级农业产业化龙头企业和旅游重点企业的扶贫产业格局。通过基地引领，推动蔬菜全产业链建设，带动 1100 多户贫困户在土地流转、劳动就业、入股分红中增加收益。

其中，特色种养加产业可覆盖贫困户 26893 人，人均年增收 1927 元。

把生态资源、旅游资源发挥到最大效应，探索"旅游 + 生态扶贫"产业。推进海陀小镇、百龙新雪国、燕阳集团体育度假小镇、黑龙山文化生态旅游等项目建设，带动贫困群众增收致富。如总投资 70 亿元的海陀小镇项目，涉及整村搬迁 3 个贫困村和 2 个非贫困村，惠及贫困户 359 户、1043 人，户均增收 40 万元，安置贫困人口就业 70 人，人均月收入 2000 元。总投资 150 亿元的冰雪体育度假小镇项目，通过用地补偿、劳务就业等途径，带动 10 个村 1947 户、4372 名贫困人口全部脱贫。

截至目前，赤城县 70 兆瓦集中式光伏扶贫电站和 55.8 兆瓦村级光伏扶贫电站，已经带动 7320 户贫困人口年均增收 3000 元。

4. 生态公益岗位，助力精准脱贫

为了激发贫困群众内生动力，帮助贫困群众摒弃"等靠要"思想，坚持以生态扶贫为统揽，向生态要岗位、要就业。2018 年，赤城县投入扶贫资金 1659.57 万元，安排扶贫产业项目 261 个，惠及贫困户 8831 户、19493 人。另外，在 500 万国家生态护林资金基础上，县财政每年投入 2000 万元，选聘 6943 名建档立卡贫困户为生态护林员，年人均增收 3600 元。累计为全县建档立卡贫困户提供生态护林员公益性岗位 5322 个。

04

健康扶贫：织就贫困户的安全网

一、健康扶贫模式的基本内涵

健康扶贫是指通过采取有效的措施，提升贫困地区的医疗卫生服务能力，保障贫困人口享有基本医疗卫生服务和健康保障，全面提升贫困人口的健康水平，防止因病致贫、因病返贫的产生。因此，低收入人口、残疾人、重大疾病患者、长期慢性病患者、老年人、流动人口、留守儿童等特殊群体是健康扶贫的重点对象。

在扶贫工作中，健康扶贫一直是最重要的部分之一。特别是20世纪80年代开展大型扶贫行动以来，我国不断调整完善健康扶贫政策，为有效解决因病致贫、因病返贫问题提供了重要的制度保障。根据健康扶贫的工作重点不同，将其发展划分为以下几个阶段：

第一阶段，起始阶段（1985—2000年）。20世纪80年代之前，我国的扶贫重点在于解决温饱问题，卫生方面着重解决传染病防控问题。直至1994年，国务院提出了转变卫生方面的落后状况、改良医疗卫生条件、防治和减少地方病、防患残疾的要求。2001年5月，江泽民同志在国家扶贫开发工作会议上指出，国家"八七"扶贫攻坚计划已基本完成，大多数贫困地区乡镇卫生院得到改造或重新建设，缺医少药的状况得到缓解。这标志着我国健康扶贫政策正式建立。

第二阶段，发展阶段（2001—2015 年）。2002 年，国务院明确要求把卫生扶贫纳入扶贫计划，作为国家扶贫事业的一项重要内容，并在国家扶贫资金总量中逐渐加大对卫生扶贫的投入。2006 年要求以中西部为重点继续推动农村基础卫生设施建设，改建和新建 4200 个乡镇卫生院，达到规划目标的 68％。在此阶段，国家在卫生基础设施建设上取得了较大成就，还提出了采取定向免费培养、人才社会保障及职称评定激励等政策，为贫困地区培养实用型医疗卫生人才，并通过对口帮扶、远程医疗、社会救助活动等政策推动健康扶贫不断发展。

第三阶段，深化发展阶段（2015 至今）。2015 年，国家首次提出"实事求是、分类指导、因地制宜、精准扶贫"的要求，中共中央、国务院对我国扶贫开发工作做出战略性创新部署，提出建立精准扶贫工作机制。2016 年国务院颁布了《"十三五"脱贫攻坚规划》，在其"健康扶贫"第六章中分三节对如何开展健康扶贫进行了专章部署，并在其"专栏九"中将医疗扶贫分为六大要点。自此，健康扶贫工作开始有计划有组织有方向地深化发展，朝着 2020 年告别贫困的目标前进。

二、健康扶贫模式的实现路径

中国的健康扶贫工作以政府为主导，它通过政策的制定、资本的投入、社会力量的调动、扶贫对象的参与，直接影响到全国建档立卡贫困人口、农村特困人口和低保群体，并间接作用于贫困地区的非贫困人口。一个地区的健康扶贫工作主要从公共卫生预防、医疗服务能力提升、医疗援助和支持三个维度展开，即"预防、治疗和保障"。

（一）加强公共卫生，预防和减少疾病

中国所有省市都通过公共卫生行动预防公共疾病，包括：儿童接种疫苗；建立健康档案，免费为居民体检，加强随访；加强传染病监测和预防；加强慢性病管理；妇幼优生优育免费体检，农村妇女补充叶酸预防神经管缺陷，贫困孕妇免费住院，农村妇女乳腺癌、宫颈癌筛查，儿童营养改善，新生儿疾病筛查等；居民环境整治（水改、厕所改、垃圾整治、污水处理等爱国卫生运动）；健康教育，通过健康知识讲座、小册子、健康娱乐节目等方式引导健康的生活方式。

（二）加强基层诊疗能力，达到"看得上病，看得起病"的目的

主要采取以下措施：第一，基础设施建设，如"三个一"政策，保证每个贫困县至少有一个县级公立医院，一个乡镇有一个标准化

的乡镇卫生院，每个行政村有一个卫生室。第二，东西协作，定点协作，为贫困县医院提供人员、资金、技术支持。目前，全国已有1644家三级医院与3945家县级医院建立了对口支持关系。此外，东部267个市、县、区和西部390个贫困县结成对口，开展了"联合"行动。第三，人才培养，包括入职培训、订单培训、规范培训，以及通过优惠政策吸引和留住医学人才。第四，开展重大疾病分类和治疗，2016年，贵州、四川、山西、陕西、安徽、河南、江西、宁夏八个试点省份对食道癌、胃癌、结肠癌、直肠癌、终末期肾病、儿童白血病和先天性心脏病等患者组织专家进行救治。目前，各省都制定了相应的大病防治工作计划。

（三）提高医疗保障水平，减轻经济负担

当贫困人口生病就医时，首先使用先诊疗后付费的制度；费用结算时，以基本医疗保险、大病保险、医疗保险等形式给予支持，降低贫困人口自费比例。在医疗保险方面，各地的经验可以总结为以下三类：一是通过城乡居民基本医保制度兜底。如四川省从中央和省级财政基本医保新增补助资金中，按农村参保人数和人均10元的标准，在新农合基金中设立专项经费，对贫困人口县域内住院治疗政策范围内的医疗费用给予全额报销。二是政府直接兜底。如安徽省设立"351"兜底保障线：农村人口在县域、市域、省域内医疗机构就诊，个人年度累计自付费用不超过0.3万元、0.5万元和1万元，剩余合规医药费用全部由政府兜底。三是建立补充保险兜底。

如江西省在基本医保政策倾斜的基础上，以政府购买服务的方式为农村贫困人口购买每人每年 90 元的健康扶贫补充保险，目录内住院医疗费用经城乡居民医保、大病保险补充后，剩余部分由健康扶贫保险再补偿 90%。

三、我国健康扶贫模式的经验和启示

（一）以"大健康"为引领，对接贫困元文化

健康扶贫的基本点是减轻贫困患者的医疗费用负担，治愈疾病，恢复患者的身体健康。但是，促进扶贫的可持续性，将现代健康理念推广到贫困地区，激发扶贫的内生动，需要贯彻"大健康"理念。在"大健康"理念的指导下，首先是为贫困地区建立一个连接现代医学的平台，建立健全健康保护机制，比如使用流量和信息化建设打破贫困地区的封闭模式，同时建立起县、乡、村三级联合保护机制。第二是运用适当的健康宣传方法，如在深度贫困地区，可以运用村"骨干"的方法，对易接受新思想的骨干人员进行指导与合作，逐步融合现代健康理念。第三是发挥中医药的优势和贫困地区的生态环境优势，打造健康产业，不仅为贫困人口提供增收的渠道，也通过"大健康"理念推动健康产业的发展，同时扩大"大健康"理念的传播。

（二）以"大数据"为指导，提高扶贫效率

以"大数据"为指导，首先，可以为政策制定和资源配置提供依

据。其次，"大数据"可以为监督反馈提供参考，最终提高扶贫效率。从政策制定的角度，我们可以使用"大数据"，包括建立起的健康扶贫的动态管理数据库，当地卫生和计划生育委员会与疾病控制中心的数据，准确分析贫困地区贫困人口的分布和他们的健康需求。如利用未脱贫人口的年龄分布、主要疾病类型、医疗需求、传染病和地方病的分布情况，分析地方健康区域特点，以便制定相应的政策。此外，"大数据"也可以用于定位乡镇医院的功能，如利用人口数据、地理信息、新农村合作社报销情况等，分析当地医疗的特点，提高县域内就诊率，减少贫困人口因医疗资源不足而外出就医产生的负担。从监督角度考虑，无论是第三方评估，还是当地对扶贫效果的监督，都可以通过"大数据"进行评价考核。通过大数据的提取和分析，以了解扶贫的成效及存在问题，指导扶贫工作，提高扶贫效率。

（三）以"小人群"为抓手，持续推进健康扶贫工作

目前，扶贫开发总体工作已初见成效，部分地区已经实现脱贫。"小群体"主要是指受健康的自然规律的影响和医学发展的限制，疾病无法治愈或治疗后效果较差，导致残疾或缺乏劳动能力，处于贫困线边缘的人群。这部分人口，尽管收入上已经脱贫，但为了防止他们回到贫困，在保证继续参与新型农村合作医疗制度的前提下，引入商业保险制度，建立起一个坚实的社会保障网络，减轻贫困家庭的家庭成员的人力和经济负担。

四、健康扶贫模式的典型案例：湖北省红安县的健康扶贫

（一）红安县健康扶贫的基本情况

红安县原是集革命老区、资源匮乏区、贫困地区、优抚集中区"四区一体"的国定贫困县。2013年底全县建档立卡贫困人口11.2万人，涉病贫困户占贫困户总户数的69.6%。为早日实现脱贫摘帽目标，红安县把健康扶贫作为脱贫攻坚的基础工程，确定了"欲去穷根、先拔病根，精准脱贫、健康先行"的思路。2016年健康扶贫正式在红安县予以实施，健康扶贫政策的实施，为红安县贫困人口脱贫提供了有力的保障，经过几年的不断探索和完善，健康扶贫成为红安县贫困群众最受欢迎、最需要、最实惠的扶贫项目。

健康扶贫政策实施三年以来，贫困人口医疗救助效果明显，全县共救助住院贫困患者95175人次，住院医疗总费用5.39亿元，基本医疗保险报销3.37亿元，大病医疗保险报销4869.15万元，健康扶贫医疗救助报销1.08亿元，民政救助409.56万元，个人自付4053.54万元。个人住院次均自付费用从政策实施前的2704.58元下降到425.90元，降幅84.3%。报销比例从政策实施前的57.5%提高到92.5%，提高了35%。全县1.2万贫困人口恢复或部分恢复劳动力，重新点燃了生活的信心。

（二）具体做法及经验总结

在贯彻推进健康扶贫工作上，红安县把"12345"工作举措作为推

动健康扶贫工作落实的重要手段，既满足了贫困人口合理的就医需求，又提高了政府资金的使用效率，保证了现行标准下的脱贫质量，做到了"既不降低标准，也不吊高胃口"。

1. 以"一个目标"，提高政治站位

不脱离健康扶贫属于扶贫领域"硬骨头"这一实际，坚持健康医疗扶贫不以牺牲贫困人口就医需求为代价，坚持不让贫困人口在扶贫攻坚工作行动中依然看不起病，努力实现"绝不让一个贫困人口再因病致贫、因病返贫"的目标。

2. 以"二项保障"，完善救助模式

（1）就医全兜底。建立"基本医保＋大病保险＋健康扶贫医疗救助＋民政救助"四位一体的医疗保障体系。贫困对象住院就医费用实际报销比例达90％以上，当年住院自付费用累计不超过5000元，超过部分由政策兜底。对无支付能力的五保户及精神疾病患者，给予100％报销。确保每个贫困家庭能够支付得起医疗费。

（2）健康全管理。以家庭医生签约服务工作为抓手，不断提高贫困人口健康水平。全县抽调县级医院专家26名，乡镇（含村级）医务人员1007名，共同组建家庭医生团队191个，实行"分片包干，团队合作，责任到人"。每个季度不少于一次，上门为每个贫困家庭定期提供基本医疗、公共卫生和健康管理等服务。每年为每个贫困对象进行一次健康评估。每年为贫困慢性病对象提供一次免费健康体检，并为其提供门诊诊疗方案制定、处方管理、病情管理等服务。

在疾病的管理上，重点加强对老年人、儿童、孕产妇、慢性病患者的规范管理。对外出务工的，实行电话预约。实现了家庭签约"三个全覆盖"，即健康体检全覆盖、重点人群管理全覆盖、健康指导及健康知识传播全覆盖，不断提升农村贫困人口健康水平，做到"未病先防、小病早治、大病兜底"，让群众"少生病、少住院、少花钱"。

3. 以"三项举措"，保障政策高效运行

一是先诊疗、后付费。贫困对象住院一律实行"先诊疗后付费"。二是报账一站式。县域内推行"先诊疗、后付费"及"一站式报销"服务，贫困对象在县域内就诊现场及时报销。贫困对象在县域外就医时，其扶贫救助兜底资金由患者先自行垫付，积极引导和促进患者"小病不出乡、大病不出县"。三是就诊一卡通。各定点医疗机构均设立健康扶贫绿色通道并预留床位，贫困人口看病凭救助证一站直达。

4. 以"四定原则"，保证资金高效利用

(1) 精准确定救助范围。红安县将建档立卡内贫困人口及非建档立卡农村五保、低保户全部纳入健康扶贫救助范围。

(2) 合理确定就诊机构。在定点医疗机构的选择上，红安县坚持"保基本、兜底线"原则，充分考虑疾病诊疗需求、综合医疗技术、医疗收费价格、群众口碑等因素，高端顶尖医疗机构、私立医院不纳入定点医疗机构范围。

(3) 合理确定兜底标准。坚持以政策引导患者合理就医。一是收取一定住院起付线。坚持贫困人口住院基本医保住院起付线由贫困对象自行承担。通过收取一定住院起付线，以政策促进分级诊疗制度的建立，严防过度医疗、小病大养、挂床住院等问题。二是坚持"保基本、兜底线"原则。凡未遵循分级诊疗原则自行在县域外医疗机构就医不纳入救助范围；凡在非定点医疗机构就医不纳入救助范围；凡未优先使用国产高值耗材由患者自行承担；凡属于患者自行选择的医疗项目自行承担。三是坚持政策推行结合实际。36 种门诊慢性病购药按 90% 比例报销，年度封顶限额救助 800 元—5000 元。

5. 以五项举措，控制医疗费用不合理增长

（1）强化协议管理。与各定点医疗机构签订服务协议书，将住院例均费用、平均住院日、药占比、基本药物使用比例、抗菌药物使用率、大型医疗设备检查阳性率等指标纳入考核范围。超过服务协议规定指标的医疗费用，由医疗机构自行承担，从而倒推医疗机构主动控费。

（2）规范扩大临床路径管理。推行以常见病、重大疾病为重点临床路径管理，细化诊疗流程，明确治疗方案和路径规范，制定按病种限价收费标准。

（3）强化重大疾病能力建设。积极引导和支持医疗机构提升重大疾病救治能力，降低外传率。

（4）规范集中招标制度。规范药品、耗材和医疗设备集中招标采购，严禁擅自购进非中标药品。同时实行药品及耗材使用动态监测、

超常预警制度，对监测异常情况又无合理原因解释的进行停购、停止使用。

(5)加大医疗行为监管力度。加强监管人员队伍建设，严格落实主体责任和一岗双责，坚决杜绝侵害、浪费资金的行为。严防过度检查、过度治疗、重复检查、小病大养等医疗行为。全面整顿规范医疗机构执业，杜绝诱导住院，以回扣、医托等手段招揽群众住院，以最严厉的措施打击损害群众利益的各种医疗行为。

07 第七章

扶贫同扶志扶智结合

　　脱贫攻坚战打响以来，习近平总书记多次强调，要"加强扶贫同扶志、扶智相结合""注重激发内生动力"。实现稳定脱贫，必须注重培育贫困人口的内生动力，注重提升贫困人口的自我发展能力，增强贫困地区和贫困人口脱贫致富的信心与决心。2018 年 10 月 28 日，国务院扶贫办联合 12 个部门出台《关于开展扶贫扶志行动的意见》，从国家顶层设计强调加强扶贫扶志行动和激发贫困群众内生动力，对于全面打赢打好脱贫攻坚战具有重要意义。当前脱贫攻坚进入关键时期，如何发挥群众的首创精神和主体意识、增强贫困人口内生动力是脱贫攻坚中必须面对和解决的难题。在精准扶贫精准脱贫的实践过程中，各地开展了卓有成效的扶贫扶志行动，形成了诸多典型做法和案例，也积累了大量经验，对脱贫攻坚工作起着很大的推动作用。本章主要从教育培训、榜样示范、帮扶方式、文化倡导四个方面，展现并分析扶贫扶志行动的典型做法、实施过程、关键举措与核心经验，总结与提炼扶贫扶志行动的实际效果与成功之道。

01
教育培训是立足之本

纵观全国各地扶贫实践，以扶志教育和技能培训提升贫困人口内生动力是实现扶贫扶志行动的有效举措之一。其中，具有代表性的是"农民夜校""讲习所"技能培训，为贫困人口提供可触、可感的教育培训平台。

一、"农民夜校"：宣讲政策增强信心

在中国的脱贫攻坚进程中，集中连片特困地区和深度贫困地区是"硬骨头"。由于深度贫困地区地处山区、交通闭塞、现代化文明程度较低，激发内生动力具有举足轻重的作用。"农民夜校"的开办为贫困群众提供了了解扶贫政策、增强脱贫信心和提升劳动技能的平台。如今，"农民夜校"已成为传递政策、传播文明乡风、推动和谐乡村的重要阵地。

"农民夜校"开办以来，专家、技术员、帮扶干部、第一书记等纷纷走上讲台，通过现场授课、田间指导、网络互动等形式将国家最新的扶贫政策和脱贫致富的实用技术精准地送到贫困户身边。"农民夜校"受到贫困人口的普遍欢迎，"农民夜校"的开办也形成了真实可靠的经验与做法，其具体措施有：

（一）整合社会资源，完善夜校体系

首先，整合各方资源，为"农民夜校"教学提供软硬件支持。为此坚持"七有"标准，即有场地、有人员、有设备、有师资、有教材、有制度、有活动的标准，保证"农民夜校"的高标准建设。以村级组织活动场所为主，统筹整合村级学校、农家书屋、居民院落等场地资源，保障"农民夜校"教学资源供给的正常化。在教材方面，结合地方性特色，充分挖掘本土文化资源，精准把握贫困人口现实需求，精心编制适合本土的教材。在师资方面，重视师资队伍建设，择优选聘专业教师队伍，组织驻村帮扶干部和各级党组书记讲解政策，同时邀请本土致富带头人、脱贫典型讲述自己的脱贫故事，保证教师队伍的多元化和教授内容的多样化。

（二）找准贫困人口的需求点，吸引其积极参与

开办"农民夜校"目的是为了让农民，尤其是贫困户了解政策、掌握农业技术、转变思想观念，因此需要精准地把握群众需求。从讲授内容看，"农民夜校"围绕政策宣讲、法律法规、实用技能、文明新风等内容开展，采取农民夜校＋道德讲堂、产业基地、远程站

点、乡村喇叭、农村电商的"夜校 5 ＋"课堂，满足不同群众的诉求，把农民夜校办到群众心坎上。从教学形式看，不仅利用课堂讲授，同时依托产业实训基地，将夜校办到田间地头，并采取"镇村干校老师讲政策、夜校老师讲技术、能人大户讲收益"的模式，增强群众脱贫致富奔小康的信心和决心。

（三）注重扶志教育，激发内生动力

"农民夜校"不仅讲授实用技能，更传递脱贫信念。扶贫必先扶志，实现贫困人口的真脱贫，不能只依靠外部物质的帮扶，更应激发贫困人口的自我发展能力。"农民夜校"以"诚信、守法、感恩"公民道德教育活动为契机，广泛开展"道德模范讲堂""身边人讲好身边事"等活动。对贫困人口而言，身边的脱贫典型故事，更贴近生活，更具有感染力，让贫困人口真正地意识到"幸福是奋斗出来的"。

"农民夜校"是新时代讲政策、学技术、筑信心的新平台。受地理环境和知识水平限制，贫困人口对国家政策的认知具有局限性。精准扶贫精准脱贫政策落实关乎贫困人口脱贫成效，将政策精准地传递给贫困人口是实现脱贫的基础，激发贫困人口发展动力是实现脱贫的关键。"农民夜校"的开办因地制宜地将两者融合，让扶贫政策宣讲"进村入户"，让脱贫成效"开花结果"。

二、"新时代农民讲习所"：讲出动力习出能力

脱贫攻坚是一项关涉群众的事业，只有激发出群众内生动力，

调动广大群众的积极参与，才能组织起脱贫攻坚的人民战争。新时代农民脱贫攻坚讲习所，充分发挥了基层党组织的战斗堡垒作用，把党的政策、发展思路、农业技术带到农民家门口，真正成为启民智、聚民心、推动农民脱贫致富的"大讲堂"。脱贫攻坚是促进农村发展，实现乡村振兴的重要时机和前提，当前脱贫攻坚取得的成就，成为促进"新时代农民讲习所"发挥巨大作用的制度基础与实践基础。"新时代农民讲习所"在脱贫攻坚进程中开创了很多值得借鉴和推广的创新性做法。

（一）组织领导层面

"新时代农民讲习所"建立在省、市（州）、县（市、区）、乡（镇、街道）、村（社区）五个层级上，实现了五级联动的组织架构。讲习所以"六有"标准即有场地、有机构、有师资、有制度、有标识、有资料来建设。各讲习所结合本地实际制定切实可行的讲习计划和课程表，每月至少开展两次集中讲习。同时加强对讲习所工作成效的考核，确保脱贫攻坚工作有序、有效推进。

（二）讲习师资层面

各地根据工作实际，选调熟悉党的理论路线方针政策、了解地方改革发展实际、政治素质好、理论水平高、宣讲能力强的相关人员组建讲习员队伍。同时注重脱贫户的典型示范效应，以"农民讲给农民听、农民做给农民看、农民带着农民干"为原则，把农民致富带头人纳入讲习队伍，更好体现群众的"传帮带"功效。

（三）讲习内容层面

根据群众实际需求，推动讲习内容"菜单化"，精准、高效开展宣讲。讲习所坚持"讲""习"结合，激发贫困人口发展热情，做到"六讲六干"：（1）讲思想，干有方向。深入宣讲习近平新时代中国特色社会主义思想和习近平关于精准扶贫的重要论述，让广大干部群众坚定不移沿着正确方向前进。（2）讲感恩，干有激情。深入宣讲感恩教育，让贫困人口深刻认识中国共产党的初心与使命，感恩党中央关怀，积极实现主动脱贫、稳定脱贫。（3）讲政策，干有思路。深入宣讲党和国家关于精准扶贫的方针政策和重大决策部署，用好用活与当地发展、与自身有关的政策，理清发展思路和举措。（4）讲技术，干有本领。根据当地发展特色和群众需要，按照"缺什么补什么"的原则，联合有关职能部门专家技师，开展各类知识、技术技能培训，增强群众各种技能本领，提升综合素质。（5）讲"比武"，干有榜样。围绕讲习所兴办及活动开展等工作进行"比武"，同时讲习员之间讲习次数、效果等也进行"比武"。通过比武，促进各讲习所在比中学习、在比中提升、在比中赶超。（6）讲道德，干有精神。深入开展理想信念教育、社会主义核心价值观教育、国情省情世情教育及中华优秀传统文化教育，深入宣传宣讲民主法治、传统美德、团结和谐、家训家风等，使其内化于心、外化于行，进一步激发干部群众决战脱贫攻坚、决胜同步小康的内生动力和发展信心。

"新时代农民讲习所"是应对精神贫困的创新方式之一，针对贫困群众所需、所想，以丰富多样的形式，充实实践内容，让贫困户真切感受到美好生活就是自己的奋斗目标。新时代的农民讲习所，被赋予新内涵和新意义，对解决贫困地区群众脱贫内生动力不足的难题产生了巨大的示范效应。

三、技能培训：提升能力坚定决心

授人以鱼不如授人以渔。对于贫困人口而言，增强其生存技能是实现稳定脱贫的关键。通过深入分析贫困人口的致贫原因，发现缺乏劳动技能是致贫的主要原因之一。在国家精准扶贫战略背景下，精准把脉，精准施策是实现脱贫目标的有效举措，对于有劳动能力，但缺乏技能的贫困人口实施技能培训，提升生存技能和应对市场风险能力，同时坚定其脱贫致富的信念，实现了扶贫与扶志扶智的有机结合。

技能培训是实现贫困人口稳定脱贫最直接、最有效的途径，许多贫困地区针对贫困人口开展技能培训，实现"培训一人、改变一家、脱贫一户"的目标，形成了卓有成效的做法和经验。

（一）重视农业生产技能培训

农业生产是农民维持生活的基本保障，当前农业市场形势变化快，而农民思想观念难以及时转变，因此农业生产难以真正造富于民。在脱贫攻坚过程中，各地立足本地特色农业优势，依据贫困人口的培训就业意愿，推出适销对路的劳动技能培训专业，着力打造

"以师带徒"技能脱贫培训新模式，把技能培训开展到田间地头，向农民传授致富经，实现了贫困劳动者就近就地就业和稳定增收，提升了贫困人口发展农业产业的信心。

（二）重视务工培训

对于深度贫困地区来说，最大的资源优势就是农村剩余劳动力，将农村人口优势有效转化为资源优势，是深度贫困地区脱贫致富的重要方式之一。为此，实现贫困人口的非农就业，需因地制宜地强化对贫困人口的就业技能培训。例如，山西省天镇县利用其有利区位和劳动力资源优势，通过宣讲宣传、文艺教育、培训座谈等形式，引导群众解放思想、转变观念。针对多数外出妇女缺乏技能、稳定性差、收入不高的状况，建立家政培训基地，与北京家政服务中心、高校对接，创建"基地＋中心＋高校"相结合的培训模式，迎合市场需求，推动保姆进京就业，走出了一条独具特色以保姆为引擎的脱贫攻坚创新模式。

（三）加强脱贫观念教育

全面打赢打好脱贫攻坚战，不仅要重视贫困人口的物质脱贫，更要重视精神脱贫，认识到"脱贫攻坚是干出来的"。为此，各地创造性地开展"送培训下乡""扶贫专班""周末讲堂""道德讲堂"等多样化的培训活动。通过培训增强贫困群众的本领和信念，用直观、形象的形式激发贫困人口发展的热情、激情，形成人人争当脱贫先进的氛围。

02

榜样的力量是无穷的

榜样的力量是无穷的，榜样的力量也是催人奋进的。自 2015 年中国打响脱贫攻坚战以来，精准扶贫精准脱贫进入新阶段，贫困地区认真贯彻落实国家脱贫攻坚战略部署，坚决打赢打好脱贫攻坚战。2017 年 3 月，江西省井冈山和河南省兰考等贫困县(市、区)成为国家第一批脱贫摘帽县，标志着脱贫攻坚战取得阶段性胜利，也为未实现脱贫摘帽的贫困县(市、区)树立了脱贫榜样和脱贫样本。2020 年，习近平总书记在决战决胜脱贫攻坚座谈会上的讲话指出："要重点宣传党中央关于脱贫攻坚的决策部署，宣传各地区各部门统筹推进疫情防控和脱贫攻坚工作的新举措好办法，宣传基层扶贫干部的典型事迹和贫困地区人民群众艰苦奋斗的感人故事。"①脱贫攻坚过程中，在全国各地的贫困县、贫困村也涌现出一批脱贫典型和脱贫致富能手。通过对脱贫典型的评选和脱贫事迹的宣传，激励贫困人口脱贫致富的斗志，营造浓厚的氛围，凝聚精神力量，实现物质与精神"双脱贫"。

---

① 习近平：《在决战决胜脱贫攻坚座谈会上的讲话》，14 页，北京，人民出版社，2020。

一、评选典型：表彰先进激励斗志

在精准扶贫精准脱贫过程中，要激发贫困群众内生动力，最直观有效的方式就是通过身边人的真实、鲜活的事例、故事、案例来感染与带动。脱贫攻坚战取得阶段性胜利以来，全国涌现出一批脱贫先进典型和鼓舞人心的脱贫故事。评选表彰先进人物和事迹，以榜样的力量激励贫困人口脱贫斗志，树立脱贫信心，让脱贫致富更有劲头。从全国各地的脱贫实践看，各地利用扶贫干部、脱贫典型和致富能人的示范引领作用，进一步激发贫困群众发展愿望，最终实现稳定持久脱贫，筑牢可持续发展根基。

"扶贫先要扶志"，在扶贫送政策、送技能的同时，要更加注重精神扶贫，通过身边先进典型、脱贫励志故事等弘扬自力更生、艰苦奋斗精神，唤醒贫困人口主动脱贫的意愿。在国家层面，精准扶贫以来，为了树立脱贫攻坚先进典型，引领社会风尚，国务院扶贫开发领导小组办公室在全国范围内评选脱贫攻坚奖。在脱贫攻坚奖的设置上，包括奋进奖、贡献奖、奉献奖、创新奖等，每个奖项每年表彰10人，2018年每个奖项每年表彰名额从10名增加到25名左右，并且增设了组织创新奖表彰先进单位。在评选程序上，各级地方部门和组织报名推荐，全国评选办公室进行资格审核、初次评审和实地考察，全国评选委员会进行复评审查和报批审定，最后在全国进行表彰奖励。在表彰宣传上，国务院扶贫开发领导小组组织脱贫攻坚先进事迹巡回报告会，在全国各地广泛宣传脱贫攻坚典型。国家级典型评选影响广泛、关注度高，最大限度地发挥了榜样的力量。

在地方层面，各地开展了形式多样的典型评选、表彰活动，对扶贫干部、脱贫群众、致富能手等先进典型进行表彰，激发贫困群众脱贫劲头。其中的"最美"评选活动，发挥了典型的带动作用，形成了榜样效应。"最美"评选活动，首先，通过村民小组海选、行政村推选、乡镇评选、县级竞选，把每一个家庭、每一位村民都纳入评选过程中。在群众公认的基础上，重点挖掘在精准扶贫精准脱贫中涌现出的"最美"人物，让评选具有吸引力、公信力和影响力。其次，充分利用网络、电视等本土媒介资源，宣传"最美"人物、讲好"最美"故事，确保"最美"入脑入心。最后，对评选出的"最美个人""最美家庭""最美乡村（社区）"给予荣誉证书奖励，并给予相应的物质奖励。物质与精神上的双重奖励，从思想上、精神上增强了贫困人口战胜贫困的勇气和动力，激励贫困人口重拾发展信心，树立主动脱贫的坚定信念。

二、宣传典型：明确导向营造氛围

当前精准扶贫精准脱贫进入决战决胜期，对于深度贫困地区来说，物质帮扶成效显著，但精神扶贫短板如何补齐，这是诸多贫困地区面临的亟须解决的问题。加强对脱贫领域典型人物事迹的宣传，用真实的、可信的、励志的故事激励未脱贫的群众，真正发挥脱贫主体的作用，引导广大贫困人口增强脱贫致富的信心和决心。在脱贫攻坚这场伟大的战斗中，榜样的力量是巨大的，榜样以其特有的影响力增强人的精神力量，不断地催人奋进。因此宣传好在脱贫攻坚路上闪现着奋进之光的贫困户，对于身边未脱贫的贫困户具有事半功倍的效果。

地方各级党委政府加强对脱贫致富先进典型的宣传，并总结推广脱贫致富的成功经验，明确脱贫致富导向，打造人人争当脱贫致富先进的生动局面。其主要做法有：

一是选树带贫典型、脱贫典型、创业典型等，汇聚全民参与脱贫攻坚的强大正能量，大张旗鼓地宣传表彰脱贫攻坚先进典型，激励贫困群众真正迸发出自我发展的能量。在脱贫典型奖项的设立上，各地的奖项名称不尽相同，例如"致富带头人""脱贫致富标兵""最美人物"等，但是目的都是通过身边的先进典型，对仍未脱贫的群众形成一种强大的影响力和感召力，改变贫困人口脱贫靠政府、脱贫就是"等靠要"的观念。在宣传形式上，各地借助电视、广播、视频、网络、电影、微信、广告、文学作品等多种途径和平台进行宣传宣讲活动，让典型人物故事"进村入户"，更入心入脑。同时，为了因地制宜地讲好身边脱贫故事，各地搭建各类平台，用群众喜闻乐见的形式宣讲人物事迹，例如"周末讲堂""道德讲堂""农民夜校"等，让贫困人口切身感受脱贫事迹，以此鼓舞、鞭策贫困群众，消除贫困人口"等着送小康"的思想，树立脱贫的坚定意志，营造出"争贫可耻、脱贫光荣"的浓厚氛围。

二是培育宣传典型带头人。贫困地区、贫困村加大对致富带头人扶持力度，通过资金、项目、政策支持，为能人成长提供一片"沃土"，激励致富带头人因地制宜发展脱贫致富项目。同时需要致富带头人发挥好引领带动作用，通过能人带动，让贫困群众学有目标，致富有望。"村看村、户看户、群众看干部"，脱贫典型带头人发挥"领头雁"的作用，让贫困人口学有方向，干有动力。

03
重要的不是帮扶而是帮扶方式

新时代中国扶贫事业责任重大，意义深远。这场前所未有的脱贫攻坚战关乎人民群众的福祉，关乎全面小康的建成。精准扶贫的提出标志着中国扶贫开发工作进入新的历史阶段，这是针对不同贫困区域环境、不同贫困农户状况，运用科学有效程序对扶贫对象实施精准识别、精准帮扶、精准管理的治贫方式。扶贫帮扶不能停步于浅尝辄止，需要不断地对精准帮扶的工作方式方法进行改进和调整。重视帮扶可以实现贫困人口短期的物质脱贫，因地制宜地改进帮扶方式可以提升贫困人口的参与感，实现长期的物质和精神扶贫，让扶贫扶志行动在贫困地区见真效。

一、聚焦"两业"与可持续生计

贫困人口的可持续生计程度和水平是影响脱贫成效的关键因素，贫困人口的内生发展能力最终需要落实到生计上。发展产业、实现就业这"两业"是实现贫困地区、贫困人口长期稳定脱贫的重要举措。因地制宜地发展产业，可以优化贫困地区产业结构，打造经济增的引擎，增加贫困人口经营性收入。聚焦贫困地区"两业"，能有效解决贫困人口"看得见"的贫困和"看不见"的贫困，激发贫困群众脱贫自我发展能力，实现贫困群众愿脱贫、想脱贫、能脱贫。

发展产业是贫困地区实现脱贫根本之举。产业扶贫在全国遍地开花，产业发展成效立竿见影，铸就了脱贫攻坚的强大根基。其主要举措有：

一是聚焦特色产业，因地制宜地选准和布局产业，找准脱贫致富的方向。贫困地区地理环境不同、致贫原因不同，各地应结合实际精准把脉，精准施策。在产业的选择上，依据地方自然环境和资源禀赋，聚焦特色产业，做到产业类型的选择有依据，不盲目，产业发展有潜力。在产业布局上，形成多层次、立体化产业布局。第一产业聚焦现代农业，以特色农业、科技农业发展为主，促进农民增收。第二产业以龙头企业为引领，打造"一村一品，一乡一业"，形成产业集聚区，贫困人口在家门口实现非农就业，提升脱贫效力。同时加快培育战略性新兴产业，以旅游业和科技产业提升贫困地区可持续高质量发展，把地方特色文化与旅游业融合，提振脱贫信心。

二是用市场经济思维建立产业园区，尊重市场规律，尊重群众意愿，让群众真正有干劲。把产业选择、布局和预期效果融入地方长远的发展规划中，遵循市场规律，推动扶贫产业与市场形成有效衔接，产业红利真正地造福于贫困区域。在产业扶贫的选择上，尊重贫困群众的意愿，根据贫困群众意愿搞好产业发展规划，发挥贫困人口的主体作用，为贫困群众与龙头企业、金融单位搭建"桥梁"，调动贫困群众发展产业的积极性、主动性。

三是建立"产业发展风险基金"，防范产业发展风险，让贫困群众发展产业无后顾之忧。贫困人口在发展产业中不仅缺乏市场头脑和技术，更缺乏发展的勇气和动力，担心产业破产导致血本无归。"产业发展风险基金"是由政府先期建立基金，变到户资金为风险基金，在贫困村建立产业发展风险基金，实行专账专户管理。贫困人口通过借用产业扶持基金、扶贫小额信贷，发展符合自身实际的特色产业。一旦发生种养风险、市场风险，按照"补足成本、不补利润"的原则，先由保险公司理赔，再由风险基金按一定比例补助，确保贫困群众发展产业"不折本、少亏钱、零风险"。产业风险基金的建立，不仅给扶贫产业安了"保险杠"，而且给贫困群众吃了"定心丸"，最大限度消除了贫困人口的后顾之忧，激发贫困人口发展产业的意愿和热情，主动地实现自我脱贫。

贫困户劳动就业是脱贫见效最快、最直接的途径。产业发展必然带来就业机会，实现贫困人口的就业是稳定脱贫的长久之计。打好脱贫攻坚战，关键在人，在人的观念、能力、干劲。让贫困人口有一技之长，可以提升自主发展的意愿，脱贫致富更有劲头。以就业提升贫困人口生计的主要举措有：

一是开发产业扶贫项目，鼓励引导企业、村集体经济组织和创业带头人开发建设扶贫就业项目，加大扶贫就业项目奖补政策落实力度，促进农村贫困人口就地就近就业，对吸纳农村贫困人口就业的项目给予相应的补贴。

二是设置扶贫公益岗位。开发储备卫生保洁、公路养护、森林管护、治安巡逻等扶贫公益岗位，对有劳动能力而就业困难的农村贫困人口实施托底安置，实现就业增收，增强发展动能。

三是开展形式多样的技能培训，提高生存技能和发展的能力。通过实施就业奖补，有效激发了贫困群众务工的积极性、主动性。

习近平总书记多次强调，贫困群众既是脱贫攻坚的对象，更是脱贫致富的主体。坚决打赢脱贫攻坚战，政府的帮扶是必要的，但让贫困群众真正脱贫解困，需要不断改进帮扶方式，最终还是要靠贫困群众自己。产业扶贫给贫困地区带来新的发展机遇，同时也拓宽了贫困人口就业渠道，聚焦"两业"不但增强了贫困人口的经济收入，而且真正提升了自我脱贫的能力和主人翁意识。

二、"以奖代补""以购代捐"与破解福利陷阱

精准扶贫以前，扶贫开发工作主要以简单的送钱送物形式给予贫困人口物质性帮扶，长此以往助长了贫困人口"等靠要"的思想。脱贫攻坚战打响以来，扶贫不再是大水漫灌式的，而是更加精准化。扶贫帮扶方式不再是简单的发钱发物，而是以贫困人口为脱贫主体，把扶贫与扶志相结合。为了充分激发贫困人口脱贫奔小康的内生动力，地方政府探索出"以奖代补""以购代捐"机制，拓宽了帮扶方式，激励贫困户积极发展、主动脱贫，实现了外源性扶贫向内源性扶贫的转变。

"以奖代补"机制的提出主要是针对有的贫困群众虽然在务工，但工作懒懒散散，脱贫致富积极性不高；有的贫困群众发展种养业但是不上心、不主动；还有的贫困群众儿女以贫穷为由，不愿赡养尽孝的问题。在这样的背景下"以奖代补"机制应运而生。对有劳动能力的贫困群体，采取以奖代补、先建后补和发放劳务补助等方式，将帮扶政策措施与贫困群众实际劳动挂钩，避免简单给钱给物，推动贫困群众提升脱贫主动性和创造性。贫困人口凭借自身劳动获得奖励的同时，也获得了自我价值的认同和劳动成果的认可，既提高了收入，又激发了内生动力。"以奖代补"在程序上，首先采取自愿申报的原则，凡是符合条件的贫困人口都可以向村两委提出申请。

其次由群众大会和村两委进行初评、初审，乡镇负责审核。最后张榜公示，在评选程序上力图做到公平、公开、透明。在"以奖代补"的具体内容上，一是"就业增收奖补"。按照"多劳多奖、少劳少奖"的原则，对通过技能培训外出务工，年收入5000元以上的，按年度实际收入的3%、最高不超过1500元的标准给予奖补。二是"种养业增收奖补"。对发展庭院种养殖业增收1000元以上的，按年度实际收入的10%–15%、最高不超过2000元的标准给予奖补。三是"孝老爱亲奖补"。对孝老爱亲且每月赡养费达到100元以上的，按每年100元–300元标准给予奖补。奖补政策激发了群众务工、发展种养殖业、敬老爱老的积极性，同时也提高了财政扶贫资金效益。

"以购代捐"是让帮扶者以略高于市场的价格从贫困户家中购买农副产品，替代资金捐赠帮扶，是一种激发贫困户发展潜力的新型扶贫模式。"以购代捐"建立了市场与农户之间对接的桥梁，实现了农业生产从土地到餐桌的有效对接，提升了贫困人口发展产业脱贫奔小康的信心，解决了农业产品销售难的担忧。对于深度贫困地区而言，守着巨大的资源优势，由于信息不畅通，市场观念缺乏，难以转化为经济收益。"以购代捐"扶贫活动的创新之处在于，倡议全社会爱心人士以认购的方式购买贫困地区农畜产品，让农民不再担心丰产不丰收，提升发展产业脱贫致富的信心，带动更多贫困群众实现持续增收、稳定脱贫，把社会爱心汇聚成为打赢打好深度贫困地区脱贫攻坚战的磅礴力量。

三、物质帮扶与精神激励并重

全面打赢脱贫攻坚战需要解决好物质贫困和精神贫困两大难题，物质帮扶直接有效，帮助贫困人口短期内实现脱贫目标，但一旦失去政府的帮扶，贫困人口很容易又一次陷入贫困状态。因此精神扶贫成为脱贫攻坚路上必须啃下的"硬骨头"，只有贫困人口提升对脱贫的认识，主动脱贫，这样的脱贫成效才是可持续的。当前脱贫攻坚要坚持扶贫与扶志、扶智相结合，把救急纾困和内生脱贫动力结合起来，着力转变帮扶方式，坚持物质帮扶同精神激励相结合，不包办代替，不直接给钱给物，引导贫困群众牢固树立脱贫致富主体意识，克服等靠要思想，激励和引导他们树立"弱鸟先飞""自力更生"的思想观念，通过物质帮扶与精神奖励相结合的方式引导贫困群众主动参与到脱贫攻坚战中，推动贫困人口自觉地辛勤劳动，自立自强，脱贫致富。

"爱心美德公益超市"探索出一种物质帮扶与精神奖励并重的扶贫新模式。"爱心美德公益超市"与普通超市一样，商品丰富多样，应有尽有。不同的是，爱心超市的商品都是来源于社会企业和爱心人士的捐助，所有商品标注的价格不是钱数而是积分，在爱心超市中只能使用积分卡进行结算。爱心超市主要针对的是贫困户、留守妇女和留守儿童，主要扶贫内容是人居环境改善、社会助学、"巧媳妇"工程等。具体实施上，首先为建档立卡贫困户每月发放30分"爱心对接卡"，作为基本的保障。同时，还设立"积分卡"，由村干部和驻村工作队每周对贫困户居住环境进行评分，如果建档立卡的贫困户每个星期室内外卫生保持好，还能得到10分"积分卡"奖励。用这些积分在超市开放日内领取生活物品，可以满足家庭的日常需求。爱心超市通过以表现换积分、以积分换物品的激励形式，既满足了贫困人口的物质需求，同时改变了他们的精神面貌，有效提升了贫困人口参与脱贫的自觉性、积极性、主动性，达到了"积分改变习惯、勤劳改变生活、环境提升精气神"的目标。

穷且益坚，不坠青云之志。在精准扶贫与精准脱贫全过程中，需要始终将精神扶贫贯穿其中，坚持精准扶贫与精神扶贫并重。在脱贫攻坚路上，贫困人口不能做永远"装睡的人"，而应唤醒他们主动脱贫致富的梦想，真正成为脱贫致富的主人。脱贫攻坚要绵绵用力，不断激发贫困人口自我发展的内生力，振奋脱贫精气神，增强群众致富主动性，增添精准脱贫新动力，提升脱贫攻坚战的决战决胜信心，同时为实施乡村振兴战略和加快全面小康步伐奠定坚实的基础。

04
以文化人塑造脱贫攻坚新风尚

中国文化博大精深、源远流长。在不同的历史时期中国文化以其特有的感召力和影响力激励着一代代中国人，并且形成了中国精神、中国价值、中国力量。在精准扶贫精准脱贫中发挥好文化力量的作用，提升贫困人口的内生动力，对于全面打赢脱贫攻坚战具有重大意义。

一、以红色文化引领脱贫攻坚

在中国共产党的历史进程中，红色文化精神具有重要价值。在革命战争年代形成的独具特色的红色文化激励共产党人艰苦奋斗、自力更生，最终赢得了革命的胜利。在新时代红色文化仍具有重大意义，挖掘红色文化的时代价值，打造脱贫攻坚"红色引擎"，利用红色文化激发贫困人口的内生动力，助力精准脱贫与精神脱贫，成为脱贫攻坚的新风尚。

文化具有物质力量难以匹敌的精神力量。在精准扶贫精准脱贫中，各地积极挖掘红色文化资源，以传承和弘扬红色精神为依托，走出了一条红色文化引领脱贫攻坚的道路，成为脱贫的样本。其做法主要有：

一是以红色精神为引领，推动红色文化与精准扶贫的有机结合。各地在精准扶贫推进的过程中，认真贯彻落实中央关于精准扶贫的战略部署，牢牢抓住精准识别、精准帮扶、精准管理这"三个关键"，结合地方实际形成了独具特色的脱贫攻坚路。例如，井冈山在脱贫攻坚中以井冈山精神为引领，不断创新，做到"三卡识别"（即将贫困户按贫困程度细分为红卡特困户、蓝卡一般贫困户、黄卡脱贫边缘户），因户因人分类施策更加精准，更加具有针对性。革命老区为中国革命做出了巨大的贡献和牺牲，在脱贫攻坚战中将厚植本土的革命精神继续发扬光大，汇聚成为新时代脱贫攻坚力量。

二是红色文化带动红色旅游业，实现文化与旅游业融合，培育增收新渠道。对于革命老区而言，红色文化是一笔宝贵的精神财富，将精神财富转化为经济效益是贫困地区和贫困人口脱贫的重要途径。首先，完善基础设施，开发红色旅游产业，借助旅游业的发展带动文化产品、绿色产品、文化表演等相关产业，让红色旅游业惠及贫困群体。其次，强化红色资源的爱国主义教育和革命传统教育功能，利用红色资源发展红色教育培训，打造教育培训产品。最后，红色旅游带动乡村旅游，乡村民宿、家庭农场、农家乐等进一步带动贫困村、贫困户脱贫致富。

三是以红色文化为引擎，讲好红色故事，实施志智双扶工程。在革命年代红色精神激励人们不断地前进，当前红色精神依旧具有巨大的潜力。通过示范带动、教育、技术培训等方式，为贫困群众注入强大的内生动力，形成"后富学先富、大家齐致富"的良好氛围。

决胜脱贫攻坚的决定性因素在"人"，而"人"的关键在精神动力和自我发展能力。以红色文化引领脱贫攻坚，能够充分挖掘和激发出强大的精神力量，充分调动贫困人口参与扶贫开发，构建精准扶贫与精神扶贫相结合的新型扶贫理念和机制，实现稳定脱贫。

二、以传统文化应对精神贫困

中国优秀传统文化绵延不断，薪火相传，是中华民族和中国人民的精神财富和动力源泉。在贫困地区传统文化的影响力相对较弱，存在不思进取、依赖性强的不良风气，这成为精准扶贫精准脱贫的思想阻碍。大力弘扬优秀的传统文化，为脱贫攻坚提供充足的文化养分，是应对精神贫困的有效举措之一。传统文化具有深厚的历史底蕴，将传统文化与精神扶贫紧密结合，依托丰富内涵的传统文化滋养，鼓舞贫困群众，实现外部帮扶与内生发展的稳定长效脱贫，为全面打赢脱贫攻坚战和全面建成小康社会凝聚强大的精神能量。

纵观全国各地扶贫开发工作，面临的形势不同，脱贫之路也不尽相同。具有历史文化底蕴的贫困地区，利用地域人文优势，把优秀的传统文化融入精准扶贫和精神扶贫进程中，实现了扶贫扶志相结合。其主要举措有：

一是以传统文化为引领，以志气激发动力。以授课和讲座的形式，启迪贫困群众的心智，唤醒贫困群众的内生动力。同时用编制扶贫手册、印刷政策漫画等形式，把党的政策福音传递到基层，传递给每一个贫困家庭。传统文化的传播离不开教育，教育更是阻断贫困代际传递的主要途径，加大教育的扶贫力度，对贫困家庭的学生实行"一人一档案、一人一专案"，制订精细化教育资助方案，让贫困人口脱贫致富路更加稳固、更加长久。

二是厚植传统文化基因，营造主动脱贫的风气。将优秀的传统文化作为打赢脱贫攻坚战的引擎，破解贫困人口精神贫困。利用好人榜、致富能人榜、脱贫先进榜等载体，宣传新时代的扶贫精神。组织贫困群众参观学习脱贫典型，唤起他们想脱贫、谋脱贫的主动性，营建输血式与造血式相结合的脱贫风尚。同时依托传统文化中的道德、美德内涵建立正面激励和道德约束机制，推行喜事新办、厚养薄葬、丧事简办的文明风气，形成一种积极向上、向美的精神面貌。

三是挖掘传统文化的时代内涵，聚焦"老弱病残"特困群体，政策救助与人文关怀双管齐下，强化保障性扶贫，形成敬老爱幼、慈善互助的扶贫局面。在脱贫攻坚中特困群体由于劳动能力的缺乏，依靠自身能力难以脱贫，需要政府兜底保障，同时也离不开邻里之间的关爱、互助。推崇儒家的孝德文化，创造孝老爱亲的氛围，形成一人有难众人帮、一家贫困大家扶的良好局面，让主动脱贫、守望相助成为习惯。

精神贫困、思想贫困束缚了扶贫开发事业的深入推进，也影响了脱贫开发的成效，以传统文化的力量培育贫困户自力更生的意识是行之有效的举措。以优秀传统文化为引领，寓精神扶贫与精准扶贫一体，形成了"精神扶贫促进精准脱贫，精准脱贫提升精神扶贫"的良性循环，实现了智志双扶，使脱贫成效经得起时间和历史的检验。

三、以移风易俗培育文明乡风

在中国深度贫困地区，脱贫攻坚任务的艰巨性不仅是物质帮扶，更重要的是破除贫困人口的精神贫困。就贫困群众而言，需要改变传统生活陋习，提升他们发展的能力，激发内生动力。对于贫苦地区和贫困村而言，需要改变弥漫在贫困村的互相攀比、铺张浪费、大操大办的不良风气，移风易俗，推崇科学文明的生活方式，让现代文明不断地渗透，营造出积极向上的文明乡风。脱贫攻坚不断深入推进的过程也是物质脱贫向精神脱贫循序渐进拓展的过程，因此要根除不良风气和陈规陋习，引导贫困群众树立自食其力、争先脱贫的信念，养成现代文明生活习惯，推动贫困群众追求美好幸福生活，最终摆脱物质和思想的贫困。

新时代，以脱贫攻坚和乡村振兴为契机，各地积极探寻移风易俗、培育文明乡风的新方式。其主要做法有：

一是依据贫困村自身的特点和风俗习惯，建立自治性、制度性保障。通过成立村民议事会、道德评议会、红白理事会、禁毒禁赌协会等自治组织，对婚丧嫁娶大操大办、封建迷信、诚信缺失等突出问题自治管理。发挥村规民约、乡村自治的作用，以制度化的形式调整和约束村民的行为，不断建立健全完善自治、德治、法治相结合的乡村治理体系。同时广泛开展村官讲村规、村规送村民等活动，多渠道进行释疑解惑和宣传解读，教育引导贫困群众自觉遵守村规民约，维护村庄公共秩序、公共环境。

二是开展典型示范带动引领，建立常态化的正向激励机制。利用"文明家庭""星级贫困户"以及"好公婆""好媳妇""好儿女"等道德典型的评选活动，提高贫困村文明水平。对优秀的道德典范人物事迹进行重点宣传、大力表彰，并给予帮扶政策的倾斜，激励带动更多贫困户积极主动参与脱贫攻坚，支持脱贫攻坚工作，以此形成良好风气。探索道德积分激励机制，贫困群众善行义举通过量化积分的形式，记入家庭道德积分卡，在扶贫超市兑换物品或申请帮扶，让善行义举得到回报，让互帮互助关心关爱成为新民风。

三是改善人居环境，提升贫困人口的精气神。在推进精准扶贫和精神扶贫的过程中，需要实现贫困群众从内而外的转变，不仅激发贫困人口内生动力，同时需要改善贫困人口的人居环境，改变精神面貌。首先针对贫困村和贫困人口进行危旧房改造、易地搬迁、美丽乡村建设等，改变贫困人口生活居住环境。其次以各种形式的活动，激励贫困人口保持家庭院落的整洁、干净。人居环境的改善不仅是脱贫攻坚路上的关键一招，也是实现乡村振兴的基础。

文明乡风对村民尤其是贫困人口的影响是潜移默化的，移风易俗培育文明乡风、淳朴民风、和睦家风是根除解决"等靠要""养懒汉""争当贫困户"难题的有力措施。陈规陋习和不良风气的盛行，不仅侵蚀了广大村民尤其是贫困群众争脱贫、创事业的心气，而且阻碍了村民自治和乡村秩序的规范化。现代化的文明乡风引导贫困人口树立正确的人生观和价值观，用先进典型感染每一户贫困家庭、每一位贫困群众，坚定他们摆脱贫困的信念，为贫困地区和贫困人口早日脱贫摘帽营造了文化环境。

四、以监管惩戒规避不良行为

针对贫困人口主观层面上安于现状、依赖心理、脱贫信心不振等内生动力不足的问题，各地主要围绕教育培训、文化精神引导、典型示范带动等方面进行探索。但是对于不思进取的贫困群众以积极引导为主远远不够，为此，加强对贫困群众的约束和监管是实现精神脱贫的必要方式。监管和惩戒贫困人口的不良行为，重视贫困人口的信用建设成为部分贫困地区扶贫开发事业的新路子，以监管惩戒的方式倒逼贫困人口提高脱贫的积极性、主动性，从而规避了政策"养懒汉"的现象。

从全国率先实现脱贫摘帽的贫困区县看，在精准扶贫精准脱贫中形成了诸多可借鉴、可复制的脱贫样本。部分贫困地区通过列出

"责任清单"和"负面清单"的形式，形成正向激励与反向约束相结合的"歇帮"机制脱贫模式。其操作方法有：

一是"歇帮"即暂停帮扶。"歇帮"机制的建立首先明确"歇帮"条件，根据本地实际修订完善村民议事规则，建立贫困户正负清单，让贫困户明确应该做什么、必须做什么、不能做什么，细化负面指标。如果贫困户违反村规民约，出现脱贫主动性差、好吃懒做、品行不正、违法乱纪等负面指标，那么就会暂时停止对该贫困户的帮扶，停止享受扶贫优惠政策。

二是建立有效的防范机制，防止贫困户"脱帮""落帮"。聚集基层组织、帮扶干部、社会团体等力量，针对"歇帮"贫困户因户施策，制定切实可行的脱贫政策，加强对贫困户的政策宣传解读，提升贫困人口的精气神，让贫困人口看到主动脱贫的美好前景，激励其早日脱贫致富。

三是制定"复帮"措施，贫困户经过思想政治教育、感恩奋进教育、法律法规教育等，能自觉遵守"歇帮"机制各项条款，即恢复对其帮扶。通过歇帮治懒进行反面警示教育，引导贫困户真正认识到自己是脱贫的主体，主动与帮扶指导人员共同努力，实现"要我脱贫"到"我要脱贫"的转变。"歇帮"不是"落帮"，更不是"不帮"，而是为了更精准、有效的帮扶。

有效的监管和适度的惩戒目的是为了反向激励贫困人口积极参与脱贫，着力改变贫困人口与国家精准脱贫战略不相匹配的观念、思想和认知。"歇帮"即暂停帮扶的机制是贫困村内部贫困户之间互相监督和制约的有效脱贫机制，增强了贫困人口的荣辱感。更重要的是让贫困户明白脱贫致富是自己的事，以国家精准帮扶政策为契机，不断提升自我生产技能和自我发展能力，最终摆脱贫困。

习近平总书记曾深刻指出："摆脱贫困首要并不是摆脱物质的贫困，而是摆脱意识和思路的贫困。扶贫必扶智，治贫先治愚。贫穷并不可怕，怕的是智力不足、头脑空空，怕的是知识匮乏、精神委顿。脱贫致富不仅要注意富口袋，更要注意富脑袋。"自精准扶贫以来，中国的脱贫攻坚取得举世瞩目的成绩。各地积极探索精准脱贫与精神扶贫相结合的扶贫模式和路径，聚焦提升贫困人口的内生动力和自我发展能力，从根本上破解思想观念的贫困，让贫困人口既"富口袋"又"富脑袋"，为打好脱贫攻坚战、实现乡村振兴和全面建成小康社会筑牢根基。

08 第八章

综合保障扶贫

　　长期以来，坚持"开发式扶贫"是中国减贫事业的重要特征，"扶贫开发"是中国减贫成就的主要来源。然而，这并不意味着可以将"扶贫开发"和中国减贫事业直接画等号，早在 20 世纪 80 年代开展大规模扶贫开发行动之前，中国就已经开展了大量保障性的扶贫实践。中华人民共和国成立之初即形成的"五保"制度，极大改善中国农村健康水平的"赤脚医生"，以及一系列扫盲运动，都为农村长期的减贫与发展奠定了基础。2012 年以来，脱贫攻坚战全面打响，"保障性扶贫"理念与政策进一步强化，"兜底保障"作为"五个一批"之一，成为精准扶贫精准脱贫的重要内容。随着脱贫攻坚战取得决定性进展，保障性扶贫也将在中国 2020 年后的减贫战略中发挥关键作用。

01
贫困人口生活有托底

　　虽然贫有百样、困有千种，但无法获得稳定的收入仍是贫困最基本的形态。对于有劳动能力的群体，开发式扶贫无疑是脱贫的最有效途径。然而，对于缺乏或丧失劳动能力的"老弱病残"群体，以及其他由于种种原因难以进入劳动力市场、难以获得劳动收入的群体而言，让他们的生活有托底则成为减贫的重要手段与目标。改革开放以来，中国贫困问题的规模以及经济发展水平，决定了"开发式扶贫"的优先性，但保障性的扶贫工作从未缺席。党的十八大以来，随着阶段性扶贫目标的实现，开发式扶贫战略的转型与拓展势在必行。加强和完善综合保障扶贫成为新阶段脱贫攻坚战的重要选择，成为打赢脱贫攻坚战的重要方略。

一、社会保障兜底脱贫的顶层设计

　　截至 2015 年末，中国贫困人口中完全或部分丧失劳动能力的有 2000 万至 2500 万人，社会保障来兜底成为实现 2020 年贫困人口全部脱贫的必然选择。习近平总书记多次强调，要通过兜底保障脱贫一批，"要把社会保障兜底扶贫作为基本防线，加大重点人群救助力

度，用社会保障兜住失去劳动能力人口的基本生活"；"对无法依靠
产业扶持和就业帮助脱贫的家庭实行政策性保障兜底"①。基于精准
扶贫精准脱贫的基本方略，开发式扶贫与兜底保障扶贫的关系也更
加明确，为具体的政策设计提供了重要依据。

　　作为打赢脱贫攻坚战的战略纲领，《中共中央国务院关于打赢脱
贫攻坚战的决定》（以下简称《决定》）对完善农村最低生活保障制度，
实现"五个一批"的"兜底保障脱贫一批"做出了明确安排。《决定》要
求："完善农村最低生活保障制度，对无法依靠产业扶持和就业帮助
脱贫的家庭实行政策性保障兜底。加大农村低保省级统筹力度，低
保标准较低的地区要逐步达到国家扶贫标准。尽快制订农村最低生
活保障制度与扶贫开发政策有效衔接的实施方案。进一步加强农村
低保申请家庭经济状况核查工作，将所有符合条件的贫困家庭纳
入低保范围，做到应保尽保。加大临时救助制度在贫困地区落实
力度。提高农村特困人员供养水平，改善供养条件。抓紧建立农
村低保和扶贫开发的数据互通、资源共享信息平台，实现动态监
测管理、工作机制有效衔接。加快完善城乡居民基本养老保险制
度，适时提高基础养老金标准，引导农村贫困人口积极参保续保，
逐步提高保障水平。有条件、有需求的地区可以实施'以粮济
贫'。"这些决策部署既包括对已有政策的延续和完善，也开辟了若

---

① 《习近平谈治国理政》第 2 卷，89 页，北京，外文出版社，2017。

干政策创新的方向。

　　基于上述决策部署，民政部作为中国农村最低生活保障制度的执行部门，也出台了一系列的文件推进相关工作。2016年出台的《关于做好农村最低生活保障制度与扶贫开发政策有效衔接的指导意见》提出，要通过农村低保制度与扶贫开发政策的有效衔接，形成政策合力，对符合低保标准的农村贫困人口实行政策性保障兜底，确保到2020年现行扶贫标准下农村贫困人口全部脱贫。2017年《国务院关于进一步健全特困人员救助供养制度的意见》出台，进一步健全了特困人员救助供养制度。同年，民政部又会同相关部门发布《关于进一步加强医疗救助与城乡居民大病保险有效衔接的通知》，进一步加强医疗救助和城乡居民大病保险在对象范围、支付政策、经办服务、监督管理等方面的衔接。2018年，以提升农村低保规范管理水平为目标，民政部出台《全国农村低保专项治理方案》，集中治理"人情保""关系保""错保""漏保"，坚决查处农村低保工作中的腐败和作风问题，切实发挥农村低保在打赢脱贫攻坚战中的兜底保障作用。

二、完善农村最低生活保障制度

　　自农村低保制度建立以来，农村低保制度在规范管理、高效运行、公开透明等方面依然存在着不少问题，"人情保""关系保""错保"和"漏保"时有发生，个别地方还发生了监守自盗、靠山吃山的恶性违纪违规事件。党的十八大以来，民政部会同有关部门不断健全农村低保制度，不仅不断加大投入力度，提升贫困人口保障水平，同时加强了低保管理水平，确保低保制度公正透明。

一是保障资金需求。2017 年，中央财政安排困难群众救助补助资金 1331.09 亿元，统筹用于低保、特困人员救助供养、临时救助、流浪乞讨人员救助、孤儿基本生活保障五个支出方向。主要参考救助对象规模、地方财政困难程度、地方财政努力程度、地方工作成效等因素分配资金，并对工作成效好、救助任务重和财力困难地区给予倾斜。据统计，近年来，对于财力较为困难的中西部地区，中央财政在社会救助领域已承担了主要的筹资责任。中央财政安排的困难群众基本生活救助补助资金（含低保、特困人员救助供养、临时救助等补助资金）占全国同口径支出的比例已达到 70% 左右。其中，中央财政对东、中、西部地区的负担比例分别达到 38%、75%、79%。①

二是提高农村低保标准。根据《农村居民最低生活保障暂行办法》规定，最低生活保障标准由省、自治区、直辖市或者社区的市级人民政府按照当地居民生活必需的费用确定、公布，并根据当地经济社会发展水平和物价变动情况适时调整。截至 2016 年 12 月底，全国平均农村低保标准为 3744 元/人·年，年均增幅达到 17.8%；在

---

① 《民政部关于进一步完善农村低保制度的提案答复的函》，民政部，http://www.mca.gov.cn/article/gk/jytabljggk/zxwyta/201710/20171015006272.shtml。

国家扶贫标准从 2800 元提高到 2952 元的情况下，全国低于国家扶贫标准的县(市、区)数仍从 2015 年底的 1521 个减少为 600 个。

从 2012 年底到 2017 年底，全国农村低保平均标准从 2068 元/人·年，提高到 4301 元/人·年，增长 108%；全年支出农村低保金从 658.2 亿元提高到 1023.2 亿元，增长 55.5%，农村低保兜底保障能力显著增强。经与国务院扶贫办数据比对，截至 2017 年底，全国共有 1762 万建档立卡贫困人口纳入最低生活保障(其中已脱贫 878 万人、未脱贫 884 万人)；全国共有 126 万建档立卡贫困人口纳入特困供养(其中已脱贫 50 万人、未脱贫 76 万人)。两项合计，共有 1888 万建档立卡贫困人口纳入农村低保或特困人员救助供养范围(其中已脱贫 928 万人、未脱贫 960 万人)。[1]

三是加强低保规范管理。全国 31 个省(区、市)和新疆生产建设兵团均出台了《农村居民最低生活保障暂行办法》的具体实施办法或细则，制定了与之配套的低保审核审批办法或操作规程，明确了低保申请家庭收入、财产条件，规范了低保申请、审核、审批程序，强化了入户核查、听证评议、长期公示、动态管理等具体操作环节。各级民政系统逐步建立了社会救助家庭经济状况核对机制。一些地方在创新农村低保认定方面做出了较多的创新。

四是建立健全社会救助家庭经济状况核对机制。在会同公安部、

---

[1] 民政部 2018 年第四季度例行新闻发布会，http://www.scio.gov.cn/XWfbh/gbwxwfbh/xwfbh/mzb/Document/1640510/1640510.htm。

银监会开展户籍、车辆、银行存款等信息查询的基础上，2016 年民
政部会同证监会、住房城乡建设部、工商总局分别制定查询社会救
助家庭成员证券财产、住房公积金、住房保障、住房买卖和工商登
记等信息的具体办法。2016 年，全国共开展各类受托核对 9074 万
次，其中低保受托核对 8106 万次，住房保障类受托核对 479 万次，
其他受托核对 489 万次。①

三、推进"两项制度有效衔接"

脱贫攻坚战以前，农村扶贫标准由国家统一确定，而农村低保
标准则由地方确定，相当多地方两个标准有一定差距。要统筹协调
农村扶贫标准和农村低保标准，按照国家扶贫标准综合确定各地农
村低保的最低指导标准，低保标准低的地区要逐步提高到国家扶贫
标准，实现"两线合一"，发挥低保线兜底作用。为了推进"两项制
度"的有效衔接，民政部、国务院扶贫办等部门联合印发《关于做好
农村最低生活保障制度与扶贫开发政策有效衔接的指导意见》，对于
两项制度的政策、政策对象、标准和管理做出了明确的规定。

一是加强政策衔接。对符合农村低保条件的建档立卡贫困户，
按规定程序纳入低保范围，并按照家庭人均收入低于当地低保标准

的差额发放低保金。对符合扶贫条件的农村低保家庭，按规定程序纳入建档立卡范围，并针对不同致贫原因予以精准帮扶。对返贫的家庭，按规定程序审核后，相应纳入临时救助、医疗救助、农村低保等社会救助制度和建档立卡贫困户扶贫开发政策覆盖范围。对不在建档立卡范围内的农村低保家庭、特困人员，各地统筹使用相关扶贫开发政策。贫困人口参加农村基本医疗保险的个人缴费部分由财政给予补贴，对基本医疗保险和大病保险支付后个人自负费用仍有困难的，加大医疗救助、临时救助、慈善救助等帮扶力度，符合条件的纳入重特大疾病医疗救助范围。对农村低保家庭中的老年人、未成年人、重度残疾人、重病患者等重点救助对象，要采取多种措施提高救助水平，保障其基本生活，严格落实困难残疾人生活补贴制度和重度残疾人护理补贴制度。

二是加强对象衔接。县级民政、扶贫等部门和残联要密切配合，加强农村低保和扶贫开发在对象认定上的衔接。完善农村低保家庭贫困状况评估指标体系，以家庭收入、财产作为主要指标，根据地方实际情况适当考虑家庭成员因残疾、患重病等增加的刚性支出因素，综合评估家庭贫困程度。进一步完善农村低保和建档立卡贫困家庭经济状况核查机制，明确核算范围和计算方法。对参与扶贫开发项目实现就业的农村低保家庭，在核算其家庭收入时，可以扣减必要的就业成本，具体扣减办法由各地根据实际情况研究制定。"十三五"期间，在农村低保和扶贫对象认定时，中央确定的农村居民基本养老保险基础养老金暂不计入家庭收入。

三是加强标准衔接。各地要加大省级统筹工作力度，制订农村低保标准动态调整方案，确保所有地方农村低保标准逐步达到国家扶贫标准。农村低保标准低于国家扶贫标准的地方，要按照国家扶贫标准综合确定农村低保的最低指导标准。农村低保标准已经达到国家扶贫标准的地方，要按照动态调整机制科学调整。进一步完善农村低保标准与物价上涨挂钩的联动机制，确保困难群众不因物价上涨影响基本生活。各地农村低保标准调整后应及时向社会公布，接受社会监督。

四是加强管理衔接。对农村低保对象和建档立卡贫困人口实施动态管理。乡镇人民政府（街道办事处）要会同村（居）民委员会定期、不定期开展走访调查，及时掌握农村低保家庭、特困人员和建档立卡贫困家庭人口、收入、财产变化情况，并及时上报县级民政、扶贫部门。县级民政部门要将农村低保对象、特困人员名单提供给同级扶贫部门；县级扶贫部门要将建档立卡贫困人口名单和脱贫农村低保对象名单、脱贫家庭人均收入等情况及时提供给同级民政部门。健全信息公开机制，乡镇人民政府（街道办事处）要将农村低保和扶贫开发情况纳入政府信息公开范围，将建档立卡贫困人口和农村低保对象、特困人员名单在其居住地公示，接受社会监督。

四、创新贫困人口保障模式

党的十八大以来，中国不仅进一步完善了已有的最低生活保障制度以实现贫困人口的兜底保障，还在此基础上针对农村弱势群体提供了更为全面的社会服务，从而为农村的稳定脱贫建立了保障机制。具体做法有：进一步完善社会福利制度，健全农村留守儿童、老年人关爱服务体系。扎实开展"合力监护、相伴成长"关爱保护专项行动，加强农村留守儿童和困境儿童基本信息动态管理，健全救助保护机制，完善关爱服务体系。建立联络人和定期探访制度，探索建立关爱服务内容清单，推广互助和为老志愿服务等活动，确保留守老年人得到基本生活照料。积极发展残疾人事业，加大残疾人事业和公共服务投入，提高残疾人康复服务水平。

截至 2017 年底，全国 76.9 万名留守儿童中，89.5% 落实了监护责任，登记落户 12.5 万名，1.2 万名返校复学。全国初步形成以家庭赡养为基础、养老机构和互助幸福院为依托、农村老年协会参与、乡镇敬老院托底保障的农村养老服务供给格局。全国社区养老服务机构和设施 3.5 万个，社区互助型养老设施 7.6 万个，农村敬老院 2 万余家。[①] 这些措施不仅直接改善了农村弱势人群的福利水平，也从

[①] 黄树贤：《切实发挥民政在脱贫攻坚战中的兜底保障作用》，载《人民日报》，2018 年 1 月 18 日第 13 版。

长远上为农村的减贫和防贫奠定了良好基础。

02
贫困人口健康有保障

国务院扶贫办建档立卡数据显示，截至 2014 年，因病致贫、因病返贫贫困户有 1256 万户，占建档立卡贫困户总数的 42.4%。在建档立卡贫困人口中，患大病的有 417 万人，占 4.7%；患长期慢性病的有 1504 万人，占 16.8%。在各种致贫原因中，因病致贫在各地区都排在最前面。[①] 因此，使贫困人口看得起病、看得好病，保障其身体健康成为脱贫攻坚的重要内容，为此有关部门通过一系列的顶层设计和超常规的投入保障了贫困人口的健康。

一、健康扶贫的顶层设计

2015 年 11 月 27 日，习近平总书记在中央扶贫工作会议上的讲话中，要求"要加强医疗保险和医疗救助，新型农村合作医疗和大病保险政策要对贫困人口倾斜"[②]。《中共中央国务院关于打赢脱贫攻

[①] 国务院扶贫开发领导小组办公室：《脱贫攻坚政策解读》，108 页，北京，党建读物出版社，2016。

[②] 《习近平谈治国理政》第 2 卷，85 页，北京，外文出版社，2017。

坚的决定》明确提出"实施健康扶贫工程,保障贫困人口享有基本医疗卫生服务,努力防止因病致贫、因病返贫","通过综合施策,形成政策合力,突出问题导向,实施精准扶贫,有效防止因病致贫返贫"。健康保障是中国脱贫攻坚政策体系设计的有机组成部分。2016年9月,国家卫生计生委等15个部委联合发布《关于实施健康扶贫工程的指导意见》,提出要建立基本医疗保险、大病保险、疾病应急救助、医疗救助等制度的衔接机制,发挥协同互补作用,形成保障合力。健康扶贫工程重点包括五方面政策措施:第一,提高医疗保障水平,切实减轻农村贫困人口医疗费用负担。第二,对患大病和慢性病的农村贫困人口进行分类救治。第三,实行县域内农村贫困人口住院先诊疗后付费。第四,加强贫困地区医疗卫生服务能力建设。第五,加强贫困地区公共卫生和疾病预防控制工作。

为将因病致贫因病返贫作为扶贫硬骨头的主攻方向,实行"靶向治疗",在调查核实农村贫困人口患病情况的基础上,按照"大病集中救治一批、慢病签约服务管理一批、重病兜底保障一批"的要求,2017年,国家卫生计生委、民政部等部门联合制定了《健康扶贫工程"三个一批"行动计划》。计划拟于2017—2020年,对核实核准的患有大病和长期慢性病的农村贫困人口(指建档立卡贫困人口和农村低保对象、特困人员、贫困残疾人),根据患病情况,实施分类分批救治,确保健康扶贫落实到人、精准到病,有效解决因病致贫、因病返贫问题。

在上述文件的基础上，国家卫生健康委、国家发展改革委、财政部、国家医保局和国务院扶贫办于 2018 年又联合制定了《健康扶贫三年攻坚行动实施方案》。方案关于健康扶贫又提出了更高水平的医疗保障目标：到 2020 年，基本医疗保险、大病保险、签约服务管理、公共卫生服务对农村贫困人口实现全覆盖；贫困地区医疗卫生服务能力和可及性明显提升，贫困人口大病和长期慢性病得到及时有效治疗，贫困地区艾滋病、结核病、大骨节病等重大传染病和地方病得到有效控制，健康教育和健康促进工作明显加强，贫困地区群众健康素养明显提升。

二、减轻农村贫困人口医疗费用负担

2015 年，大病保险全面实施，针对大病患者高额医疗费用在基本医保之上给予进一步支付，继续向困难群众倾斜，实行降低起付线、提高报销比例和封顶线等精准支付措施。国家分别四次明确统一从居民医保人均财政补助新增部分拿出 20 元、10 元、20 元、15 元用于大病保险。为加强大病保险和医疗救助制度衔接，明确要求各地统筹考虑大病保险筹资水平、当地人均可支配收入等因素，制定大病保险向农村贫困人口之外的城乡低保对象、特困人员、低收入重度残疾人、老年人、未成年人、重病患者等困难群众倾斜的具体办法。①

2016 年以来通过实施健康扶贫工程，中国将贫困人口全部纳入
基本医保、大病保险、医疗救助保障范围。通过在政策范围内提高
贫困人口报销比例，降低大病保险起付线等一系列倾斜性医保扶贫
政策，综合提高贫困人口住院和门诊的报销水平。在这个基础上，
针对一些医疗负担还比较重的大病和重病患者，地方进一步按照精
准扶贫、精准脱贫的方略，采取适当的兜底措施，将贫困人口患大
病重病医疗费用负担控制在家庭可承受范围之内。通过综合施策，
全国贫困人口的住院费用自付比例从 2016 年的 46% 左右下降到现在
的 10% 左右。②

这些举措有效地降低了贫困人口的医疗负担，有力地化解了健
康扶贫工程实施以来，精准识别和分类救治难以全面推进的困境，
贫困人口医疗负担显著减轻。2017 年建档立卡贫困患者人均医疗费
用和人均自付比例同比下降，其中人均自付比例为 15.8%，较 2016
年下降 26.6%。③ 一些地方结合实际，加大力度完善保障政策，提
高保障水平。例如，安徽省分别将新农合、大病保险补偿比提高 5
个、10 个百分点，规定贫困人口在县、市、省三级医疗机构就诊，

① 国家医疗保障局对十三届全国人大二次会议第 8317 号建议的答复，http://www. nhsa.
gov. cn/art/2019/8/14/art_26_1643. html。
② 国家卫生健康委介绍《解决贫困人口基本医疗有保障突出问题工作方案》等有关情况，
http://www. gov. cn/xinwen/2019 – 07/09/content_5407681. htm。
③ 中国人口与发展研究中心：《中国健康扶贫研究报告》，北京，人民出版社，2019。

个人年度自付费用为"三五一"，即不超过 3 千元、5 千元和 1 万元，超出部分，合规费用由政府兜底，2017 年安徽专项救治病种实际报销比例达到 91.6%。四川省通过政府投资、吸收社会捐赠等方式建立扶贫救助基金，对贫困患者进行补助，保证个人自付比例不超过10%。贵州省则推行健康扶贫补充保险，各病种实际报销比例由原来的 50%—60% 提高到 80% 以上。

三、大病和慢性病分类救治

2016 年以来，国家卫生计生委会同有关部门相继印发了《关于实施健康扶贫工程的指导意见》《健康扶贫工程"三个一批"行动计划》等。"三个一批"即"大病集中救治一批，慢病签约服务管理一批，重病兜底保障一批"。其中，推进农村贫困人口大病专项救治，就是工作重点之一。实施健康扶贫工程"三个一批"行动计划，组织对患有大病和长期慢性病的农村贫困人口进行分类救治，能够帮助患者解除病痛，尽快恢复生活生产能力，帮助家庭甩掉疾病的沉重负担，帮助他们摆脱因病致贫、因贫病重的恶性循环困境，有效解决因病致贫因病返贫问题，使整个家庭重新燃起生活的希望。

2017 年印发的《农村贫困人口大病专项救治工作方案》主要针对罹患儿童白血病、儿童先天性心脏病、食管癌等 9 种大病的建档立卡农村贫困人口和农村低保、特困人群，按照"四定两加强"的原则，即"定定点医院、定临床路径、定单病种费用、定报销比例，加强质量管理，加强责任落实"，进行集中救治管理。

截至 2017 年底，已经分类救治 420 多万名大病和慢性病贫困患者。截至 2017 年 10 月，因病致贫返贫贫困户已经脱贫 493 万户，占因病致贫返贫总户数的 46%，脱贫速度与全国建档立卡贫困户脱贫基本保持同步。[①] 截至 2018 年 8 月底，我国所有承担扶贫任务的省份均印发了省级工作方案，并通过信息系统报送大病专项救治信息。目前已确诊病例 26.1 万人，已救治 22.6 万人，累计救治次数 99.6 万人次。部分省份还在国家要求病种基础上，结合本省实际，扩大了病种覆盖范围。例如，山西、江西将病种扩大到 20 种以上。

四、加强贫困地区医疗卫生服务体系建设

加强基层医疗卫生服务体系建设，安排中央投资 474.8 亿元支持近 2000 个县级医院和近 11 万个乡镇卫生院、村卫生室基础设施建设，改善医疗服务条件，提高基本医疗卫生服务公平性和可及性。继续推进基层医疗卫生机构综合改革，激发基层机构活力。实施基层中医药服务能力提升工程，在 3 万多个乡镇卫生院、社区卫生服务中心建立中医综合服务区。全国 1.3 万家医疗机构开展远程医疗服务，远程医疗已覆盖所有国家级贫困县。超过一半的三级医院开

[①] 中华人民共和国卫生健康委员会：《对十三届全国人大一次会议第 6446 号建议的答复》，http://www.nhc.gov.cn/wjw/jiany/201901/51d0c8394e10466589573094e8d5cf66.shtml。

展日间手术试点。医疗服务网络更加健全，县域内就诊率进一步提升。2016 年 11 月国家发改委印发的《全民健康保障工程建设规划（2016—2020 年）》提出，到 2020 年，要实现每个贫困县至少有 1 所县级公立医院，每个乡镇有 1 所标准化乡镇卫生院，每个行政村有 1 个卫生室，在乡镇卫生院和社区卫生服务中心建立中医综合服务区的目标。

医疗卫生水平显著提高。2017 年，贫困地区农村拥有合法行医证医生或卫生员的行政村比重为 92.0%，比 2012 年提高 8.6 个百分点；92.2% 的贫困户所在自然村有卫生站，比 2013 年提高 7.8 个百分点；拥有畜禽集中饲养区的行政村比重为 28.4%，比 2012 年提高 12.4 个百分点；61.4% 的贫困户所在自然村垃圾能集中处理，比 2013 年提高 31.5 个百分点。

03

贫困家庭子女有学上

"教育是阻断贫困代际传递的治本之策"。以世界银行贫困线为标准，劳动力接受教育年限少于 6 年，贫困发生率大于 16%；若将接受教育年限增加 3 年，贫困发生率会下降到 7%。中国政府注重发挥教育在扶贫中的作用，让更多的贫困家庭孩子掌握改变命运的主导权。"治贫先治愚、扶贫必扶智。"党的十八大以来，在习近平总书记扶贫重要论述的指导下，中国教育扶贫顶层设计的核心理念逐渐由追求教育起点公平转向追求教育过程公平，实施教育精准扶贫，不仅发挥了教育扶贫扶志的作用，也通过教育资源的均等化配置阻断了贫困的代际传递。

一、教育扶贫的顶层设计

中国教育扶贫工程坚持对教育公平公正的价值追求，主要体现为三个层次：一是确保人人都享有平等的受教育的权利和义务；二是提供相对平等的受教育的机会和条件；三是教育成功机会和教育效果的相对均等。

追求公平的教育扶贫理念"让贫困家庭的孩子都能接受公平的有质量的教育"。万方玉是重庆市云阳县上坝乡人，受益于国家贫困地区定向招生专项计划，2015年高考后被北京大学环境科学与工程学院录取。此前，他的同乡也受惠于该项计划，圆梦北大，结束了这个乡一直无人考上知名大学的历史。乡亲们用修路来表达心中的喜悦，他们希望娃儿们都能走出大山去看看外面的广阔天地。由起点公平转向过程公平的教育扶贫理念，不仅切实保障了全体人民平等受教育的权利，而且更加注重办学过程和办学质量的提升，使教育发展水平和公平程度迈上一个新台阶。

2013年9月，国务院办公厅转发教育部等部门关于实施教育扶贫工程的意见，要求中国教育扶贫事业涵盖学前教育、基础教育、职业教育、高等教育等各个教育阶段，包括普通教育、职业教育（包括职业培训）、特殊教育、民族教育等各种类型，改善贫困地区教育软硬件条件和环境，以提高办学水平。此外，该意见还明确了"加快学校信息基础设施建设""推广优质数字教育资源应用""推进教育管理信息化建设"等内容。

2016 年 12 月，教育部等六部门印发《教育脱贫攻坚"十三五"规划》，要求通过发展学前教育，巩固提高九年义务教育水平，加强乡村教师队伍建设，加大特殊群体支持力度，加快发展中等职业教育，广泛开展公益性职业技能培训，积极发展普通高中教育，继续实施高校招生倾斜政策，完善就学就业资助服务体系，加强决策咨询服务等措施，切实改善贫困地区的办学状况，不断提高教育水平。

基于顶层设计，中国的教育扶贫实践涵盖了青少年成长、基础教育普及、高等教育提升以及贫困地区人力资源投资等各个方面。不仅开展城乡义务教育一体化改革行动以促进城乡教育公平，还通过"学前教育行动计划"保障适龄幼儿接受学前教育的权利。与此同时，贫困地区学生接受高中教育、职业教育和高等教育的机会也纳入了政策规划。贫困地区教育基础设施与师资力量都有巨大的提升，城乡教育资源分配不均的情况有了极大改观，实现了从"有学上"到"上好学"的转变。

二、巩固提高九年义务教育水平

2011 年全面实现"两基"目标以来，各地巩固"普九"工作取得了显著成效，义务教育入学率、巩固率持续提高。我国九年义务教育普及水平已经超过世界高收入国家的平均水平。2015 年全国九年义务教育巩固率达 93%，如期实现了教育规划纲要提出的中期目标，2016 年达到 93.4%。但少数农村地区特别是老少边穷岛地区仍不同程度存在失学辍学现象，实现国家确定的到 2020 年义务教育巩固率达到 95% 的目标面临严峻挑战。同时，一些地方对控辍保学工作重视不够，部门职责不清，工作机制不完善，解决辍学问题针对性不强，迫切需要进一步完善相关政策措施。

为此，国务院办公厅印发了《关于进一步加强控辍保学提高义务教育巩固水平的通知》，提出了一些突破性政策举措：一是健全了控辍保学的工作机制，提出完善行政督促复学机制、建立义务教育入学联控联保工作机制、建立控辍保学动态监测机制、完善控辍保学督导机制和考核问责机制；二是明确了政府、社会、家庭、学校各方在控辍保学工作中的责任；三是提出了以学生为中心的"精准化"帮扶政策，加强分类指导，因地、因家、因人施策；四是重点强调了各级政府要调整优化财政支持结构，优先发展、优先保障义务教育。

党的十八大以来，中国教育扶贫实践精准施策，不断创新。教

育扶贫的重大行动包括"农村义务教育学生营养餐改善计划""农村义
务教育薄弱学校改造计划""人才支持计划——教师专项计划"以及
"农村校长助力工程"等，这些教育扶贫行动表明，国家更加关注贫
困地区教育条件的改善，为贫困地区配置"更好"的教育资源。

"农村义务教育薄弱学校改造计划"被誉为"中国义务教育学校建
设史上中央财政投资最大的单项工程"，切实解决了农村地区，边
缘、贫困和民族地区教学条件差，寄宿学校宿舍、食堂等生活设施
不足，村小和教学点运转比较困难等问题。各地纷纷结合当地实际
出台相应政策，探索有效的实践并取得重大进展，形成了各具地方
特色的实践模式。广西壮族自治区要求各地为每一所学校编制基本
建设计划任务书，并委托有资质的单位编制校园平面规划，做到"一
校一本，一校一图"。河南省安阳市为实现 2020 年消除大班额的目
标，积极统筹城乡义务教育学校布局规划，并建立城乡义务教育学
校生源变化动态监测机制，构建与常住人口增长趋势和空间布局相
适应的城乡义务教育学校布局建设机制。

教育文化状况明显改善。2017 年，贫困地区农村居民 16 岁以上家
庭成员均未完成初中教育的农户比重为 15.2%，比 2012 年下降 3.0 个
百分点；84.7%的农户所在自然村上幼儿园便利，88.0%的农户所在
自然村上小学便利，分别比 2013 年提高 17.1 和 10.0 个百分点。①

---

① 数据来源：国家统计局：http://www.stats.gov.cn/ztjc/ztfx/ggkf40n/201809/t20180903_
1620407.html。

三、加强乡村教师队伍建设

2006 年教育部、财政部、人事部、中央编办研究印发了《关于实施农村义务教育阶段学校教师特设岗位计划的通知》，决定实施农村义务教育阶段学校教师特设岗位计划(简称特岗计划)。特岗计划由中央财政设立专项资金，用于特设岗位教师的工资性支出，通过公开招募高校毕业生到西部"两基"攻坚县县以下农村义务教育阶段学校任教，引导和鼓励高校毕业生从事农村教育工作，创新农村学校教师补充机制，逐步解决农村师资总量不足和结构不合理等问题，提高农村教师队伍的整体素质。特岗计划实施以来，经过不断改革与完善，实施范围已经扩大到《中国农村扶贫开发纲要(2011—2020年)》确定的 11 个集中连片特殊困难地区和四省藏区县、中西部地区国家扶贫开发工作重点县等地区。

2015 年，全国共招聘特岗教师 6.73 万人，截至 2018 年 9 月，有 6.08 万人经考核合格自愿留任，留任率为 90.2%。其中，山西、内蒙古、吉林、黑龙江、江西、海南、贵州、云南、陕西、甘肃、宁夏、新疆 12 省份留任率超过 90%。[①]

通过开展包括"特岗计划"等在内的贫困地区师资支援行动以及

[①] 《教育部办公厅关于 2018 年农村义务教育阶段学校教师特设岗位计划实施情况的通报》，教育部，http://www.moe.gov.cn/srcsite/A10/s7151/201901/t20190116_367111.html。

以国培计划等为主线的贫困地区教师培训行动，不断优化和提升贫困地区师资队伍建设水平。例如，为加强贫困村学校教师培训力度，云南省对省定 510 个贫困村 150 所小学、172 所幼儿园园长、小学校长、在校教师开展全员培训。内蒙古自治区重点为区内"两基"攻坚旗县、国家扶贫开发工作重点旗县、边境旗县、三少民族自治旗以下农村牧区学校招聘"特岗教师"，将"特岗计划"与中小学教师编制管理相结合，为服务期满经考核合格、且自愿留任的"特岗教师"解决编制。

四、加大特殊群体支持力度

21 世纪以来，我国特殊教育事业取得了很大的发展。残疾孩子义务教育普及水平有了大幅提高，学前、高中、大学等非义务教育阶段特殊教育的办学规模也在不断扩大。但是，我国特殊教育整体水平仍然不高，发展还不平衡。农村残疾儿童少年义务教育普及率不高，非义务教育阶段特殊教育发展水平偏低，特殊教育学校办学条件有待改善，特殊教育教师和康复专业人员数量不足、专业水平有待提高。特殊教育是国家教育事业的重要组成部分，是彰显教育公平的重要内容。针对我国特殊教育发展现状，尤其是解决特殊教育发展的瓶颈问题，教育部、国家发展改革委、民政部、财政部、人力资源和社会保障部、卫生计生委和中国残联共同研究制订了《特殊教育提升计划（2014—2016 年）》，进一步保障残疾人受教育权利，推进教育公平，帮助残疾人全面发展、融入社会，对保障和改善民生、构建社会主义和谐社会发挥了重要的推动作用。

2014 年以来，按照国务院要求，各地组织实施了第一期特殊教育提升计划（2014—2016 年）。各级政府扎实推动特殊教育改革发展，在校残疾学生新增 12.4 万，比 2013 年增长了 34%，义务教育阶段特殊教育生人均财政拨款标准提高到 6000 元以上，特教教师专业标准和三类特教学校课程标准颁布实施，特殊教育上了一个新台阶。

在一期计划的基础上，教育部等部门又于 2017 年出台了"二期计划"，提出了三大重点任务：一是完善特殊教育体系。提高残疾儿童少年义务教育普及和巩固水平，加快发展非义务教育阶段特殊教育。二是增强特殊教育保障能力。在财政教育支出上倾斜支持特殊教育，改善办学条件。实现家庭经济困难学生资助全覆盖，优先保障特殊困难群体。三是提高特殊教育质量。加强特教教师队伍专业化建设，提高残疾学生入学安置、教育教学等工作的有效性，推进特殊教育课程教学改革。

09 第九章

国际减贫合作

当今世界，贫困问题是人类面临的最大问题之一。进入 21 世纪，生产力和经济发展水平比以前任何时候都要发达，但仍有大量人口生活在贫困线下，甚至有相当一部分人口还要经常面临饥饿的威胁。贫困问题，作为一个世界性难题，不仅发展中国家普遍存在，发达国家也同样存在，只是程度不同而已。习近平总书记指出："我们生活的世界充满希望，也充满挑战"，"没有哪个国家能够独自应对人类面临的各种挑战，也没有哪个国家能够退回到自我封闭的孤岛"，"我们呼吁，各国人民同心协力，构建人类命运共同体，建设持久和平、普遍安全、共同繁荣、开放包容、清洁美丽的世界"①。因此，要在 21 世纪推动人类社会在减贫方面实现新突破并取得减贫新成就，就需要站在"构建人类命运共同体"的高度，进一步加强国际减贫合作并不断提高减贫合作的实效。

01

国际减贫合作的主要经验

减贫合作，既是一个历史性问题，又是一个世界性难题。正如习近平总书记所指出的："人类生活在同一个地球村里，生活在历史和现实交汇的同一个时空里，越来越成为你中有我、我中有你的命运共同体。"②自 20 世纪 90 年代以来，国际扶贫减贫事业取得了巨大成绩，绝对贫困人口数量减少了近 12 亿，贫困率也下降到 10%。随着世界减贫合作不断深入，站在"构建人类命运共同体"的角度总结国际减贫合作经验非常有必要。

一、多元化开展减贫合作

中亚五国，包括哈萨克斯坦、乌兹别克斯坦、吉尔吉斯斯坦、

---

① 《党的十九大报告辅导读本》，57—58 页，北京，人民出版社，2017。
② 《习近平新时代中国特色社会主义思想学习纲要》，208 页，北京，人民出版社，2019。

塔吉克斯坦、土库曼斯坦。为了解决独立后经济不断衰退所导致的贫困问题，中亚五国都把贫困治理放在国家发展的优先位置，但限于自身的经济实力，希望通过借助外力来增强自我减贫能力，由此纷纷走上多元化减贫合作之路。中亚五国先后制定了一系列符合本国国情的反贫困行动纲领，对内指导减贫工作，对外引领同国际间的合作。

例如，1998 年，哈萨克斯坦制订了《哈萨克斯坦——2030：繁荣、安全和改善哈萨克斯坦人民福利》的减贫行动计划，并在"哈萨克斯坦公民的健康、教育和社会福利"一章中详细规定了"尽可能持续改善所有哈萨克斯坦人的生活水平"，从而明确了本国反贫困斗争的奋斗目标和实践趋向。2000 年，随着联合国《千年发展目标》的颁布，哈萨克斯坦政府制定了短期反贫困的纲领性文件——《2000—2002 年反贫困与失业国家计划》，围绕本国实际情况系统阐述了对于贫困问题的立场、解决方案、优先事项等。随后，哈萨克斯坦政府结合时代特征的变化，又制订了《哈萨克斯坦——2050》，并明确指出"不让贫困扩大"，要将国家的社会扶持以及各类赋权增能培训赋予社会底层。其他国家，如吉尔吉斯斯坦在 2003 年出台《2003—2005 国家减贫战略》，将反贫困纳入国家顶层设计之中；乌兹别克斯坦制定并实施《2017—2021 年发展行动战略》，等等。应该说，中亚五国围绕贫困问题，不断与时俱进，适时制定适合本国国情的反贫困纲领，既为本国应对贫困问题提出了明确的奋斗目标，又为国际减贫合作提供了参考路向。

中亚五国，围绕已制定的反贫困行动纲领，积极开展多元化减贫合作，增强自身的减贫能力。

一是借助国外资金支持、项目支持推进本国减贫事业的发展。[①] 为了迅速摆脱贫困，中亚各国积极开展与中国、俄罗斯、美国等国家以及世界银行、国际货币基金组织、瑞士发展局等国际组织的合作。如，1993—2013 年，哈萨克斯坦吸收来自 122 个国家和地区的直接投资达 1712. 23 亿美元，占中亚地区吸收外国直接投资总额的 80% 以上，目前，在哈萨克斯坦已形成以荷兰、美国、中国、法国和瑞士等国家为主的多元化投资格局。[②] 多元化引资和大量外资的进入，既增强了本国经济发展活力，又为有效解决本国贫困问题提供了强有力支撑，从而极大促进了哈萨克斯坦经济的迅速恢复与发展。

二是将国外专项项目帮扶放在重要位置。如，近年来，瑞士发展局重点帮助乌、塔、吉三国建设学校、医院，铺设天然气和自来水管道，提供电力等；世界银行则对该区域的涉农企业发放小额贷款，帮助农户融资，破解资金不足等问题；日本、德国则在基础教育、医疗卫生等方面给予乌、吉、塔三国以人道主义援助；中国更

① 李梦竹、王志章：《"一带一路"背景下中国与中亚五国合作开展反贫困的路径研究》，载《人文杂志》，2018（9）。
② 马斌、陈瑛：《新形势下中国与中亚的能源合作——以中国对哈萨克斯坦的投资为例》，载《国际经济合作》，2014（8）。

是采取多样化的帮扶方式，通过收购股权、建立合资公司、提供技术服务等形式帮助哈萨克斯坦发展能源产业等。这些措施都极大地扩大了受援国的就业，改善了受援国的公共基础设施，提升了受援国的贫困群体致富脱贫的能力，从而为中亚五国减贫事业的发展注入新的活力。

三是通过对外合作推动本国优势产业来发挥"益贫式"增长效应。中亚五国都有丰富的油气矿产资源。在对外减贫合作中，各国政府高度重视通过引进国外资金和先进技术，来推动本国优势产业的迅速发展，以达到扶贫减贫目的。据《BP 世界能源统计年鉴》数据显示，2011 年中亚地区天然气探明储量为 27.8 万亿立方米，其中，土为 24.3 万亿（占世界储量 11.7%），哈为 1.9 万亿立方米（占世界储量 0.9%），乌为 1.6 万亿立方米（占世界储量 0.8%）。中国对中亚石油产业的帮助尤为突出，不仅投资修建油气运输线，还通过购买中亚管道股份的方式，与中亚各国合作开发油气资源①，并通过技术输出、能源勘探、开采提炼与提高运输能力等，加快推动中亚五国资源优势转化为经济优势，不断提升产业经济的益贫效应（简单地说，产业发展和经济增长有助于扶贫脱贫），从而大大提高了中亚五国扶贫减贫的内生能力。

实践证明，中亚五国通过开展多元化减贫合作，借助外力来增

---

① Hu Bin, Oil and Gas Cooperation Between China and Central Asia in an Environment of Political and Resource Competition, *Petroleum Science*, No.4, 2014, p.12.

强自我减贫能力，最终达到发展经济和治理贫困的目的，消除贫困取得显著成效。近些年，中亚五国经济实现了迅猛增长，2010—2014 年，塔增长率保持在 6%—7.4% 左右，乌也保持了 8% 的经济增长率①，经济的持续高速发展为减贫提供了良好的前提条件。根据中亚各国国内贫困线测算，塔的贫困发生率由 1999 年的 99.6% 下降到 2009 年的 46.7%。② 2011 年，哈仅有 5.3% 的人口生活在贫困线以下，吉由 1998 年的 60% 下降到 2012 年的 38%，塔由 1996 年的 96% 下降为 2014 年的 32%，贫困状况大为改善。③

二、强调政府间的合作与非政府组织的作用

中国是世界上最大的发展中国家，是全球第二大经济体；非洲是世界上发展中国家最集中的大陆，是全球经济增长最快和最具发展潜力的区域之一。近年来，中非减贫合作进入快车道，合作领域和层次不断扩展与提升，合作程度和合作效果不断加深与彰显，尤其是中非通过互利共赢的减贫合作，日益成为休戚与共的"利益共同体"和"命运共同体"。

目前，中非减贫合作成为广大发展中国家进行南南合作的典范，

---

① 世界银行：《GDP 排名》，见世界银行官网，2014 年 7 月 1 日。

② Tilman Brück and Alma Kudebayeva, Household Survey Data for Researchon Well-Being and Behaviorin Central Asia, The Institute for the Study of Labor, 2012, p. 23.

③ 《中外减贫信息摘要 2015》，见中国国际扶贫中心官网，2015 年 12 月 10 日。

成为促进世界和平与发展、构建人类命运共同体的榜样。其中，政府作为最重要的扶贫主体，在中非合作中，尤其是在双方关切的减贫合作中，发挥着主导和引领作用。一方面，中国政府长期参与非洲的减贫。可以说，中国政府帮助非洲减贫，贯穿中国同非洲国家建立与发展友好的外交关系之全过程；另一方面，中非政府之间的减贫合作已形成一套行之有效的模式，即通过签署有关减贫的合作框架协议，中国提供相应的资金支持，再把资金落实到具体的援助项目上。中国与非盟签订的《中国和非洲联盟加强中非减贫合作纲要》明确规定了双方减贫合作的原则和主要领域，中非合作论坛历次会议通过的宣言和行动计划均成为指导中非减贫合作的指导性文件。为此，中国外交部、商务部、农业部、教育部等政府部门通力合作，逐一将计划付诸实施，从而对促进非洲减贫事业的发展发挥了重要作用。当非洲国家遭受突发性自然灾害或重大传染病侵袭时，中国政府也提供相应的人道主义援助，尽可能帮助非洲国家抑制因灾因病致贫的大面积发生。具体到合作内容上，中国政府立足于非洲国家和人民的长远利益，主要投资基础设施建设，由此来改善贫困群体的生产与生活，提升贫困群体的自我发展与自我减贫能力，为非洲国家的减贫事业的发展做出巨大贡献。据不完全统计，到目前为止，中国政府在非洲共实施了100多个农业减贫与援助项目；援建了500多个基础设施项目，包括公路、铁路、机场、港口、通讯、水电设施等。仅2000年至2009年间，中国一次性免除35个非洲国家总计 189.6 亿元人民币的债务；2013 年至 2015 年间，中国向非洲国家陆续提供了 200 多亿美元贷款，其中优惠性贷款超过 170 亿美元。

非政府组织，在中非减贫合作中也发挥着重要作用。如中国人民友好协会、中国民间组织国际交流促进会、中国国际扶贫中心、中国国际扶贫基金会、中非民间商会等具有官方背景的非政府组织，通过举办各种形式的交流活动（如中国民间组织国际交流促进会，迄今为止共举办了四届"中非民间论坛"，中国国际扶贫中心每年都举办"中非减贫和发展论坛"等）、承办对非洲政府官员的培训项目（如中国国际扶贫中心从 2006 年开始举办中非发展经验交流培训班 50 多期）、实施对非援助的具体项目（如中国扶贫基金会的"微笑儿童非洲项目"、非洲贫困母婴项目等），参与对非减贫合作。①

在中非减贫合作中，中资企业也发挥着重要作用，并由此出现了多种合作模式，如通过与东道国企业的合作经营模式（如中兴通讯与非洲多个国家的通讯运营商合作经营等）、绿地投资模式（如海信集团在南非建立海外生产基地等）、海外股权并购模式（如中石油的苏丹石油合作项目）、政府援助和企业投资相结合的"安哥拉模式"、中小企业集群式的经贸合作区模式，等等。中资企业通过自身经营活动缴纳相应的税收，大大增加了东道国的财政收入；以属地化经

----

① 　安春英：《构建合作共赢的中非减贫合作范式》，载《国际经济合作》，2016(8)。

营方式吸纳当地人员就业，在相当程度上解决了当地人的就业问题，提高了当地人的工资水平并促进了当地的经济发展；兴办合资企业，注重生产技术转移，不断推动着非洲国家的产业转型与升级；等等。

需要强调的是，减贫合作作为中国对非整体合作的一部分，是在坚持习近平总书记提出的关于"构建人类命运共同体"这一重要思想的指导下进行的。我们要高举"构建人类命运共同体"这面大旗，以把非洲发展为"利益共同体"和"命运共同体"的一部分为目标，以坚持平等合作和互利共赢的伙伴关系为基础，以不附加任何政治经济条件为前提，来推进有利于中非长远发展的国际减贫合作。

与西方发达国家截然不同的是，中国在与非洲国家共同应对贫困问题的合作中，始终奉行"不干涉内政"和"互利互惠共赢"原则，始终不带有任何侵略性或者减贫之外的其他目的，始终把非洲国家的发展要求置于优先性位置，并切实尊重非洲国家的自主选择。因此，中非减贫合作完全建立在平等协商和互利共赢的基础之上。通过这种合作，中国向非洲国家提供各种援助，非洲国家则获得了大量资金技术、先进管理理念和中国扶贫减贫经验。这既提高了非洲国家有效应对贫困的能力，又极大增强了非洲人民自我脱贫的内生能力。中国也开拓了国际市场，并增加了原材料供应地，还提升了中国企业走向世界的能力。

通过中非减贫合作，中国既在政治上赢得了诸多非洲国家对中国的好感和认可，又在国际上彰显了中国负责任大国的形象和地位。

西方国家一直大肆渲染和不断鼓吹的中国借减贫合作来"侵略非洲"和"霸占非洲"的论调也在中非合作取得丰硕成果面前不攻自破。中非减贫合作日益成为国际减贫合作的典范。

三、立足于多边合作机制

贫困问题，一直是困扰澜湄次区域合作的大问题。因此，如何有效破解贫困问题就成为澜湄六国（中国、泰国、柬埔寨、老挝、缅甸、越南）政府最为关心和亟待解决的一个大问题。在此语境下，澜湄次区域先后形成了一系列的多边和双边减贫合作机制，从而成为国际社会开展减贫活动的重点区域。这些减贫合作机制虽还需要进一步完善，但从整体而言，还是能够推动该区域的基础设施建设、农业、旅游、贸易和人力资源等的发展，并能够在相当程度上缓解该区域的贫困问题。

一般而言，国际减贫合作以双边合作开始，随着合作规模的扩大，逐渐从双边合作向多边合作发展。这也是澜湄次区域合作所走的路子。与澜湄次区域的合作，一直是冷战后日本对外合作的重点。1993 年，日本举办了"印度支那综合开发论坛"，强调地区间的共同开发与对澜湄次区域的经济援助。2004 年，日本经济产业省成立了"柬、老、越、缅四国产业合作援助研究会"。2007 年，在日本主导下，建立了"日本与湄公河区域合作伙伴机制"，并于 2009 年起每年

举办"日本与湄公河国家领导人峰会"①。在日湄合作层层推进的同
时，日本在经费上的投入也是不遗余力的。仅 2012 年，日本就宣布
将在三年内向湄公河五国提供 74 亿美元的巨额援助。在"东向"政策
的指引下，印湄合作也积极推进。印度于 2000 年向越、老、柬、
缅、泰五国发起了"湄公河—恒河合作倡议"。韩国则以 2010 年下半
年的"韩国—湄公河开发论坛"为契机，与湄公河各国建立了对话机
制。2011 年，韩国与湄公河各国召开了第一次"韩国—湄公河国家外
长会议"，通过了《关于建立韩国—湄公河全面合作伙伴关系，实现
共同繁荣》的"汉江宣言"，明确了双边合作中的具体内容。②

　　随着双边合作发展，澜湄次区域的国际减贫合作，迎来多边合
作的高潮。多种合作机制的出现就是这种高潮的表征。(1)大湄公河
次区域(GMS)合作机制。该机制于 1992 年在"亚洲开发银行"的积极
推动下正式建立。"亚洲开发银行"与 GMS 合作机制相互支撑，在湄
公河次区域的经济社会发展过程中取得了积极成果。截至 2013 年
底，该机制计划投资项目成功动员 166 亿美元和技术援助 3.308 亿美
元，其中，"亚洲开发银行"支持 60 亿美元的投资和 1.1510 亿美元

---

① 张继业、钮菊生：《试述安倍政府的湄公河次区域开发援助战略》，载《现代国际关系》，
　　2016(3)。
② 黄河、杨海燕：《区域性公共产品与澜湄合作机制》，载《深圳大学学报(人文社会科学
　　版)》，2017(1)。

的技术援助，重点放在与扶贫减贫相关的项目上。① （2）澜湄合作机制。该机制于2014年提出并于2016年正式建立。它主要针对以往多边合作中存在的问题而设立，减贫为其力推的重要合作内容之一。目前，该机制得到"亚洲基础设施投资银行"为其提供的重要资金支持，也成为中国实施"一带一路"战略的重要组成部分。（3）湄公河委员会。该委员会于1995年由日本与澜湄次区域国家共同建立。（4）"东盟—湄公河流域开发合作"机制。该机制于1996年由东盟国家发起建立。除此之外，还有"中老缅泰黄金四角合作"（1993）、"柬老越发展三角区"（1999）、"伊洛瓦底江—昭批耶河—湄公河经济合作战略"（2003）等合作机制。

澜湄次区域多边减贫合作机制一览表

名称	类型	主导国家	合作方式
GMS 合作机制	双边	日本	项目主导、高官会议、贸易投资
澜湄合作机制	双边	中国	项目主导、高官会议、贸易投资
湄公河委员会	双边	日本	高官会议、对话协商
中老缅泰黄金四角合作	双边	中国	贸易投资
柬老越发展三角区	双边	日本	贸易投资
伊洛瓦底江—昭批耶河—湄公河经济合作战略	双边	泰国	贸易投资

---

① Significant progress has been achieved in terms of implementing projects under GMS program since 1992，见亚洲开发银行官网，2014 年 12 月 11 日。

　　到目前为止，从双边合作来看，美国、日本、澳大利亚、新西兰、北欧国家、德国、英国和法国等发达国家，以及联合国、亚洲基础设施投资银行、亚洲开发银行、世界银行、欧盟、东盟等国际组织都在不同程度上参与了澜湄次区域的合作。从多边合作来看，与澜湄次区域相关的合作机制目前主要有大湄公河次区域经济合作、东盟—湄公河流域开发合作、新湄公河委员会、柬老越发展三角区、伊洛瓦底江—昭批耶河—湄公河经济合作、中老缅泰黄金四角合作、东盟自由贸易区、中国—东盟自由贸易区、东盟与中日韩（10 + 3）、澜湄合作等合作机制。在不同层次、不同区域之间开展的上述合作在目前世界各次区域的合作中实属罕见。关系日益加深的多边合作机制虽因相互竞争而存在着一些消极影响，但是极大促进了湄公河次区域国家减贫事业的发展，却是不争的事实。

　　澜湄次区域的多边合作机制，改善了当地贫困落后的面貌，极大提升了区域减贫效果。具体来说：

　　其一，稳步推进的基础设施建设增强了区域性扶贫减贫的内生能力。在双边和多边合作机制的推动下，澜湄次区域的交通设施得到极大改善。如，在公路建设方面，昆曼高速公路竣工通车，昆明—南宁—河内的公路实现了高等级化，南北经济走廊西线（昆明—老挝—曼谷公路）、南北经济走廊东线（昆明—南宁—河内）以及北部走廊（昆明—大理—瑞丽—缅甸）中国境内段均已建成通车。在铁路建设方面，南北交通走廊泛亚铁路建设进展顺利，中老泰铁路已经完成了全线勘探，其中，中老铁路段已经开始全线开工建设，泰国境内段也于 2017 年正式动工开建。

其二，快速发展的农业极大推动了当地农民群体的快速脱贫。"大湄公河次区域农业信息网"正式开通，GMS 各国成立了"大湄公河次区域农业科技交流合作组"。致力于推动 GMS 国家农业部门的人员和信息交流的项目，扩大了大湄公河次区域的合作范围，深化了大湄公河次区域的合作内容。

其三，迅猛发展的旅游和贸易直接增强了当地贫困群体的脱贫致富能力。在 GMS 合作框架下，GMS 六国旅游管理部门共同组成了旅游工作组，研究制定了 GMS 旅游业长期发展战略。经过多方努力，在旅游通关便利化政策和措施的推动下，区域内旅游合作成就显著。仅 2014 年，赴泰国旅游的中国游客就达 1 亿人次[①]；从区域内的 FDI 来看，区域内国家间相互直接投资额也在不断增加，如，2000 年为 1.3 亿美元，2002 年就达到 2.1 亿。[②]

其四，人力资源得到有效利用。人力资源缺乏是导致澜湄次区域贫困的一个主要原因。澜湄次区域国家人口规模大，但人力资源匮乏。澜湄次区域各国利用一些国际组织和外国提供的资金，成立

---

① 《去年赴泰国旅游的中国游客达 1 亿人次　超 2 万人经昆曼大通道自驾入泰》，见云南网，2015 年 6 月 26 日。

② Jayant Menon, Building Blocks or Stumbling Blocks? The GMS and AFTA in Asia, ASEAN Economic Bulletin, NO, 2, 2007, p. 24.

了专门的人力资源调配机构，其主要内容就是对就业人员进行专项培训。仅 2010 年上半年，就有 66 名柬埔寨学员赴中国参加各类培训，培训后的人员在能力与素质方面得到大大提升。①

02

中国国际减贫的主要行动

中国始终是促进世界减贫事业的积极推动者和有力倡导者。在积极参与国际减贫事业的过程中，通过资金援助、项目援助、教育援助等方式，中国积极开展对外援助，筹划"一带一路"国际合作框架和提出"构建人类命运共同体"倡言等，为国际减贫事业提供中国方案和中国力量。

一、援助发展中国家

中国对外援助历程是从援助一些周边国家开始的。1950 年，中国开始向朝鲜和越南提供援助，由此开启了中国对外援助的序幕。在 1955 年万隆会议后，随着对外关系的进一步发展，中国对外援助

① 罗圣荣：《澜湄次区域减贫合作的现状、问题与思考》，载《深圳大学学报（人文社会科学）》，2017（1）。

范围从周边国家扩展到其他发展中国家。1956 年，中国开始向非洲国家提供援助。1964 年，中国政府提出以平等互利、不附带其他条件等为核心的对外援助"八项原则"，确立了中国开展对外援助的基本方针。1971 年 10 月，中国恢复了在联合国的合法席位，开始同更多的发展中国家建立经济与技术合作往来。正是在此前提下，中国援建了坦赞铁路等一批重大基础设施项目。这段时期，中国克服自身困难，为支持其他发展中国家争取民族独立和发展民族经济提供了最大限度的支持。

20 世纪 90 年代，中国在加快从计划经济体制向市场经济体制转型的过程中，开始对对外援助进行改革，重点是促进援助资金来源和方式的多样化。1993 年，中国利用发展中国家已偿还的部分无息贷款资金设立援外合资合作项目基金。1995 年，中国开始通过中国进出口银行向发展中国家提供具有政府援助性质的中长期低息优惠贷款。与此同时，中国更加重视支持受援国的自身能力建设，不断扩大援外技术培训规模，受援国人力资源来华培训逐渐成为援外的重要内容。2000 年，中非合作论坛成立。该论坛成为新形势下中国与非洲国家开展集体对话的重要平台和密切合作的有效机制。进入 21 世纪以后，在经济持续快速增长、综合国力不断增强的基础上，中国对外援助资金也保持了快速增长。中国除通过传统双边渠道商定援助项目外，还在国际和地区层面加强与受援国的集体磋商。

在联合国发展筹资高级别会议、联合国千年发展目标高级别会议、中非合作论坛、上海合作组织、中国—东盟领导人会议、中国—加勒比经贸合作论坛、中国—太平洋岛国经济发展合作论坛、中国—葡语国家经贸合作论坛等世界性或者区域性合作机制会议上，中国秉持共商共建共享的全球治理观，倡导国际关系民主化，坚持国家不分大小、强弱、贫富一律平等，支持联合国发挥积极作用，支持扩大发展中国家在国际事务中的代表性和发言权，并有针对性地提出一系列对外援助措施。通过贯彻落实这些措施，在农业、基础设施、教育、医疗卫生、人力资源开发合作、清洁能源等方面，中国加大了对发展中国家的援助力度并由此加强了同世界的合作。

（一）资金援助

中国对外援助资金主要有三种类型：无偿援助、无息贷款和优惠贷款。其中，无偿援助和无息贷款由国家财政支出，优惠贷款由中国政府指定中国进出口银行对外提供。截至 2009 年底，中国累计对外援助金额达 2562.9 亿元人民币，其中无偿援助 1062 亿元，无息贷款 765.4 亿元，优惠贷款 735.5 亿元。2010 年至 2012 年，中国对外援助金额为 893.4 亿元人民币。三年中，中国提供无偿援助 323.2 亿元人民币，占对外援助总额的 36.2%；提供无息贷款 72.6 亿元人民币，占对外援助总额的 8.1%；提供优惠贷款 497.6 亿元人民币，占对外援助总额的 55.7%。

无偿援助主要用于帮助受援国建设医院、学校、住房、打井供水等社会福利性项目。除此之外，还用于实施人力资源开发合作、技术合作、物资援助、紧急人道主义援助等领域的项目。中国政府在 2016 至 2018 三年间向柬埔寨提供 36 亿人民币的无偿援助，其中包含援建 40 套流动诊所和 1500 套沼气炉设备的"惠民工程"。中国援建的 40 部流动诊所，将分配到全国 25 个省市，能够在偏远的农村地区开展巡回救护工作，缓解农民看病难的问题。在合作抗击埃博拉疫情的过程中，中国政府先后提供了 4 轮总价值 7.5 亿元人民币的紧急援助，是首个派出包机运送援助物资的国家，迄今已派出超过 1000 人次的医疗专家和医护人员，并着手为西非国家培训 1 万名医护人员，在塞拉利昂和利比里亚分别援建了生物安全实验室和治疗中心。

无息贷款主要用于帮助受援国建设社会公共设施和民生项目。无息贷款期限一般为 20 年，其中使用期 5 年，宽限期 5 年，偿还期 10 年。目前，无息贷款主要向经济条件好一点的发展中国家提供。

优惠贷款主要用于帮助受援国建设有经济效益和社会效益的生产性项目和大中型基础设施，或提供成套设备、机电产品、技术服务以及其他物资等。优惠贷款本金由中国进出口银行通过市场筹措，贷款利率低于中国人民银行公布的基准利率，由此产生的利息差额由国家财政补贴。目前，中国提供的优惠贷款年利率一般为 2% 至 3%，期限一般为 15 年至 20 年（含 5 年至 7 年宽限期）。截至 2009 年年底，中国共向 76 个国家提供了优惠贷款，支持项目 325 个，其中建成 142 个。中国提供的优惠贷款 61% 用于帮助发展中国家建设交通、通讯、电力等基础设施，8.9%用于支持石油、矿产等能源和资源开发。

中国根据不同国家经济发展条件，合理安排无偿援助、无息贷款资金，发挥优惠贷款融资优势，帮助受援国建设有迫切需求的基础设施项目。2010年至2012年，中国对外援建了156个基础设施建设项目。中国发挥在技术、设备、材料和人力资源等方面优势，在确保工程质量的同时，有效降低了受援国的项目投资成本。

（二）项目援助

项目援助是指中国通过提供无偿援助和无息贷款等援助资金帮助受援国建设生产和民用领域的工程项目。中方负责项目考察、勘察、设计和施工的全部或部分过程，提供全部或部分设备、建筑材料，派遣工程技术人员组织和指导施工、安装和试生产。项目竣工后，移交受援国使用。成套项目是中国最主要的对外援助方式。从1954年开始，中国利用成套项目援助方式为越南和朝鲜恢复被战争破坏的铁路、公路、港口、桥梁和市政交通等设施，并援建一批基础工业，为两国战后重建和经济发展做出巨大贡献。此后，成套项目建设的规模和范围不断扩大，在对外援助支出中一直占有较大比例。目前，成套项目援助占对外援助财政支出的40%左右。

改革开放后，中国同其他发展中国家的经济合作由过去单纯提供援助发展为多种形式的互利合作。中国根据国情调整了对外援助的方式，并在援助规模、布局、结构和领域等方面都进行调整。中国开始加强对最不发达国家的援助，更加注重提高对外援助项目的长远效果。为此，中国同部分受援国开展了代管经营、租赁经营和合资经营等形式的技术和管理合作。一些已建成的生产性项目通过上述合作形式取得了更为显著的成效。经过调整巩固，中国对外援助走上了更加适合自身国情和受援国实际需求的发展道路。

截至2009年底，中国共援助发展中国家建成2000多个与民生相关的成套项目，涉及工业、农业、文教、卫生、通信、电力、能源、交通等领域。2010年至2012年，中国对外援助方式主要包括援建成套项目、提供物资、开展技术合作和人力资源开发合作、派遣援外医疗队和志愿者、提供紧急人道主义援助以及减免受援国债务等。中国共为80多个国家建成成套项目580个，重点集中在基础设施和农业等领域。

（三）教育援助

中国政府非常重视对发展中国家教育领域的援助。中国教育援助内容主要包括援建学校、提供教学设备和资料、派遣教师、在华培训发展中国家教师和实习生、为发展中国家来华留学生提供政府奖学金等。20世纪50年代起，中国开始资助其他发展中国家学生来华学习，并帮助亚洲和非洲国家建设普通和技术院校，提供教学仪器和实验室设备；60年代，中国开始向发展中国家派遣援外教师；70、80年代，中国应受援国政府的请求，围绕坦赞铁路、毛里塔尼亚友谊港、坦桑尼亚煤矿、圭亚那纺织厂等成套项目，以接受留学生的方式，专门为相关国家培养中高级技术和管理人才。近年来，中国加大对发展中国家的教育援助力度，援建了近 100 所农村小学，大幅增加政府奖学金和来华培训教师名额，派遣更多教师和科研人员帮助受援国弥补薄弱学科，加强同其他发展中国家在职业技术教育和远程教育等方面的合作。中国在教育领域的援助促进了受援国教育事业的发展，帮助受援国培养了大批教育、管理、科技等领域的人才，为受援国的经济和社会发展提供了智力支持。

截至 2009 年底，中国累计资助来自 119 个发展中国家共计 70627 名留学生来华进行各类专业学习，其中，2009 年，向 11185 名留学生提供了奖学金，共派遣近 1 万名援外教师，共为受援国培训校长和教师 1 万余名。2010 年至 2012 年，中国援助了 80 余个教育项目，包括援建或维修中小学校、大专院校、图书馆等，有效改善了受援国的教学环境。中国还为受援国无偿提供计算机、教学用具、文体用品等大批教学设备物资，帮助受援国建设大学网络平台和远程教学系统，为受援国丰富教学方式、扩大教学覆盖面创造了条件。中国在苏丹援建的恩图曼友谊职业培训中心累计为苏方培训学员数千名，为进一步扩大招生规模，中国已启动该中心的改扩建工程。中国还积极帮助受援国发展职业技术教育。2001 年至 2012 年，中国同埃塞俄比亚联合开展农业职业技术教育培训，累计向埃方派出 400 余人次教师，培训当地农业职业院校教师 1800 名、农业技术人员 35000 名。为促进地区发展，中国不断扩大非洲国家来华留学政府奖学金的名额和范围，加大对东盟国家以及太平洋岛国等来华留学的支持。

中国的对外援助不同于西方目的性很强的援助，中国一直将对外援助视为南南合作的重要方式。中国特色社会主义进入新时代以来，国际国内环境发生了一系列变化，但中国谋合作、促共赢的对外政策没有变，中国仍然处于社会主义初级阶段的基本国情没有变，这两个"没有变"决定了新时代中国援外政策仍需坚持合作共赢的原则。改革开放40多年后的今天，虽然国际合作出现了新困境，比如，贸易保护主义、单边主义时刻威胁着脆弱的国际合作机制，但是，要加强国际合作的愿望没有变，不仅没有变，而且还在与日俱增。中国在对外援助中的作用越来越突出，世界越来越需要中国，中国也越来越需要世界。

二、"一带一路"倡议

当前，中国提出了共建"一带一路"的倡议。该倡议与国内的京津冀协调发展战略和长江经济带战略是相互联系的，都是新时代国家发展的重大战略。"一带一路"框架自提出以来，得到了相关国家的广泛支持和联合国的高度认可与肯定。"一带一路"倡议秉承共商共建共享原则，在和平共处五项原则的基础上，在恪守《联合国宪章》的前提下，中国同世界各国合作发展，和谐包容，互利共赢。

中国积极促进"一带一路"国际合作，努力实现政策沟通、设施联通、贸易畅通、资金融通、民心相通，打造了国际合作新平台，

增添了共同发展新动力。加大对发展中国家特别是最不发达国家援
助力度，促进缩小南北发展差距。中国支持多边贸易体制，促进自
由贸易区建设，推动建设开放型世界经济。"一带一路"发展战略为
深化减贫领域知识交流、探索减贫区域性解决方案提供了有效平
台。① 坦桑尼亚工业部贸易和投资部统计学家曼德·卡帕马在出席改
革开放与中国扶贫国际论坛时表示："我们学习了中国的很多减贫经
验，这些经验可以帮助很多发展中国家改变其经济状况。"

三、"亚投行"和"丝路基金"

"亚投行"是"亚洲基础设施投资银行（Asian Infrastructure Invest-
ment Bank，AIIB）"的简称。"亚投行"是首个由中国倡导的政府间、
区域性多边投资开发银行，重点支持各成员国的基础设施建设，辐
射面涉及交通、通信、电力、能源等方面。2015 年 6 月，50 个创始
成员国在北京签署的《亚洲基础设施投资银行协定》（下称《协定》）为
"亚投行"规定了工作的基本框架，建构了公平有效的多边金融治理
机制。其宗旨为：通过在基础设施及其他生产性领域的投资，促进
亚洲经济可持续发展、创造财富并改善基础设施互联互通；与其他
多边和双边开发机构紧密合作，推进区域合作，应对各种挑战。

---

① 姜安印、张庆国：《中国减贫经验在"一带一路"建设中的互鉴性》，载《中国流通经
济》，2016（04）。

亚洲地区的基础设施建设落后是该地区长期处于贫困状态的重要因素之一。据经济合作与发展组织（Organization for Economic Co-operation and Development）估计，到 2030 年基础设施建设尤其在电信、公路、铁路、电力方面所需资金将占世界总 GDP 的 2.5%，即大约 1180 亿美元，现有金融机构尚不能满足如此大规模的发展需求。根据《协定》的要求，"亚投行"的业务主要集中在两方面：一是由银行普通资本提供融资支持的普通业务，二是由银行特别资金提供融资支持的特别业务。与普通商业银行最大不同就在于："亚投行"主要通过成员国实缴的法定资本、募集的资金、贷款或担保收回的资金以及特别基金为成员国进行基础设施建设提供贷款。

"丝路基金"是中国为适应"一带一路"战略的发展要求而设立的基金，与"亚投行"一同构成"一带一路"发展战略的经济支撑。其主要目标是为"一带一路"战略筹集资金，在出现的时间上早于"亚投行"。其正式成立后的首个投资项目就是"一带一路"成员国巴基斯坦卡洛特水电站这一清洁能源项目。"丝路基金"的主要功能在于：利用资金支持，加强相关国家之间的经济贸易往来，帮助他们提供就业岗位以便更好地解决就业问题。"丝路基金"为相关国家形成长期有效的合作机制提供了坚实后盾。目前，已签约 34 个项目，承诺投资金额约 123 亿美元，投资项目覆盖亚洲、北非、欧洲以及美洲等国家和地区，涵盖能源开发、电气、交通等关系国计民生的重要领域。

03
中国国际减贫的主要贡献

中国对于世界减贫事业的贡献既体现在中国参与了各种多边减贫项目并由此为其他国家提供经济、人力等方面的支持，又体现为在政策和机制等方面为其他国家提供了一套行之有效的中国方案。中国在解决自身面临的贫困问题的同时，始终把促进世界减贫事业的发展视为己任，还提出并力求付诸实施诸如"创立南南合作援助基金和南南合作与发展学院""建立以合作共赢为核心的新型国际减贫交流合作关系""设立以加强基础设施建设为主要措施的友好合作伙伴"等构想。

一、减贫理念方面
减贫理念归结起来，大致有如下几个方面：

（一）以人民为中心
人民性是马克思主义最鲜明的理论品格。人民对美好生活的向往一直是中国共产党人的不懈追求。为中国人民谋幸福，为中华民族谋复兴，是中国共产党人的初心和使命，也是改革开放的初心和使命。习近平总书记指出："老百姓关心什么、期盼什么，改革就要抓住什么、推进什么。"①中国特色社会主义进入新时代，人民对美好生活的需要日益广泛，不仅对物质文化生活提出更高要求，而且在民主、法治、公平、正义、安全、环境等方面的要求日益增长。这就要求我们通过全面深化改革，进一步解放和发展生产力，着力解决好发展不平衡不充分问题，破除满足人民日益增长的美好生活需要的主要制约，把扩大人民利益作为改革的目标要求，让改革发展成果更多更公平地惠及全体人民，坚持改革为了人民、改革依靠人民、改革成果由人民共享。比如，针对贫困人口和贫困地区的切肤之痛，党中央推动开展精准扶贫、精准脱贫，推动形成中央统筹、省负总责、市县抓落实的扶贫开发工作机制，以每年减贫 1300 万人以上的成就，书写了人类反贫困斗争史上最伟大的故事。只有始终坚持以人民为中心推进改革，广大人民群众才会衷心拥护和积极参与，改革才能无往而不胜，减贫扶贫工作才能真正落到实处。

（二）以问题为导向

习近平总书记指出："中国共产党人干革命、搞建设、抓改革，从来都是为了解决中国的现实问题。"②可以说，"以问题为导向"一直就是党中央对地方扶贫工作的基本要求，也必然成为基层扶贫工作的基本方针。强调"以问题为导向"，首先，就是要把握问题所在。

---

① 《习近平谈治国理政》第 2 卷，103 页，北京，外文出版社，2017。
② 《习近平谈治国理政》，74 页，北京，外文出版社，2014。

这就需要我们在扶贫过程中要深入实际，要走村串户摸实情、探民情、知民难、晓民苦，绝不搞虚把式、绝不走形式路。要真正了解贫困群体因何致贫、因何返贫；他们在义务教育、基本医疗保障、住房安全保障、用水用电等方面到底还存在哪些不足；要弄清楚哪些问题没解决好，哪些政策没落实好，哪些工作没安排好，哪些理念没贯彻好，一定要做到心中有底、案上有数。其次，就是要"对症下药"。这就需要拿出切实可行的解决办法。要结合贫困地区、贫困村和贫困群体的实际情况，因地制宜。既要实事求是落实扶贫政策、扶贫措施和扶贫资金，又要探索建立脱贫长效机制，通过发展相关产业、易地搬迁、扶持地区特色、增加职业技能培训等，让贫困群体有稳定的工作、有稳定的收入来源并由此来脱贫致富。再次，就是要继续加大问题的排查力度，把一些藏得深、不易察觉的致贫原因揪出来，抓紧落实问题的整改，统筹推进各项政策落实，确保问题不解决不放手、问题已解决也不放松、整改不到位不放过、群众不满意不罢休。最后，就是要"授人以渔"。要想在脱贫攻坚战中取得彻底胜利，光给钱给物是远远不够的，而且是不能长久的。要想根本解决贫困问题，最为关键的做法就是要加强扶贫同扶志扶智相结合，"输血"同"造血"相结合，大力激发贫困地区和贫困群体的主动性、主体性、积极性和创造性，引导他们发展符合本地实际情况的产业，帮助他们致富脱贫奔小康。

（三）坚持依法治国

习近平总书记指出："党和法的关系是一个根本问题，处理得好，则法治兴、党兴、国家兴；处理得不好，则法治衰、党衰、国家衰。"[①]从我国的政治实践来看，全面依法治国是中国特色社会主义的本质要求和重要保障。依法扶贫必然是依法治国的题中应有之义。

一方面，坚持依法治国，就需要在扶贫工作中向贫困群体宣传和普及法律知识。宣传和普及法律知识是扶智的一个重要组成部分。长期以来，部分困难群体由于所受教育有限，加之环境限制，法制意识淡薄，对自身所拥有的合法权利了解不够，从而会产生违法乱纪的行为，这也为扶贫工作带来了麻烦和困扰。因此，非常有必要在贫困地区对贫困群体大力进行法律宣传，举办法律知识讲座，开展法律常识普及，让他们知道哪些是他们的合法权利，哪些是他们不可触碰的。因此，扶贫减贫需要先普法。

另一方面，坚持依法治国，就需要对扶贫工作的全过程进行法律监管。在我国，法律是党的主张和人民意愿的统一体现，党领导人民制定宪法法律，党领导人民实施宪法法律，党自身必须在宪法法律范围内活动，这就是党的领导力量的体现。全党在宪法法律范围内活动，这是我们党的高度自觉，也是坚持党的领导的具体体现，

---

① 《习近平关于全面依法治国论述摘编》，33 页，北京，中央文献出版社，2015。

党和法、党的领导和依法治国是高度统一的。因此，在扶贫减贫过程中，无论什么人、无论哪一级组织，再大的权力，也要遵守宪法和法律，都必须在宪法和法律的范围内活动，一切违反宪法和法律的行为都要受到追究。

（四）坚持改革开放

改革开放是党在新的历史条件下带领全国各族人民进行的新的伟大革命。这场伟大革命，从党的十一届三中全会到现在走过了40多年极不平凡的历程。实践证明，改革开放是当代中国最鲜明的特色，是我们党在新的历史时期最鲜明的旗帜。党的十八大以来，以习近平同志为核心的党中央，面对改革进入攻坚期和深水期的新形势，以前所未有的决心和勇气推进全面深化改革，做出了一系列重大战略部署，推动党和国家事业取得历史性成就、发生了历史性变革，中国特色社会主义进入新时代，改革开放开启新征程。

改革开放开辟了中国特色社会主义道路。改革开放40多年的实践证明，中国特色社会主义道路是在改革开放中开辟的，也必将在全面深化改革中越走越宽。改革开放是当代中国发展进步的活力之源。回顾改革开放的历程，每一次重大改革都给党和国家发展注入了新的活力、给中国特色社会主义建设增添了强大动力，推动了党和人民的事业在不断深化改革中波浪式向前推进。实践证明，改革开放是我们党和人民大踏步赶上时代前进步伐的重要法宝，也是我们在扶贫减贫过程中取得丰硕成果的重要法宝。没有改革开放，就没有中国的今天；离开改革开放，也就没有中国的明天。

二、扶贫机制方面

扶贫机制归结起来，大致有如下几个方面：

（一）精准扶贫与脱贫

习近平总书记首次提出了"精准扶贫"与"精准脱贫"概念。打好精准脱贫攻坚战是党的十九大提出的三大攻坚战之一，事关党的宗旨、事关人民福祉，是全面建成小康社会的底线目标，是必须要完成的政治任务。之所以要"精准扶贫"与"精准脱贫"，就是因为在扶贫过程中存在着一些"不精准"的问题，比如，贫困户精准识别难度相对较大、针对性和可持续性不强、扶贫资金整合使用成效不显著等。这些都对扶贫减贫工作提出了严峻挑战。而造成这种状况的原因与贫困地区的基础设施建设底子薄、投入低、见效慢，扶贫采取"大水漫灌"方式，偏离实际扶贫对象等有关。为此，我们需要在扶贫过程中，在扶贫机制上，通过大胆实践探索出一条切实可行的路子来：通过采取建档立卡、正向激励等措施，健全贫困人口精准识别与动态调整机制、精准施策机制、驻村帮扶机制和贫困退出机制，加大扶贫识别力度，全面制定具体的一户一策的帮扶计划和措施，建立健全协调机制，提高资金整合效益，以便更好实现精准扶贫与精准脱贫。

（二）扶贫资源动员

推进脱贫攻坚，既要重视政府主导，又要主动引导社会力量参与；既要重视资金投入，又要重视资金使用。强调要发挥政府投入的主导作用，推广政府与社会资本合作、政府购买服务、社会组织与企业合作等模式。建立健全招投标机制和绩效评估机制，充分发挥竞争机制对提高扶贫资金使用效率的作用。鼓励社会组织承接东西部扶贫协作、定点扶贫、企业扶贫具体项目的实施，引导志愿者依托社会组织更好发挥扶贫作用，引导社会组织建立健全内部治理机制和行业自律机制。围绕脱贫攻坚目标任务，推进部门之间、政府与社会之间的信息共享、资源统筹和规划衔接，构建政府、市场、社会协同推进的大扶贫开发格局。

（三）贫困群体参与

自上而下推进的脱贫攻坚工作很容易出现"上动而下不动"的情形。之所以如此，是因为贫困群体的积极性、主动性、主体性和创造性没有得到有效发挥。为此，就需要创新贫困群体的积极参与机制。这就需要充分发挥贫困地区党员干部的引领作用和致富带头人的示范作用，大力弘扬自力更生、艰苦奋斗精神，充分发挥贫困群体脱贫奔小康的积极性、主动性、主体性和创造性。加强各方的责任意识、法治意识和市场意识的培育。提高贫困群体参与市场竞争的自觉意识和能力，推动扶贫开发模式由"输血"向"造血"转变。建立健全贫困群体利益与需求表达机制，充分尊重群众意见，切实回应群众需求，完善村民自治制度，建立健全贫困群体参与脱贫攻坚的组织保障机制。

(四) 资金项目管理

在长期扶贫减贫实践中，我国在资金项目管理机制的实践探索中进行了一些创新。一方面，通过完善农业项目管理制度来建立规范的财政涉农项目管理机制；另一方面，通过强化项目管理力争从源头上把握财政支农的科学性和实效性。除此以外，还通过加强扶贫资金项目监管来建立健全监督检查机制，以便保障扶贫资金用到实处，实现多层次、多环节、日常化监督，将检查机制贯穿于扶贫资金使用与管理的全过程。

(五) 考核问责激励

科学的考核问责激励机制对提高扶贫减贫的效果非常重要、非常关键。因此，我国在脱贫攻坚过程中在建立科学的考核问责激励机制方面进行了大胆探索：一是落实脱贫攻坚责任制，严格实施政府扶贫开发工作成效考核办法，建立扶贫工作责任清单，强化执纪问责；二是落实贫困县约束机制，杜绝政绩工程、形象工程；三是加强社会监督，建立健全第三方评估机制；四是建立年度脱贫攻坚逐级报告和督查巡查制度。

三、倡导构建没有贫困的人类命运共同体

构建"人类命运共同体"是习近平总书记在准确把握当今时代特

征和世界发展趋势的基础上提出的科学论断。当今世界，和平和发展仍然是时代主题，世界多极化、经济全球化、社会信息化、文化多样化深入发展，全球治理体系和国际秩序变革加速推进，各国相互联系和依存日益加深，国际力量对比更趋平衡，和平发展大势不可逆转。但是，世界依然面临诸多不稳定性和不确定性，比如，世界经济增长乏力，贫困问题依然突出，地区热点问题此起彼伏，恐怖主义、网络安全、重大传染性疾病（2020 年春季爆发的新冠病毒肆虐一百多个国家）、气候变化等非传统安全威胁持续蔓延，人类面临诸多共同挑战。而要有效应对这些挑战，却不是哪一个国家可以独自为之的，也不是哪一个国家能够独善其身的。为此，就需要构建"人类命运共同体"。

在此前提下，构建"人类命运共同体"的倡言呼吁：世界各国人民同心协力，建设一个持久和平、普遍安全、共同繁荣、开放包容、清洁美丽的世界，走出一条要相互尊重、平等协商，坚决摒弃冷战思维和强权政治，走对话而不对抗、结伴而不结盟的国与国交往新路。还呼吁：世界各国人民，要坚持以对话解决争端、以协商化解分歧，统筹应对传统和非传统安全威胁，反对一切形式的恐怖主义；要同舟共济，促进贸易和投资自由化便利化，推动经济全球化朝着更加开放、包容、普惠、平衡、共赢的方向发展；要尊重世界文明多样性，以文明交流超越文明隔阂，以文明互鉴超越文明冲突，以文明共存超越文明优越；要坚持环境友好，合作应对气候变化，保护好人类赖以生存的地球家园。

　　而消除人类所面临的贫困问题，必然成为构建"人类命运共同体"这一倡言的题中应有之义。相信将继续发挥负责任大国作用的中国在积极参与全球治理体系改革和建设的过程中，在坚定奉行独立自主的和平外交政策、尊重各国人民自主选择发展道路的权利的前提下，在搞好自身建设、改革和发展的基础上，一定会在减贫合作方面不断为世界贡献出中国智慧和中国力量！

10 第十章

2020 年后中国减贫
战略的构想

　　2020 年中国全面建成小康社会，打赢脱贫攻坚战，贫困人口全面实现"两不愁、三保障"，贫困县全部摘帽，解决区域性整体贫困。几千年来困扰中华民族的绝对贫困将彻底消除。但是，从发达国家发展实践和中国减贫的历史和现实看，实现 2020 年脱贫攻坚目标，并不意味着中国贫困问题的终结，因为解决的仅仅是绝对贫困，相对贫困现象将长期存在。也就是说，脱贫攻坚任务完成后，中国减贫工作将进入由解决绝对贫困转向缓解相对贫困的新历史阶段，研究制定 2020 年后减贫战略成为紧迫而重要的历史任务。

01
2020 年后中国减贫战略制定的指导思想

2020 年 3 月 6 日，习近平总书记在决战决胜脱贫攻坚座谈会上发表重要讲话，不仅充分肯定了脱贫攻坚的决定性成就，对决战决胜脱贫攻坚进行总攻动员及做出新安排新部署，而且为 2020 年后中国减贫战略研究制定提供了指导思想和根本遵循。习近平总书记指出："对退出的贫困县、贫困村、贫困人口，要保持现有帮扶政策总体稳定，扶上马送一程。可以考虑设个过渡期，过渡期内，要严格落实摘帽不摘责任、摘帽不摘政策、摘帽不摘帮扶、摘帽不摘监管的要求，主要政策措施不能急刹车，驻村工作队不能撤。要加快建立防止返贫监测和帮扶机制，对脱贫不稳定户、边缘易致贫户以及因疫情或其他原因收入骤减或支出骤增户加强监测，提前采取针对性的帮扶措施，不能等他们返贫了再补救。"① 他明确要求："接续推进全面脱贫与乡村振兴有效衔接。脱贫摘帽不是终点，而是新生活、新奋斗的起点。要针对主要矛盾的变化，理清工作思路，推动减贫战略和工作体系平稳转型，统筹纳入乡村振兴战略，建立长短结合、

---

① 习近平：《在决战决胜脱贫攻坚座谈会上的讲话》，11 页，北京，人民出版社，2020。

标本兼治的体制机制。这项工作，中央有关部门正在研究。总之要有利于激发欠发达地区和农村低收入人口发展的内生动力，有利于实施精准帮扶，促进逐步实现共同富裕。有条件的地方，也可以结合实际先做起来，为面上积累经验。"①习近平总书记的重要论述，指明了中国减贫工作实现转型的方向、步骤和重点。

一、设立脱贫攻坚过渡期

习近平总书记关于设立过渡期的重要论断，实质上指明了打赢脱贫攻坚战后开展减贫工作的方式方法和主要内容。脱贫攻坚过渡期的目的就是巩固脱贫成果，确保不出现大规模返贫。

巩固贫困县、贫困村、贫困人口脱贫成果的主要路径有：一是保持现有帮扶政策总体稳定。特别是资金支持、"五个一批"的相关支持政策、驻村帮扶、社会扶贫等政策继续稳定，总体上是做到严格落实摘帽不摘责任、摘帽不摘政策、摘帽不摘帮扶、摘帽不摘监管的要求。二是建立防止返贫监测和帮扶机制。对脱贫不稳定户、边缘易致贫户以及因疫情或其他原因收入骤减或支出骤增户加强监测，提前采取针对性的帮扶措施，降低这些人群的脆弱性，避免返贫。

---

① 习近平：《在决战决胜脱贫攻坚座谈会上的讲话》，12 页，北京，人民出版社，2020。

二、推动减贫战略和工作体系平稳转型

习近平总书记关于推进减贫战略和工作体系转型的重要论述，明确了 2020 年后中国减贫实现战略转型的方向和重点。一是要凝聚共识。脱贫摘帽不是终点，脱贫攻坚解决的只是绝对贫困问题，是全面小康的底线。实现更高水平的小康，仍然需要继续努力奋斗。二是减贫工作统筹纳入乡村振兴战略。乡村振兴战略是党的十九大提出的七项国家发展战略之一，是社会主义现代化进程中三农工作的总抓手。减贫工作纳入乡村振兴战略，有利于夯实脱贫基础、巩固拓展脱贫成果，有利于通过乡村产业振兴、人才振兴、文化振兴、生态振兴、组织振兴稳定提高低收入人口生活水平，有利于解决好发展不平衡不充分的问题，加快推进农业农村现代化。三是建立长短结合、标本兼治的体制机制。就是要建立解决相对贫困的长效机制。立足当前，面向长远，与缓解相对贫困的长期性相适应，久久为功。既要治标，更要治本，与缓解相对贫困的艰巨性复杂性相适应，标本兼治。注重完善体制机制，推动法制化减贫，不断推进国家减贫治理体系和治理能力现代化。

三、促进逐步实现共同富裕

习近平总书记关于促进逐步实现共同富裕的重要论述，阐述了 2020 年后中国减贫工作的功能、目标和实现方法。2020 年后中国减

贫工作的内容就是缓解相对贫困。根本目标就是激发、培育、提升欠发达地区和农村低收入人口发展的内生动力。只有内生动力的形成，才有稳定脱贫的实现。主要方法和途径一是实施精准帮扶。二是有条件的地方，可以结合实际开展解决相对贫困问题的试点试验，为面上积累经验。

02
研究制定 2020 年后中国减贫战略的总体原则

党的十八大以来，脱贫攻坚取得的伟大成就，彰显了中国共产党的领导和社会主义制度的政治优势，而这也正是中国特色社会主义制度和国家治理体系显著优势的生动体现。这些政治制度优势以及在脱贫攻坚中的做法经验，为研究 2020 年后中国减贫战略提供了总体原则，集中体现在以下六个方面。

一、坚持党对脱贫攻坚的全面领导

习近平总书记亲自抓。党的十八大以来，习近平总书记亲自挂帅出征、驰而不息高位推进，走遍全国集中连片特困地区，50 多次国内考察 40 多次涉及扶贫，连续 6 年新年首次国内考察看扶贫，连续 6 年召开 7 次跨省区的脱贫攻坚座谈会，分阶段、分专题部署推进工作，连续 4 年主持召开会议审定脱贫攻坚成效考核结果。7 年多来，习近平总书记把脱贫攻坚作为治国理政的重要内容，做出一系列新决策新部署，提出一系列新思想新观点，形成了习近平总书记关于扶贫工作的重要论述，为新时代打赢脱贫攻坚战提供了根本遵循和行动指南。

省市县乡村五级书记一起抓。22 个省区市向党中央立下军令状，中办、国办印发《省级党委政府扶贫开发工作成效考核办法》。各地建立起脱贫攻坚党政一把手负责制，层层签订脱贫攻坚责任书，层层压实责任，层层传导压力。中央明确脱贫攻坚期贫困县县级党政正职要保持稳定。各地发挥好村党组织在脱贫攻坚中的战斗堡垒作用。

强化中央统筹、省负总责、市县抓落实的管理机制。中央做好顶层设计，考核省级党委和政府扶贫开发工作成效。省级党委和政府对辖区内脱贫攻坚工作负总责，确保辖区内贫困人口如期全部脱贫、贫困县如期全部摘帽。市（地、州、盟）、县级党委和政府因地制宜，推动脱贫攻坚各项政策措施落地生根。

二、坚持以人民为中心的发展思想

把脱贫攻坚摆在治国理政的突出位置。党的十八届五中全会审议通过《中共中央关于制定国民经济和社会发展第十三个五年规划的建议》，明确把农村贫困人口脱贫作为全面建成小康社会的基本标志。《中共中央国务院关于打赢脱贫攻坚战的决定》《"十四五"脱贫攻坚专项规划》《中共中央国务院关于打赢脱贫攻坚战三年行动的指导意见》，一系列关于脱贫攻坚的决策部署，把脱贫攻坚纳入国家整体发展规划。

确保贫困人口和贫困地区同全国一道进入全面小康社会。明确目标任务，确定精准扶贫精准脱贫基本方略；中央在财政、金融、土地、交通、水利、电力、住房、教育、健康、科技、人才、宣传动员和建档立卡、驻村帮扶、考核评估等方面出台一系列专项政策和超常规举措；建立脱贫攻坚制度体系，为脱贫攻坚提供制度保障；脱贫攻坚任务重的地区党委和政府把脱贫攻坚作为"十三五"期间头等大事和第一民生工程来抓，坚持以脱贫攻坚统揽经济社会发展全局。

攻坚克难不落一人。聚焦"三区三州"（西藏自治区、四省藏区、南疆四地州和四川凉山州、云南怒江州、甘肃临夏州）等深度贫困地区，落实脱贫攻坚方案，瞄准突出问题和薄弱环节狠抓政策落实。对52个未摘帽贫困县和1113个贫困村实施挂牌督战，啃下最后的硬骨头，确保剩余贫困人口如期脱贫。着力巩固"两不愁三保障"成果，分类施策，防止反弹。

三、坚持精准扶贫方略

精准扶贫是我国打赢脱贫攻坚战的基本方略，是对传统扶贫开发方式的根本性变革，是国家贫困治理体系现代化的目标方向，是脱贫攻坚目标任务完成的重要制度优势。精准扶贫是习近平扶贫论述的精髓，是一套内涵丰富、逻辑严密的思想体系。从哲学基础看，精准扶贫思想包括实事求是和从实际出发、普遍联系与统筹兼顾、对立统一与重点论等基本哲学理论。从政治基础看，精准扶贫必须坚持中国共产党的坚强领导和发挥社会主义制度集中力量办大事的优势。从主要内容看，精准扶贫思想是做到"六个精准"，实施"五个一批"，解决"四个问题"内在逻辑严密的体系。

精准扶贫是科学的脱贫方法。做到扶持对象精准、项目安排精准、资金使用精准、措施到户精准、因村派人精准、脱贫成效精准"六个精准"，是精准扶贫的基本要求；实施"五个一批"是指发展生产脱贫一批、易地搬迁脱贫一批、生态补偿脱贫一批、发展教育脱贫一批、社会保障兜底一批，是精准扶贫的实现途径；解决好扶持谁、谁来扶、怎么扶、如何退"四个问题"，是精准扶贫的关键环节；推进国家贫困治理体系和治理能力现代化，是精准扶贫的主要目标。精准扶贫精准脱贫方略是一项系统工程，是一个由核心内容、实现路径、根本要求、保障体系和落实行动等各相互作用、相互促进的子系统耦合而成、具有内在逻辑关联的贫困治理体系。

精准扶贫的根本要求通过创新实现转变。创新扶贫开发路径，实现扶贫方式由"大水漫灌"向"精准滴灌"转变；创新扶贫资源使用方式，让资源使用由"多头分散"向"统筹集中"转变；创新扶贫开发模式，由偏重"输血"扶贫向注重"造血"扶贫转变；创新扶贫开发考核评估体系，由考核扶贫过程向考核脱贫成效转变。通过精准识别、驻村帮扶、分类施策、精准考核等措施解决好"四个问题"。

四、坚持完善大扶贫格局

充分发挥政府在脱贫攻坚中的主体和主导作用，这是大扶贫格局的核心和基础。一是做好顶层设计，把脱贫攻坚纳入国家总体发展战略，制定国家专项规划。二是通过安排并不断加大财政专项扶贫资金投入实现政府主导。如2015—2019年，中央财政补助地方资金规模达到4304.75亿元（2015年460.95亿元，2016年660.95亿元，2017年860.95亿元，2018年1060.95亿元，2019年1260.95亿元），连续四年保持每年200亿元增量。2016—2018年，全国832个县实际整合资金规模超过9000亿元。三是聚焦深度贫困地区脱贫攻坚。四是统筹加大专项扶贫和行业扶贫的力度。

不断丰富发展的中国特色社会扶贫体系，逐步成为我国大扶贫格局的重要一极。党的十八大以来，中国特色社会扶贫体系不断丰富发展。顶层设计持续优化，社会扶贫领域的相关制度安排逐渐完善。政府主导为社会扶贫奠定了基础，广泛动员为社会扶贫提供了动力，创新发展激发了社会扶贫的活力，发挥优势提升了社会扶贫的实效。

五、坚持激发脱贫内生动力

始终把激发内生动力作为扶贫脱贫的根本目标。把内生动力激发、提升、培育作为精准扶贫、精准脱贫的重要内容和根本目标，以实现贫困地区贫困人口内源式发展。

始终尊重贫困群众脱贫攻坚的主体地位。采取系统性措施，从理念到落实，让贫困群众在项目选择、设计、实施、管理、监督、验收、后续管理全过程每一个环节发挥主体作用，强化贫困群众的主体意识和拥有感，最大程度提升贫困群众在脱贫攻坚中的获得感。

始终多措并举激发内生动力，坚持外部帮扶与内生动力结合。形成正向引导激励机制，加强教育宣传，改变外在帮扶方式，把扶贫脱贫和贫困群众的自我发展能力建设有机结合起来。注重贫困地区基层干部的能力建设和素质培养。

六、坚持较真碰硬考核评估

完善考核评估的制度框架，丰富考核评估基本方法，形成了纵向到底、横向到边的脱贫攻坚考核评估体系，包括省级党委和政府扶贫开发工作成效的考核、东西部扶贫协作成效的考核、中央单位定点扶贫成效的考核、贫困县扶贫脱贫成效的考核等。

综合运用考核成果。经党中央、国务院同意，对综合评价好的省份通报表扬，并在中央财政专项扶贫资金分配上给予奖励。对综合评价较差且发现突出问题的省份，党中央、国务院授权国务院扶贫开发领导小组约谈党政主要负责人，对综合评价一般或发现某些方面问题突出的省份，约谈省分管负责人。

建设完备的监督体系。由国务院扶贫开发领导小组组织的督查和巡查、民主党派监督和社会监督三个方面组成。发挥民主党派监督的作用，扶贫部门加强与审计、财政等部门和媒体、社会等监督力量的全方位合作，畅通群众反映问题渠道，接受全社会监督。

03
研究 2020 年后中国减贫战略的重点问题

2020 年后的中国减贫战略涉及方方面面，是一项复杂的系统工作。就研究而言，除了上述阐述的总体原则，至少还需要深入研究战略背景、指导思想、战略阶段、战略目标、战略路径、战略保障、战略对策、战略关系八个方面的重点问题。

一、战略背景

战略背景主要是打赢脱贫攻坚战后贫困的特征及表现形式、国家经济社会发展的宏观环境以及兑现联合国 2030 年可持续发展议程实施承诺的需求。

从国内贫困形势看，最后脱贫的深度贫困地区依然处于国家区域发展不平衡的重点难点地区。已脱贫的近 1 亿建档立卡人口中，相当部分的脱贫户还需要巩固，少部分存在返贫风险，处于脱贫边缘的人口存在较大的致贫风险。2020 年初新冠肺炎疫情对脱贫攻坚产生多方面不利影响，导致的返贫风险仍然存在。易地扶贫搬迁后续帮扶任务是相关地区必须急需帮扶的任务。无论是已经实现脱贫摘帽的县还是脱贫的人口，都面临内生脱贫动力不足的问题。"两不愁三保障"和饮水安全标准不高，不少地方存在稳定问题。保障特殊贫困人口基本生活，实现应保尽保，难度不小。贫困地区产业、就业扶贫基础薄弱，带贫减贫机制完善难度大。克服攻坚战后的干部松懈懈怠，提高基层干部从理念到能力的转型难度大，需要较长时间的努力。

从国内宏观发展环境看，中国开启现代化强国建设、第二个百年奋斗目标实现的新征程，缓解相对贫困、缩小发展差距、促进共同富裕是其中的底线任务，也是标志性指标。中国 2020 年实现脱贫攻坚目标，比联合国 2030 年可持续发展议程的减贫目标提早十年实现，继续引领全球减贫事业，因此国际社会期待分享中国的减贫经验，为全球减贫治理提供更有效的中国智慧和中国方案。

从政治上看，消除贫困、改善民生，最终实现共同富裕是社会主义的本质要求，是执政党的初心与使命的体现，是中国特色社会主义道路优越性的经验表达。在推进社会主义现代化强国建设的过程中，继续向相对贫困宣战，建立解决相对贫困问题的长效机制，同样是社会主义的本质要求，是执政党初心与使命在新时代的彰显，是中国特色社会主义制度优越性的不断显现。

从世界范围来看，相对贫困问题关乎人民的福祉，关乎发展的质量，关乎政治的稳定。在主要发达国家，面向相对贫困问题治理的公共政策，往往占据着政党辩论和政策讨论的核心位置，在学术领域相对贫困问题及其相关的福利政策，也是福利经济学和社会政策研究的基本论域，围绕着如何有效治理相对贫困问题，政府和学界开展了长期的理论探索和政策实践。

二、指导思想

一是以习近平总书记关于扶贫工作和实施乡村振兴战略的重要论述为指导。

二是以全面脱贫与乡村振兴有效衔接为抓手。

三是以巩固脱贫成果，激发欠发达地区和低收入人口发展的内生动力，健全长短结合、标本兼治的解决相对贫困的体制机制为重点。

四是以加快欠发达地区经济社会发展、提高低收入人口生活水平、持续缩小区域和群体发展差距、促进逐步实现共同富裕为目标。

五是以乡村产业振兴、人才振兴、文化振兴、生态振兴、组织振兴为途径。

六是持续缓解相对贫困，推进国家贫困治理体系和治理能力现代化。

三、战略阶段与战略目标

从 2021 年至 2030 年可以划分为两大阶段，"十四五"计划和"十五五"计划时期，不同时期确定不同的解决相对贫困问题的目标。

"十四五"计划时期。主要目标是：前三年（2021—2023 年）脱贫攻坚成果全面巩固，防返贫监测和帮扶机制成熟定型。后两年（2024—2025 年）欠发达地区和低收入人口帮扶政策体系更加健全，中国特色解决相对贫困的体制机制逐步完善，减贫战略和工作体系实现平稳转型。低收入人口收入增速持续高于全国平均水平，社会保障体系进一步完善，城乡、区域发展差距进一步缩小，相对贫困明显缓解。

"十五五"时期。减贫工作全面纳入实施乡村振兴战略的规划体系、责任体系、考核体系中，低收入人口生活水平显著提高，城乡收入差距持续缩小，欠发达地区乡村治理能力明显提升，乡风文明水平进一步提高，基层组织得到加强。成熟定型的解决相对贫困长效机制形成。

四、战略路径

第一，坚持共享式县域发展治理模式。

第二，坚持共享式乡村振兴模式。

第三，坚持精准帮扶方略。

第四，坚持开发式扶贫与保障式扶贫融合。

第五，坚持与发展水平相当的资金投入。

第六，坚持广泛动员全社会参与。

第七，坚持提升区域和群体的脱贫内生动力。

第八，坚持推进国家贫困治理体系和治理能力现代化。

五、战略保障

一是坚持和完善党的领导。主要是发挥中国共产党领导和中国特色社会主义制度的政治优势，层层落实责任。

二是切实提高各级党组织和政府的执政能力。健全工作机制，开展有效培训，提升贫困治理能力。

三是加强专业机构能力建设。保持扶贫机构稳定，把驻村帮扶纳入扶贫机构管理，加强各级扶贫人员的能力建设。发挥社会工作在减贫中的作用。

四是完善政策影响评估体系。通过科学、全面的评估，促进政策完善，提高政策精准性和有效性。

六、战略对策

第一，在坚持和完善中国特色社会主义制度，推进国际治理体系和治理能力现代化进程中，构建国家贫困治理体系，着力提高贫困治理能力。

第二，国家在重大产业布局中优先考虑布局欠发达地区，为各区域间、各县间均衡发展奠定基础。

第三，提升益贫式发展的乡村治理能力。着力转变各级扶贫领导干部的贫困治理理念，切实提高广大干部群众的精准扶贫能力。

第四，坚持问题、目标、结果导向，深化改革创新，完善相关体制机制，提高贫困治理效能。

七、战略关系

第一，区域与群体的关系。既要坚持精准扶持到村、到户到人，又要支持欠发达地区加快发展，为稳定脱贫提供支撑。

第二，城市和乡村的关系。由于相对贫困的流动性更加凸显，统筹推进农村和城市贫困综合治理一体化的必要性更加突出，客观上需要政府、企业、社会各方资源的整合，解决好流动人口的相对贫困治理问题。

第三，政府、市场和社会的关系。发挥政府主导作用和市场在资源配置中的决定性作用，关键在于如何形成与生产力发展水平相适应的良性互动机制。社会的参与是政府主导的补充，如何构建全方位、立体式的社会参与，就制度建设而言就是一项系统工程。

第四，战略和战术的关系。从战略上看，解决相对贫困是实现中国共产党第二个奋斗目标、实现中华民族伟大复兴中国梦的底线任务，必须完成。从战术上看，不同阶段不同时期，相对贫困治理体系需要与发展水平相适应，既要防止盲目的超越，也要防止力度不足影响发展进程。

第五，全局和局部的关系。先发达地区和相对贫困群体是国家发展全局的一部分，治理相对贫困必然需要把相对贫困治理摆在治国理政的适当位置，把相对贫困治理体系和治理能力建设纳入国家治理体系和治理能力建设框架。缓解相对贫困，必须在国家现代化发展框架下，把减贫战略纳入乡村振兴战略框架。

第六，国内和国际的关系。中国减贫是全球减贫事业的重要组成部分。中国扶贫特别是脱贫攻坚为全球贡献了中国智慧和中国方案。如何发挥中国扶贫的软实力作用，需要立足国内，面向国际，总结经验，讲好中国脱贫故事，把中国减贫放在全球减贫发展中谋划、推动。

后 记

消除贫困、改善民生、实现共同富裕，是社会主义的本质要求。党的十八大以来，以习近平同志为核心的党中央把扶贫开发摆在治国理政的突出位置，把农村贫困人口全部脱贫作为全面建成小康社会、实现第一个百年奋斗目标的底线任务和标志性指标，明确目标任务，确定精准扶贫基本方略，全党全国全社会动员起来，全面打响脱贫攻坚战。脱贫攻坚是一项对于中华民族、人类发展都具有重大意义的伟大事业，全面记录脱贫攻坚战波澜壮阔的历史进程和伟大成就，系统总结脱贫攻坚蕴涵的制度优势和基本经验，具有重要的理论和实践意义。

2018 年 9 月，北京师范大学出版社就提出编写一本著作，系统呈现中国脱贫攻坚这场伟大实践，希望此书比较全面介绍中国共产党持续向贫困宣战的成就经验，以此为打造贫困治理命运共同体贡献中国智慧。时任国务院扶贫办全国扶贫宣传教育中心主任，现任中国扶贫发展中心主任、国务院扶贫办—北京大学贫困治理研究中心联合主任黄承伟教授负责全书策划和编写大纲设计，并撰写了第一章和第十章。其他各章作者分别是：第二章，陈琦（华中师范大学社会学院副教授）；第三章，吕方（华中师范大学社会学院副教授）；第四章，覃志敏（广西大学公共管理学院博士、讲师）；第五章，周晶（中共湖北省委党校社会与文化教研部博士、讲师）、刘欣（北京市社会科学院博士、助理研究员）；第六章，刘杰（华中师范大学社会学院副教授）；第七章，李海金（中国地质大学（武汉）马克思主义学院教授）、陈文华；第八章，袁泉（华中农业大学副教授）、康冰怡；第九章，牟成文（华中师范大学政治与国际关系学院教授）。初稿完成后，编写组数次召开审稿改稿会议，对书稿进行修订。黄承伟教授最终审定书稿。在编撰和修订过程中，刘杰协助承担了大量文字及事务性工作。

北京师范大学出版社高度重视本书编写出版工作，祁传华老师以强烈的敬业、专业精神为本书的出版提供了有力支持。值本书出版之机，谨向为本书问世提供支持帮助的所有单位和个人致以衷心感谢！

本书编写组

2020 年 3 月

图书在版编目（CIP）数据

中国，对贫困说不 / 黄承伟等著 . -- 北京：北京师范大学出版社，2020.6
ISBN 978-7-303-25867-3

Ⅰ . ①中… Ⅱ . ①黄… Ⅲ . ①扶贫－研究－中国 Ⅳ . ① F126

中国版本图书馆 CIP 数据核字 (2020) 第 090149 号

中国，对贫困说不

ZHONGGUO,DUI PINKUN SHUO BU

黄承伟　刘杰　等著

北京师范大学出版社
主题出版与重大项目策划部　出品

策划编辑：祁传华　　责任编辑：祁传华
美术编辑：王齐云　　装帧设计：王齐云
责任校对：陈　民　　责任印制：陈　涛

出版发行：北京师范大学出版社	开本：890mm×1240mm　1/32	版次：2020 年 6 月第 1 版
印刷：北京盛通印刷股份有限公司	印张：10.25	印次：2020 年 6 月第 1 次印刷
经销：全国新华书店	字数：200 千字	定价：60.00 元

北京师范大学出版社

http://www.bnup.com
北京市西城区新街口外大街 12-3 号
邮政编码：100088
营销中心电话：010-58805602
主题出版与重大项目策划部：010-58805385